U0125331

本书为

法治建设与法学理论研究部级科研项目成果

法哲学名著译丛

论人的尊严

〔美〕杰里米·沃尔德伦 著

张卓明 译

ON HUMAN DIGNITY

Jeremy Waldron

商务印书馆
The Commercial Press

沃尔德伦的尊严哲学

——译者导言

纽约大学资深教授杰里米·沃尔德伦（Jeremy Waldron）是当代美国法哲学界的执牛耳者。[①] 他的研究领域广泛，著作等身，目前已译介到国内的就有《法律与分歧》《法律：七堂法治通识课》《上帝、洛克与平等》《立法的尊严》四本著作。[②] 其中，《立法的尊严》

---

① 杰里米·沃尔德伦 1953 年生于新西兰，并在新西兰接受本科与硕士教育。1980 年代，他在牛津大学法理学讲席教授罗纳德·德沃金（Ronald Dworkin）的指导下研习法哲学，并获得博士学位，博士论文题目为《私有财产权》（The Right to Private Property），该论文后于 1988 年由牛津大学克拉伦登出版社（Clarendon Press）出版。1980 年代，他曾在爱丁堡大学政治系和加州大学伯克利分校法学院任教，1990 年代，他曾在普林斯顿大学和哥伦比亚大学任教，2006 年以来担任纽约大学法学院资深法学教授（University Professor of Law），1998 年当选美国艺术与科学学院院士，2011 年当选英国国家学术院院士，2010—2014 年兼任牛津大学万灵学院奇切利社会与政治理论讲座教授（Chichele Professor of Social and Political Theory）。2011 年，他被授予美国哲学学会著名的菲利普斯奖（Phillips Prize），以表彰他在法理学领域取得的终身成就。根据芝加哥大学法哲学家布莱恩·莱特（Brian Leiter）教授于 2021 年公布的一项引证率统计，2016—2020 年间美国法学院"法律与哲学"领域被引率最高的学者是沃尔德伦。参见 https://leiterlawschool.typepad.com/leiter/2021/09/10-most-cited-law-philosophy-scholars-in-the-us-2016-2020.html，最后访问时间为 2023 年 7 月 14 日。

② 〔美〕沃尔德伦：《法律与分歧》（Law and disagreement），王柱国译，法律出版社 2009 年版；〔新西兰〕沃尔德伦：《法律：七堂法治通识课》（The Law），季筏哲译，北京大学出版社 2015 年版；〔美〕沃尔德伦：《上帝、洛克与平等》（God, Locke and Equality），郭威、赵雪纲译，华夏出版社 2015 年版；〔美〕沃尔德伦：《立法的尊严》（接下页注释）

一书主要讲的是立法，而不是尊严。不过，尊严理论确实是其晚近最具原创性的学术贡献之一。《立法的尊严》一书虽不是以"尊严"为主题，但其中"尊严"一词的含义与沃尔德伦所主张的尊严概念——崇高地位意义上的尊严——是相一致的。沃尔德伦通过这一看似拗口的书名表达了强调立法之地位和权威的核心主张，呼吁将立法问题重新置于法理学研究的重心，因而他是立法法理学的一位有力战将。如同其敢于对西方（尤其是美国）以司法为中心的主流法理学提出挑战，沃尔德伦试图超越西方自由主义和个人主义意识形态支配下的尊严理论，[①]在法律视角下提出了颇具历史主义和实证主义色彩的地位尊严理论。在他看来，尊严的本义不是道德价值，而是地位或等级，现代社会中人的尊严是指所有人都处在同一等级，每个人拥有崇高的地位。他缘何提出这一新的尊严概念？这一尊严概念如何可能？其尊严理论有何意义与价值？其尊严理论有何特性和局限？本文将围绕以上四个问题解读

（接上页注释）（*The Dignity of Legislation*），徐向东译，华东师范大学出版社 2019年版。其中，《法律：七堂法治通识课》一书原著出版较早，于 1990 年作为"英国政治理论与实践"系列丛书的一本出版，沃尔德伦是该系列丛书的主编之一。除已有中译本的这四本书之外，沃尔德伦还著有《尊严、等级与权利》（*Dignity，Rank，and Rights*）、《相互平等：人类平等的基础》（*One Another's Equals：The Basis of Human Equality*）、《全人类共有的部分法律：美国法院中的外国法》（*Partly Laws Common to All Mankind：Foreign Law in American Courts*）、《酷刑、恐怖与权衡取舍：白宫哲学》（*Torture，Terror，and Trade-Offs：Philosophy for the White House*）、《仇恨言论中的伤害》（*The Harm in Hate Speech*）、《政治性政治理论：制度论集》（*Political Political Theory：Essays on Institutions*）等。

① 自由主义是西方现代社会占据主导地位的意识形态。自由主义与个人主义有着密切联系，"自由主义者在很大程度上一直坚持个人主义的立场，坚持个人至上的观点。……他们大都或多或少将社会视为个人的联合体，而不是某种有机的共同体"。参见李强：《自由主义》，东方出版社 2015 年版，第 18 页。

沃尔德伦的尊严哲学。

一、回避价值:作为崇高地位的尊严概念

与我们通常所理解的不同,沃尔德伦的尊严哲学有一项预设:尊严概念的栖息地在法律领域,而非道德领域。我们一般认为,先有一个尊严的道德概念,然后落实在法律领域,就有了法律上的尊严概念。但沃尔德伦认为,道德上的尊严概念是从法律上的尊严概念借用过来的,而不是相反;关于尊严的哲学阐释,从法律中所汲取的,可能比从道德中所汲取的更多。因此,他主张从法律哲学角度对尊严做阐释,探究尊严的独特法理。在哈佛大学迈克尔·罗森(Michael Rosen)教授看来,法律是道德话语的一种特殊形式。[①] 但沃尔德伦认为,有一类概念是法律性质的,这类概念并非从道德领域借用过来,而是由法律所建构出来的。如同美国分析法学家霍菲尔德(Hohfeld)首先把权利看作一个法律概念,他主张首先将尊严看作一个法律概念。[②] 这意味着他在方法论上区分道德与法律,把法律看作区别于道德的独特领域,具有自身的独特功能。正是由于他首先将尊严概念看作法律所创设的概念,他的尊严哲学才区别于传统上有关尊严的道德哲学。

沃尔德伦提出法律哲学视角下的尊严理论,很大程度上有效回应了尊严概念在现代世界所遭遇的挑战。一方面,尊严概念面

[①]　参见 Michael Rosen,"Dignity Past and Present",in Jeremy Waldron,*Dignity*,*Rank*,*and Rights*,Oxford University Press,2012,p. 83。

[②]　参见 Jeremy Waldron,*Dignity*,*Rank*,*and Rights*,p. 15。

临着空洞性、含混性、冗余性等批评和指责。如英国人权法教授克里斯托弗·麦克拉登(Christopher McCrudden)指出,尊严写进伟大的人权公约之序言,并不是想传递任何特定的含义,而仅仅是因为起草者想要使序言听起来具有哲学意味,但如何表述又无法达成一致意见,因此选择这一含混的概念填充进去。[①] 哈佛大学心理学家史蒂芬·平克(Steven Pinker)则说,尊严是"一个主观的毫无确定性的"概念。[②] 医学伦理学教授露丝·麦克林(Ruth Macklin)也说,"这个概念绝对是含混不清的";"尊严是个无用的概念。它就是意味着尊重人,或者尊重他们的自主性,不会有更多内容了"。[③] 易言之,尊严概念可被自主、价值、尊重等道德概念所代替,所以是多余的。[④] 沃尔德伦的回应方式是提出法律性质的尊严概念,认为其具有道德性质的尊严概念所不可替代的核心含义——地位或等级。我们可以将这种尊严概念称为法律哲学视角下的地位尊严概念,它与道德哲学中的价值尊严概念相对,强调尊严在法律中的独特含义。

另一方面,当尊严被视为一种道德价值时,关于其内涵和基础的问题,在不同文化传统和不同道德哲学中会有截然不同的回答。

---

① Christopher McCrudden,"Human Dignity and Judicial Interpretation of Human Rights",*European Journal of International Law*,19(2008),675-678. 引自 Jeremy Waldron,"Is Dignity the Foundation of Human Rights?", in Rowan Cruft, S. Matthew Liao, and Massimo Renzo eds., *Philosophical Foundations of Human Rights*,Oxford University Press,2015,p. 121。

② Steven Pinker,"The Stupidity of Dignity",*The New Republic*,May 28,2008.

③ Ruth Macklin,"Dignity is a Useless Concept",*British Medical Journal*,327 (2003),p. 1419.

④ 〔英〕迈克尔·罗森:《尊严》,石可译,法律出版社2014年版,第5页。

在基督教传统中,人的尊严源自上帝按照自己的肖像创造人类这一假设。按照托马斯·阿奎那的解释,上帝是理性的,他能为自己设定目标,所以,按照上帝的肖像所创造出的人类也是理性的,能够为自己设定目标,具有自由意志,这是人的尊严所在。[①] 按照皮科·米兰多拉的解释,相对于其他造物,人的尊严在于不受任何限制的约束,可以基于"天赋的自由"来决定自己,每个人都是"自己尊贵而自由的型塑者"。[②] 康德的尊严理论是西方近代最重要的世俗化道德理论,它将人的尊严建立在唯独人类所拥有的道德自律能力之上。由于"只有人类有能力根据道德行动,感觉到道德律令的力量",所以只有人类才具有尊严,拥有超越一切价格的内在价值:"在目的王国中,一切东西要么有一种价格,要么有一种尊严。有一种价格的东西,某种别的东西可以作为等价物取而代之;与此相反,超越一切价格、从而不容有等价物的东西,则具有一种尊严。"[③] 在伊斯兰教传统中,人类虽不是基于神的形象而创造出来,但却是神之存在的证明。当安拉创造人类时,其赋予了人类特殊能力——思想的能力,所以人类具有特殊地位。归根结底,人的尊严源自安拉对人这一造物的爱超过对任何其他造物的爱。[④] 在

---

① 参见 Aharon Barak,*Human Dignity：The Constitutional Value and the Constitutional Right*,trans. by Daniel Kayros,Cambridge University Press,2015,p. 22。

② 参见〔意〕皮科·米兰多拉:《论人的尊严》,顾超一、樊虹谷译,北京大学出版社2010年版,第25页。

③ 参见〔德〕康德:《道德形而上学的奠基》,李秋零译,中国人民大学出版社2013年版,第56页。

④ 参见 Aharon Barak,*Human Dignity：The Constitutional Value and the Constitutional Right*,trans. by Daniel Kayros,p. 23。

中国儒家传统中,人的尊严源自人的道德反思潜能,如孔子所提出的人人具有的'仁':"仁远乎哉?吾欲仁,斯仁至矣。"① 又如孟子所提出的人人具有的"天爵":"仁义礼智,非由外铄我也,我固有之也";②"圣人与我同类者";②"人皆可以为尧舜"③。儒家传统中人之尊严的根据,既不是神秘、超验的造物主,也不是康德世俗化道德哲学中孤立个体的理性能力,而是孕育和发展于人和人、人和自然关系中的道德潜能。所以儒家传统中人的尊严,表现为从内在反思("反躬自问")到推己及人("仁人之学"),最终与天地宇宙之精神共存("赞天地、赞化育")的浩然正气。④

与上述道德哲学视角下的诸多尊严概念不同,法律哲学视角下的尊严概念有效地避免了尊严概念在道德哲学中关于其价值内涵和最终基础的理论纷争,有助于世界各国就国际人权法上的尊严概念达成共识,促使人的尊严理念及其对于人权的基础性作用广为接受。因为即便对于尊严的价值内涵和最终基础无法形成共识,各国人民对于人人拥有或应该拥有尊严(即崇高地位)这一点也不难达成共识。事实上,这也成为国际人权文件制定过程中,消除价值分歧和达成基本共识的方法和策略。譬如,在审议《世界人权宣言》草案第 1 条——"所有人生而自由,在尊严和权利上一律平等。他们生来赋有理性和良心,相互之间应当亲如兄弟"——的过程中,有代表主张删去"生来"这一用语,也有代表主张加上"所

---

① 《论语·述而》。
② 《孟子·告子上》。
③ 《孟子·告子下》。
④ 参见王旭:《宪法实施原理:解释与商谈》,法律出版社 2016 年版,第 57 页。

有人类都依照上帝的形象被创造"的表述。中国代表张彭春则强调《世界人权宣言》要超越不同的文化传统,如此才能实现其普遍适用的宗旨,因而主张第 1 条既不应提及"生来赋有",也不应提及"由上帝赋有"。最终,"生来"一词被删除。① 1947 年 6 月,联合国设立的"人权哲学原理委员会"经讨论制作了一份名为《国际人权宣言之基础》的报告,其建议"国际人权宣言既要表达应该维护的信念,又要是一个应该实施的行动方案"。② 将尊严概念理解为崇高的地位,而不是富有争议的价值,就可以起到化解价值分歧、凝聚核心共识的作用。1966 年通过的《公民权利和政治权利国际公约》与《经济、社会和文化权利国际公约》在序言中都宣称,本《公约》所包含的权利"源自人的固有尊严",而 1945 年《联合国宪章》和 1948 年《世界人权宣言》中并没有这种表述。同时,两大人权公约和《世界人权公约》在序言中都宣称:"对人类家庭所有成员的固有尊严及其平等的和不移的权利的承认,乃是世界自由、正义与和平的基础。"《世界人权公约》第 1 条还指出:"所有人生而自由,在尊严和权利上一律平等。"从尊严与权利相并列之表述,到尊严作为权利的基础之表述,或许表明国际人权文件的起草者们面对人权类型和内容方面的广泛争议,试图以人的尊严为核心共识的努力。与此努力相一致,当沃尔德伦将尊严概念解释为崇高的地位时,有关尊严的价值内涵和最终基础的争议问题就不再存在或不再重要了。

---

① 参见〔美〕玛丽·葛兰顿:《美丽新世界》,刘轶圣译,中国政法大学出版社 2016 年版,第 146—147 页。

② 参见夏勇:《人权概念起源》,中国政法大学出版社 2001 年版,第 183 页。

　　总之,法律哲学视角下的地位尊严概念是形式化的,也是最普遍的,因而能够为拥有不同文化传统的各国人民所接受。从这个意义上说,沃尔德伦的地位尊严理论超越了西方的自由主义和个人主义意识形态,具有政治上的实用性,能够为国际人权规范的普遍接纳和广泛适用提供一种相对中立的理论基础。

二、迈向平等：尊严向上提升的进步历史

　　在西方主流的道德性质的尊严概念面前,沃尔德伦之所以能够从法律哲学角度提出地位尊严概念,得益于其关于尊严与法律的历史发展观。换言之,他的地位尊严概念乃是建立在历史主义和实证主义基础之上的。他观察到,在古代社会,高级尊严只为少数贵族所享有,而在现代社会,高级尊严的享有主体已经普遍化。不管是古代等级社会中的尊严,还是现代平等社会中的尊严,这一切都在法律制度的保障和运作下得以维持。从不平等的尊严到平等的尊严,同样是通过法律制度的变革得以实现。尽管古今法律和尊严发生了如此巨大的变化——按照沃尔德伦的说法,这是一个平等化的过程,也即处于低等级的群体（及个体）之尊严（地位）向上提升的平等化过程——但作为地位或等级的尊严概念,古今之间并没有什么差异。换言之,作为地位的尊严概念,古已有之。只不过,古今之间,拥有高级尊严的主体范围在法律上已经有了巨大变化。而"人的尊严"观念在近现代的启蒙思想中得到广泛承认和赞颂,并通过"人权"的概念和制度在一定程度上得以落实。"人的尊严"观念包含着人人平等地拥有尊严的规范性主张,这就必然

要求将以前只有贵族才拥有的尊严、等级和应得的尊重在法律上赋予每一个人。①

此种关于尊严和法律的进步发展观，类似于法国政治思想家托克维尔在《论美国的民主》"绪论"中所说的那样，"身份平等是一件根本大事"，"身份平等的逐渐发展，是事所必至，天意使然。这种发展具有的主要特征是：它是普遍的和持久的，它每时每刻都能摆脱人力的阻挠，所有的事和所有的人都在帮助它前进"。② 如果说托克维尔在 180 多年前所做出的这一判断，很大程度上是一种带有乐观主义精神的历史发展预测，那么沃尔德伦的尊严发展观可以说是建立在法律发展的历史事实基础之上的。当然，沃尔德伦对尊严发展的总结和判断也有相当乐观主义的一面，从而引发其他学者的质疑：少数贵族所拥有的尊严，普遍地赋予每一个人，是否可能？密歇根大学法学教授赫尔佐格（Herzog）就指出，贵族尊严的核心是特权，譬如对属下可以采取专断的行为而无需负任何责任。在平等的社会中，这种特权是必须要被废除的，而不是扩展到所有人。③

确实，沃尔德伦将尊严的历史发展描绘成从下到上逐渐拉平的过程，似乎过于乐观了。即便是托克维尔，他在描绘平等化的历史发展时也只是说"在社会的阶梯上，贵族下降，平民上升。一个

---

① 参见 Jeremy Waldron, *Dignity, Rank, and Rights*, p. 33。

② 参见〔法〕托克维尔：《论美国的民主》（上卷），董果良译，商务印书馆 1988 年版，第 4—7 页。

③ 参见 Don Herzog, "Dignity Past and Present", in Jeremy Waldron, *Dignity, Rank, and Rights*, p. 114。

从上降下来,一个从下升上去。这样,每经过半个世纪,他们之间的距离就缩短一些,以致不久以后他们就汇合了"①。显然,一升一降的汇合过程,相较于单向上升的拉平过程,似乎更符合社会事实。要不然,作为普通人的我们,为何很难感受到自己是贵族呢?要不然,作为成年公民的人们,即便手握选票,对于想要改变的政治现实,为何时常会感觉到软弱无力呢?

　　然而在笔者看来,沃尔德伦关于尊严向上拉平的历史判断,并非单纯是从社会历史事实的外部视角做出的,而是从法律内部视角做出的。所以对于平民、女性而言,选举权的扩展就是赋权的过程,是从"无"到"有"的过程,是尊严提升的过程。尽管随着选举权主体的扩展,单张选票的分量必然会稀释,以至于其事实上的影响力可以被忽略不计,但仍然不容否定选票之于尊严的意义。当然,沃尔德伦也承认,贵族的有些特权是无法普遍化的,不能扩展至所有男性和女性,譬如西欧中世纪领主针对领地内下层女性的初夜权(droit de seigneur)。② 其实,沃尔德伦所关注的是"基本平等"(basic equality)方面的尊严。③ 这些尊严都是底线性的,彰显的是人区别于(动物等)非人的基本地位,在现代法治社会主要通过人权规范和基本权利语言加以表达,而中世纪这些尊严只是为少数贵族所拥有。我们今日对于这些底线性的尊严可能太习以为常

---

① 〔法〕托克维尔:《论美国的民主》(上卷),董果良译,第 7 页。

② 参见 Jeremy Waldron, *Dignity, Rank, and Rights*, p. 35。

③ 在信奉平等的现代社会,仍然会有各种各样的地位差异,但"只有一种人类,只有人的一个等级,一种我们都有的特殊地位",这就是沃尔德伦所说的"基本平等"或"人的尊严"。参见 Jeremy Waldron, *One Another's Equals: The Basis of Human Equality*, The Belknap Press of Harvard University Press, 2017, p. 6。

了,以至于忘掉了其宝贵之处。

　　譬如,以前一个欠债不还的平民可能会被抓捕,但贵族却因其尊严而免受这种强制。今日,任何人都不会仅因其还不了债而被抓捕、被拘留或被监禁。这或许是基于人身权高于财产权的普遍价值判断。但在古代等级社会,这种人身权利或身体尊严只配上等人拥有,而普通平民则不配拥有。同样,在古代刑事司法程序中,为了获得口供可对平民实施刑讯逼供,或者为了确保证词的可靠性,提供证词的平民必须经受"滚钉板"之类酷刑折磨。但上层贵族可以免受这种身体上的折磨,他们在法庭上说的话比平民更能获得信任。现代法律不加区别地保障每个人的身体权。在现代司法程序中,每个人享有正当程序权利,包括为自己提出主张和辩护的权利,法官必须平等地听取和重视双方的陈述。在英美法国家,贵族很早就拥有接受同侪审判的权利。1215 年《大宪章》第 21条专门规定:"伯爵与男爵,非经其同级贵族陪审,不得科以罚金。"而如今,接受陪审成为了美国宪法上每个公民所享有的基本权利。在过去,一名军官被敌人俘虏时,会被待之以尊严,但是对于一个普通士兵来说,经常会受到虐待,乃至被屠杀。但现代战争法(譬如《日内瓦公约》)规定了普遍性的战俘权利,禁止对落入敌手的普通士兵实施有辱人格的待遇。

　　沃尔德伦通过描绘尊严向上提升的历史发展,揭示出现代法律所蕴含的尊严意义。正是因为人的尊严与现代法律之间存在着深层次的联系,法律才值得我们信奉,我们也有责任去加以维护。所以,沃尔德伦在回答"法律如何保护尊严"[①]这一问题时,并非单

---

　　① Jeremy Waldron,"How Law Protects Dignity",*The Cambridge Law Journal*,Vol. 71,Issue 1,March 2012.

纯是描述性的,而是具有规范性的面向。实际上,他通过描述现代法律中权利语言、司法程序、公共法律服务、"有尊严的强制"等方面的特殊性,揭示了现代法律对平等尊严的承诺。这首先体现在作为主张和资格的权利形式上。现代法律普遍地赋予人们诉权,允许人们当权利受侵害时决定是否提起诉讼,这本身就是对他们地位的承认,彰显了他们的平等尊严。"任何人提出法律上的诉求,都是运用权利的语言和语气,以有权做某事而非恳求或劝说做某事的方式提出的。""法律通过承认他提出要求的这一资格,而赋予他作为一个权利享有者所拥有的尊严。"①其次,法院作为法律的实施机构,并非只是发挥纠纷解决功能的机构,而同时是保障程序公平的机构,因此,任何案件当事人都有机会表达自己的观点和展示自己的证据。听审和公正的司法程序体现了一种尊严理念:作为规范适用对象的人具有尊严,都应该给予尊重。与法院的程序性特征相适应,法律的适用具有论辩的性质,因此,必须保障当事人的论辩机会,法院必须重视和回应论辩双方的主张。

再次,平等的尊严不仅表现为司法程序中当事人拥有获得平等对待的权利,而且表现为当事人具有平等参与诉讼的能力。为此,就需要一个公平的律师代理制度,以保障当事人参与法律诉讼的平等能力。一方面,法律服务市场能够提供充足的法律服务,以满足当事人的需要;另一方面,还要为支付不起律师费的弱势群体免费提供最基本的法律服务。通过一套公平的律师代理制度,每个人平等的尊严才不至于是一种乌托邦。最后,现代法律不是不

---

① Jeremy Waldron,"How Law Protects Dignity",pp. 204-205.

要强制,而是要求"有尊严的强制"。当动用国家强制力时,无论哪个机构,无论针对谁,都要受到程序机制的引导、监督和约束。即便是犯罪嫌疑人和死刑犯,也都具有人之为人的基本尊严。据称,关塔那摩基地的在押犯不是走着进出审讯室,而是被置于手推车上,像稻草人一样被推来推去的。① 美军在关塔那摩基地的虐囚行为,无疑是不尊重基本尊严的典型例子。按照平等尊严的理念,即便执行死刑,也要让死刑犯作为人类的一员拥有尊严地活到最后。

现代法律对平等尊严的承诺,当然有待国家、政府和各种社会组织加以保障和实现。对于公民个人而言,平等的尊严既是权利也是责任。沃尔德伦生动地描绘道,在现代社会中,"每个男人都是公爵,每个女人都是女王。每个人都有权获得尊重和关怀,这就如同贵族有权得到尊重那样。每个人的人格和身体都是神圣不受侵犯的,这就如同对国王的身体或人格的侵犯被视为对神明的亵渎那样"②。显然,这是一种规范上的理想状态,如果要转化为现实,当人们面对侵犯人格和身体的行为时,必须敢于站出来,为尊严和权利而斗争。同样,很多权利伴随着责任,人们应该负责任地行使。

三、拓展思维:地位尊严理论的具体应用

基于地位尊严理论,沃尔德伦得以摆脱西方自由主义和个人

---

① Jeremy Waldron,"How Law Protects Dignity",p. 219.

② Jeremy Waldron,*Dignity,Rank,and Rights*,p. 9.

主义意识形态的羁绊,提出了"责任权利""公民尊严""群体尊严"等新概念和新观点,为深入理解责任与权利、尊严与国家、个体尊严与群体尊严的内在联系开拓了新思路。

(一) 基于尊严的"责任权利"

一旦将尊严理解为地位,而地位不仅表现为自由和权利,也可表现为责任和权力,故责任权利概念就有了可能。沃尔德伦指出,权利的形式不仅表现为利益和自由,而且还表现为责任。某些基于尊严和角色的权利,就包含这种特殊的权利形式,其被沃尔德伦称作"责任权利"(或"作为责任的权利")。在"责任权利"的结构中,权利人不仅拥有特定的利益,享有排除他人干涉的自由,而且被委任一项任务,被赋予相应的决策权力,譬如父母监护权、公民参政权。一个人因其所处的地位和角色而拥有尊严,不仅意味着拥有权利,而且负有责任。这种责任,既不是指"与权利相依存的义务",也不是指"与权利相对立的义务",甚至也不同于"调控权利行使的义务",而是指权利本身所蕴含的义务。[①] 换言之,这种义务是与权利一体的。譬如,作为孩子的父母或国家的公民,就处在特定的地位中,扮演着特定的角色,拥有特定的尊严。父母对孩子拥有监护权,意味着必须以孩子的最佳利益为出发点,积极行使监护权,履行监护责任。2022 年 1 月 1 日起施行的《家庭教育促进法》第 14 条明确规定:家长"承担对未成年人实施家庭教育的主体

---

① 参见 Jeremy Waldron,"Dignity, Rights, and Responsibilities",*Arizona State Law Journal*,43(2011),pp.1110-1117。

责任"。此项义务性规定可看作作为责任权利的监护权的具体化。公民拥有选举权,意味着必须积极地参与到选举过程中,认真负责地投出选票,而不能随意放弃行使自己的投票权。由上可见,"责任权利"形式主要出现在作为"权力"的权利中,这种"权力"也就是霍菲尔德所谓"其意志居于首要支配地位的那个人(或那些人)"改变现有法律关系的权力或能力。① "责任权利"中的责任,不是指法律上"权力"所依存的"责任"(liability),而是指"分内应做的事"②意义上的"职责"(responsibility)。

　　一个新概念的提出和运用,其意义就在于开拓新思路。由于人的思考离不开概念,既有的概念可能会束缚我们的思维。因而,新概念意味着思维的拓展和更新。沃尔德伦提出的"责任权利"概念,有助于人们摆脱西方自由主义传统的羁绊,为解决某些争议较大的老问题提供新思路。譬如美国宪法上颇有争议的持枪权,在沃尔德伦看来,就是一项"责任权利"。持枪权"不是一项纯粹自由性质的权利"。作为责任权的持枪权与美国公民的尊严有着内在联系,因为"作为自由共和国的公民,随时准备加入民兵组织以捍卫共和国的自由,这既是其权利,也是其责任"。③ 这意味着,只要无损于美国公民捍卫共和国自由这一目的,就可以对持枪权作更严格的限制。而且,按照"责任权利"思维,这种限制是持枪权本身所蕴含的。同样,在法国"禁止投掷侏儒比赛案"中,涉及侏儒的身

---

　　① 参见〔美〕霍菲尔德:《基本法律概念》,张书友编译,中国法制出版社 2009 年版,第 53 页。

　　② 参见何九盈等主编:《辞源》(第三版),商务印书馆 2018 年版,第 3886 页。

　　③ Jeremy Waldron,"Dignity,Rights,and Responsibilities",pp. 1117,1121.

体权,侏儒本人虽然同意他人投掷自己的身体,但因损害人的尊严而被官方叫停。在2002年"乔丹诉政府案"中,南非宪法法院维持了禁止卖淫的法律条款,因为卖淫贬损了身体尊严。如果把身体权看作一种责任权,那么就有可能接受两个案件中对身体权的限制。因为拥有身体权并不意味着能够任意处置自己的身体,而是蕴含着不能贬损身体尊严这一责任。当然,沃尔德伦承认,权利的形式有多种,责任只是其中的一种,责任权概念适合用来分析某些权利,而不是所有权利。譬如,无法用它来分析不受酷刑折磨的自由权。[1]

在美国法哲学界,沃尔德伦的责任权概念遭受了一些批评。如布莱恩·比克斯(Brain Bix)指出,所谓责任权,与其说是权利的一种特殊形式,不如说是特定职务和角色中常见的权利义务复合形式。[2] 但在笔者看来,沃尔德伦将权利义务复合的现象提升为责任权概念,旨在为特定权利的边界不清晰,相关义务尚未确定的争议性问题,提供一种新的分析思路,并强调尊严概念在其中可能发挥的作用。基于尊严的"责任权利"概念超越了自由主义和个人主义的政治立场,为限制个人的某些自由、保护公共利益和社会价值提供了正当性基础。

(二) 公民尊严与人的尊严

公民是一个表达身份和地位的概念,与作为地位的尊严概念

---

[1] Jeremy Waldron,"Dignity,Rights,and Responsibilities",pp. 1117,1134.

[2] 参见 Brian Bix, "Rights, Responsibilities, and Roles: A Comment on Waldron", *Arizona State Law Journal*, 43(2011), p. 1146。

相一致,因此地位尊严概念有助于揭示公民概念的尊严意蕴,以及国家对于实现人之尊严的意义。按照传统道德哲学中的价值尊严理论,人的尊严被理解为超国家的普遍尊严和固有尊严,倾向于将国家置于人之尊严的对立面,而忽视其对于实现人之尊严的意义。如前所述,沃尔德伦关于现代社会中人之尊严的观念,是一种法律哲学视角下的平等尊严观,反映了"二战"后国际人权文件和国际社会的法律立场。在各个民主国家,平等的尊严观直接体现在"公民在法律面前人人平等"的宪法原则中。当今世界的政治实体主要由各个民族国家所构成,所以现实地看,公民的尊严是实现人之尊严和人权的最佳方式。

沃尔德伦认为,一个人如果丧失了国籍,那就没有了国家法律制度的承认和护佑,人权将得不到有效保护。"最重要的权利是拥有权利的权利,成为一个有组织的共同体中的一员的权利",因为"只有在共同体中,他的权利主张才是有用的"。[①] 所以,人权必须在每个国家被转化成保障公民地位的法律构造,人的尊严必然要求落实为公民的尊严。正因为如此,公民尊严理论构成了人的尊严理论的重要组成部分。

公民这一身份,虽然较之于人这一身份是特殊的,但在民主国家内部则是普遍的。公民这一身份虽是普遍和普通的,却蕴含着人的尊严,是一种值得受到珍视和敬重的地位。之所以说公民身份是一种高贵的地位,是因为这种身份包含着诸如选举权和被选

---

① Jeremy Waldron,"Citizenship and Dignity",in Christopher McCrudden ed. , *Understanding Human Dignity*,Oxford Universtiy Press,2013,p. 338.

举权等基本权利以及服兵役等基本义务。一个人拥有公民身份，意味着他是国家的主人，而非单纯的服从者——臣民。"国家应该被看作一个公民聚合体，其由公民们自己所创造，并且为了他们全体的利益，一起维持着这个集体。"这就要求国家的政体是对公民们负责的，政府是公开透明和讲究诚信的。由于现代政治离不开代议政治，所以必须通过政治公开的原则，使政治决策受制于公众的审查和讨论，公民们也因此能够形成自己的观点，这是尊重公民尊严的核心要义。[1]

沃尔德伦通过对公民尊严的探讨，将公民身份与人的尊严联系在一起。公民尊严不仅有助于说明公民缘何需要享有基本的自由和权利，而且有助于澄清公民缘何需要承担基本的义务和责任。一个公民，除了负有尊重其他公民尊严的义务，而且还负有守法的义务和积极行使权利的责任。尊重公民尊严的部分原因在于：公民个体具有超越其自身利益而关注政策、法律以及为全体利益考量的责任能力。所以，一方面，国家必须以维护公民的尊严为目的；另一方面，公民必须充分运用自己的理性能力维持国家的存在。

（三）个体尊严与群体尊严

一旦将尊严概念理解为地位，就有可能突破西方个人主义的传统观念，接纳群体尊严概念，因为特定群体的地位观念是不难令

---

[1] 参见 Jeremy Waldron, "Citizenship and Dignity", in Christopher McCrudden ed. , *Understanding Human Dignity*, pp. 341-342。

人接受的。在西方主流的尊严哲学中，无论是康德将尊严理解为个人的内在价值，还是德沃金将尊严理解为自我决定和自我负责的权利，都是在个体尊严的意义上说的。现代社会中人的尊严，主要就是指个体尊严。这是近代以来自由主义和个人主义观念的产物，并且与西方人权概念的形成过程相一致。正因为如此，哈佛大学卡尔人权政策研究中心主任叶礼庭教授指出，尊严与个人是分不开的，"我们无法回避尊严概念所蕴含的个人主义"。① 人权与个人主义也是分不开的，"权利话语的确是个人主义的"，"在个人与群体之间将总有冲突存在，权利的存在是为了保护个人"。② 对此，沃尔德伦质问道："尊严概念的引入，是否必然强化（或更有助于）个人主义权利观念？"一些西方自由主义者显然会说"是的，尊严当然仅仅指个人意义上的"，"群体是不可能拥有尊严的"。但在沃尔德伦看来，如此回答是意识形态化的，并没有对尊严概念作认真的思考。③ 沃尔德伦不囿于西方个人主义基础之上的传统尊严观，明确主张在语用学上使用"群体尊严"概念的可能性。这固然是因为在沃尔德伦看来，群体本身拥有价值是有可能的，更重要的是，其地位尊严概念使得这一概念在逻辑上成为可能。事实也确实如此。譬如，我们经常能够听到"民族尊严""人民尊严""国家尊严"等话语。

---

① Michael Ignatieff, *Human Rights as Politics and Idolatry*, Princeton University Press, 2001, p. 166. 引自 Jeremy Waldron, "The Dignity of Groups", *Acta Juridica* (Cape Town), 2009, p. 67.

② 〔美〕伊格勒蒂夫："作为偶像崇拜的人权"，胡水君译，载《环球法律评论》2005年第4期，第396页。

③ 参见 Jeremy Waldron, "The Dignity of Groups", pp. 67, 90。

    沃尔德伦所谓"群体尊严"中的"群体"概念,主要指社群之类实体意义上的群体,具有集体的维度,而非仅指拥有共同特征的一批人,如男人或女人,黑人或白人——这种意义上的群体尊严最终维护的是个体尊严,而不是群体本身的尊严。换言之,群体尊严维护的不仅是组成群体的成员个体不受歧视的权利,而且是某一人类群体免受其他人类群体蔑视的权利。在沃尔德伦看来,"简单地将群体视为个人之工具,可能忽视了个人价值可部分通过群体价值构造而成的事实"①。因此,沃尔德伦不认同叶礼庭的个人主义尊严观,"我们无法在逻辑上否定群体的内在尊严观或群体权利观,我们不应基于自由主义教条千方百计地否定这种观念","作为共同体的一个民族也有可能——因为其文化、身份和使命——具有内在的重要性,这种重要性依赖于其所具有的共同善,而非其对于个体成员分别具有的或累积而成的善"。② 不过,沃尔德伦也提醒人们,群体尊严的话语确实有一定的危险性,群体尊严的话语会支持和强化群体内部的等级制和阶层制,乃至"有可能摧毁促使个人尊严与人权联系在一起的价值重估之成就"。③ 可见,在个体尊严(个人权利)与群体尊严(群体权利)的关系问题上,沃尔德伦颇有一些辩证思维,在价值立场上则持相对开放的态度。所以,他不认同一些自由主义哲学家所谓"只有自由的群体才拥有尊严"的观点,认为不应将群体的尊严与对群体内部组织和具体实践的评价

---

①　Jeremy Waldron,"The Dignity of Groups",p. 82.

②　同上,第 83 页。

③　参见同上。

（如不平等或不自由）混在一起。[①]

四、错置价值：复合尊严概念的可能局限

沃尔德伦从法律哲学视角出发阐发了作为地位的尊严概念，并主张地位或等级是尊严概念最核心、最基本和最普遍的含义，但并没有完全否定道德哲学视角下的尊严概念。沃尔德伦否定的仅仅是价值尊严概念的普遍意义及本体论地位。换言之，在特定的国家和文化中，作为价值的尊严概念仍然是有可能和有意义的。虽然从道德观念出发去理解尊严概念，在不同的文化和人群中经常有着不同的理解，乃至有着重大的争论，但是作为价值的尊严概念，对于近代以来的人类政治和法律所产生的重大影响是难以否认的，并且至今仍在日常政治和法律生活中为人们所广泛地运用。所以，沃尔德伦在主张作为地位的尊严概念外，又提出了包容多种尊严观念的复合尊严概念。这既是为了包容西方社会所流行的人之尊严观念，也是为了全方位理解现代社会中的人之尊严观念。毕竟，沃尔德伦所主张的地位尊严概念，仅仅是法律哲学视角下的尊严观。按照沃尔德伦的地位尊严观，现代法律中的尊严是指经价值重估的高贵等级。[②] 在这一尊严观之外，现代社会至少还有另外两种影响较大的尊严观。一是康德所主张的尊严乃是不可替代、不可交易的价值之观念，这是近现代最有影响的尊严观念，《德

---

① 参见 Jeremy Waldron,"The Dignity of Groups",pp. 88-89。

② 参见同上，第66—90页。

国基本法》和《世界人权宣言》等重要法律文件中的尊严概念都深受
其影响。二是德沃金所主张的尊严乃是自我决定和自我负责的权
利观念。德沃金指出人的尊严包含两个维度:"每个生命都拥有内
在的潜在价值,以及每个人都对实现自我生命的价值负有责任。"①
德沃金后来将这两个原则分别概括为"自尊原则"和"责任原则"。
前者要求我们每个人"必须承认自己好好生活的客观重要性","好
好生活指的是生活中的自我表达,选择你认为适合自己和自己所处
环境的生活方式";后者要求我们每一个人承担"德性意义上的责
任",并在适当的场合承担"责任"。② 在沃尔德伦看来,以上三种尊
严观并不是相互排斥的,而是相互补充的,故可熔铸于一个复合性
的尊严概念之中,它们分别是该尊严概念之复合结构的一部分。

　　为了说明复合尊严概念的可能性,沃尔德伦用民主概念加以
类比。关于"民主"的含义,一些人说是"人民统治";另一些人说是
"政治平等";还有一些人追随熊彼特,认为民主仅仅是一套政治制
度:通过制度化的方式为社会精英提供定期的权力竞争机会,从而
确保政治稳定。它们代表了三种相互联系和相互补充的民主观
念,实际上能够被整合成一个多层次的民主概念:民主是政治精英
之间定期展开权力竞争的一项制度,其建立在政治平等的基础之
上,最终是为了让人民大众对政府的统治获得实质性的控制。③

---

　　① 〔美〕德沃金:《民主是可能的吗?》,鲁楠、王淇译,北京大学出版社 2012 年版,
第 10 页。
　　② 参见〔美〕德沃金:《刺猬的正义》,周望、徐宗力译,中国政法大学出版社 2016
年版,第 118、226—232 页。
　　③ 参见 Jeremy Waldron, *Dignity, Rank, and Rights*, p. 16。

依循复合性概念的这一构造方式,沃尔德伦指出:"作为一个基础性概念,人的尊严意味着每个人都处在一个非常高贵的等级当中,与此相关,每个人的身体都是神圣不受侵犯的,每个人都对自己享有控制权,每个人都对自己的命运拥有决定权,这些价值和权利如此重要,以至于不能跟其他任何东西相交换。"①这样就将尊严的三种观念整合在一起,共同构成了人的尊严这一复合概念。其中,"尊严的等级观向我们展示的是尊严的本体论基础,康德的尊严观告诉我们的是尊严所涉价值在价值论上的地位,德沃金的尊严理念则向我们指出了我们应当给予特殊保护并加以珍视的权利"②。可见,沃尔德伦在阐述尊严含义时有两种语境,分别表达了尊严概念的两种维度:一是普遍历史意义上的尊严概念;二是现代意义上的尊严概念。从普遍历史的角度看,也就是从他所说的本体论角度看,尊严就是指地位或等级。在近代之前,已然存在"人的尊严"观念,也就是相对于动物而言,人具有较高的地位,可称之为"一般的尊严";与此同时,还存在特定群体所拥有的"特殊的尊严",如贵族相对于平民所拥有的特殊地位。③ 自近代以来,经过"价值重估"的尊严,逐渐成为了现代意义上的尊严概念,即所有人都处在同一个等级,每个人拥有崇高的地位,这也就意味着人之尊严的现代观念的诞生。毫无疑问,康德的尊严观在"价值重估"的历史过程中发挥了巨大的推动作用,并且为崇高的地位奠定了道德基础,

---

① Jeremy Waldron,"The Dignity of Groups",p. 73.

② 同上。

③ 关于"一般的尊严"与"特殊的尊严"之分类,参见〔德〕罗曼:《论人权》,李宏昀、周爱民译,上海人民出版社 2018 年版,第 57 页。

而德沃金的尊严观则致力于将人人具有的内在价值转化为实践性的基本权利,将每个人具有的崇高地位落实为可操作的法律制度。所以这三种尊严观并非互不相融,而是各有侧重,分别构成了现代尊严观的一部分。

虽然沃尔德伦的复合尊严概念,比较全面地揭示了现代社会中人之尊严的多个维度,但是在道德哲学的视角下,将地位尊严概念提升至本体论层面恐难成立。沃尔德伦似乎将古代尊严观念与现代尊严观念杂糅在一起,凸显了二者的公约数——地位或等级之含义,而忽略了地位尊严观念的古今之别,并否认了价值尊严概念在逻辑上的优先性。古代社会中的尊严建立在目的论式的宇宙道德秩序之上,政治法律所构造的社会等级秩序是这个宇宙道德秩序的一个组成部分;而现代社会中的尊严乃建立在"价值除魅"之后以个人的自由和平等为核心的道德基础之上。[①] 现代社会中人的尊严缘何会被理解为每个人拥有平等的崇高地位,这本身依赖于沃尔德伦所承认的"尊严所涉价值在价值论上的地位"之观念。哈贝马斯曾指出,沃尔德伦关于高贵等级普遍化的尊严理论,还不能说明个人尊严的不可侵犯性缘何可以作为规范性主张的根据,而需要加入两个论证步骤:首先,必须将个体化加入高贵尊严的普遍化过程中去。这涉及不同人之间横向关系中个体的价值,而无关"人类"在与神或"低等"物种之间纵向关系中所处的地位。其次,必须以个体的绝对价值取代人性和人类的较高价值。这涉及每个人独一无二的价值。在康德那里,人权除了从自主性,也从

---

① 参见石元康:《当代西方自由主义理论》,上海三联书店 2000 年版,第 39—40 页。

普遍主义和个体主义的人之尊严观中汲取道德内涵。① 罗森也曾指出,沃尔德伦为了避免关于人之尊严的形而上学争论,主张无需探求人之尊严的价值基础,而径直将人的尊严理解为一种赋予每个人的高级地位,这是个鲁莽的提议。在罗森看来,这个提议并不会给形而上学之争带来和平,譬如,何谓"每个人"? 是否包括胎儿、胚胎、受精卵、严重智障者和植物人? 关于这些问题,仍然存在广泛争议。② 确实,沃尔德伦的地位尊严理论并非旨在回答有关人之尊严的这些具体问题。沃尔德伦的地位尊严概念很大程度上是分析性的,旨在提供理解古今尊严现象和观念的概念工具,所以其地位尊严理论是一种回避价值的薄理论。问题的关键在于,将高级地位赋予"每个人",必然依赖于有关尊严的道德理论。

其实,沃尔德伦的导师德沃金在晚年时也认识到,我们不必把法律和道德看作两个独立的系统,而是可以把"法律视为政治道德的一部分"。③ 在道德哲学的视角下,沃尔德伦的复合尊严概念可能错置了价值,因而是有局限的。即便如此,其复合尊严概念的构造思路还是值得肯定的,因为其展现了尊严概念的多个维度,能够为我们考察不同历史阶段的不同社会的尊严现象提供有利的概念工具。为此,笔者认为,可将其复合尊严概念改造如下:以价值尊

---

① Jürgen Habermas,"The Concept of Human Dignity and the Realistic Utopia of Human Rights", C. Corradetti ed., *Philosophical Dimensions of Human Rights*: *Some Contemporary Views*,Springer,2012,pp. 71-73.

② 参见 Michael Rosen,"Dignity Past and Present",in Jeremy Waldron,*Dignity*, *Rank*,*and Rights*,2012,p. 94。

③ 参见〔美〕德沃金:《刺猬的正义》,周望、徐宗立译,第440页。

严观为本体，以地位尊严观为形式，以权利尊严观为制度。由此，现代社会中人的尊严包含三重意义：首先，尊严是一种人皆有之的内在价值；其次，尊严是一种崇高的法律地位；最后，尊严还是一种自我决定和自我负责的权利。价值意义上的尊严概念彰显的是人道精神，地位意义上的尊严概念彰显的是大同精神，权利意义上的尊严概念彰显的是法治精神。[①] 易言之，在逻辑上，价值尊严概念具有优先性，因为地位尊严概念与权利尊严概念必然预设了价值尊严概念；另一方面，人人固有的内在尊严需要通过政治和法律上的外在地位来加以承认，并最终落实为保障自我尊重和自我负责的权利制度。诚然，沃尔德伦的复合尊严概念是通过运用康德的价值尊严理论和德沃金的权利尊严理论提出来的，因而最终还是难以摆脱西方自由主义和个人主义的理论色彩。但是，笔者通过进一步的抽象化，提出了一个由价值、地位和权利三要素所构成的复合尊严概念。它是相对中立的，因而具有文化上的包容性，能够为我们分析不同文化传统中的尊严问题提供一个有用的分析框架。[②] 虽然它无法在根本上消弭不同尊严观之间的争论，但至少可以使尊严概念得到更好的理解和应用。同时，它为我们提出超越西方自由主义和个人主义的实质性尊严理论提供了基础和可能。

---

① 关于人道精神、大同精神和法治精神，参见夏勇：《人权概念起源》，第176—180页。

② 虽然权利概念在近代以后才形成，权利话语在近代以后才流行，但权利的构成要素——利益、要求、资格、权能和自由——在近代以前的不平等社会中或多或少是存在的。（关于权利的构成要素，参见夏勇：《人权概念起源》，第46—48页。）就此而言，这样一种概念框架甚至可以用来分析不平等社会中的尊严现象。

五、结语

沃尔德伦认为,即便将人的尊严理解为一种地位,也不能将人的尊严仅仅理解为人权清单的缩略语,人的尊严不仅仅指一组人权,而且还指各种人权得以组合在一起的基本理念。作为地位的尊严理念,既可用于解释每一种人权对于我们人类的重要性,又可用于解释这些人权作为一个集合体对于我们人类的重要性。[①] 不难看出,沃尔德伦试图运用地位尊严概念为我们理解人权提供一个普遍性的理念基础。人的尊严理念还被认为是理解人权的关键,它有助于我们解释特定的人权条款,可以帮助我们处理权利冲突和权利界限问题。[②] 但是,人的尊严要在人权实践中发挥实质性的作用,单纯地依靠作为地位的尊严概念是不够的。正如沃尔德伦所承认的:作为地位的尊严并不一定就是人权的最后根基,也许存在着其他基本理念,可用于说明和解释作为地位的尊严之重要性。[③] 这或许也是其提出复合尊严概念的一个缘由。因此,沃尔德伦从一开始加以回避的价值理念又得以有机会进入其尊严理论中。当然,沃尔德伦只是将现代西方社会主导性的价值尊严概念简单地引入,其尊严理论的核心部分和原创性贡献仍然是地位

---

① 参见 Jeremy Waldron, "Is Dignity the Foundation of Human Rights?", in Rowan Cruft, S. Matthew Liao, and Massimo Renzo eds. , *Philosophical Foundations of Human Rights* , pp. 134-136。

② 参见同上,第 131 页。

③ 参见同上,第 136—137 页。

尊严概念。如果说其复合尊严概念是特殊性的尊严概念，那么其
地位尊严概念则是普遍性的尊严概念。其地位尊严概念是薄的概
念，而非厚的概念；其地位尊严理论是开放性的理论，而非整全性
的理论。沃尔德伦正是通过其地位尊严理论在一定程度上实现了
对西方自由主义和个人主义意识形态的超越。

目　　录

尊严、等级与权利[*]

我所讲的主题是"人的尊严"。我们将了解到，人的尊严既是一个道德原则，也是一个法律原则。毫无疑问，人的尊严是最重要的原则，我们应该对它作一个好的哲学说明。这正是我在接下来的讲座中所要努力做的事情。

第一讲　尊严与等级

一、法律与道德

"人的尊严"这个主题，我们可以从法律角度切入，譬如，对各

　＊　本文系纽约大学法学院"公法与法理研究"工作论文（2009 年 9 月），曾在加利福尼亚大学伯克利分校的"坦纳人类价值讲座"（Tanner Lectures）上分两次讲授，其中第一讲主要内容最初以《尊严与等级》（Dignity and Rank）为题发表于《欧洲社会学杂志》（*European Journal of Sociology*）2007 年第 2 期。后来两次讲座内容连同其他专家的评论以著作形式出版，参见迈尔・丹-科恩（Meir Dan-Cohen）编：《尊严、等级与权利》（*Dignity，Rank，and Rights*，Oxford University Press）2012 年版。

种人权宣言的序言作分析，或者对不得实施非人道和有辱人格的待遇之法律规则作解释；我们还有一个选择，即首先将人的尊严视为一种道德理念。

第二种方法似乎是我们自然会加以采用的：我们首先将尊严视为一种道德理念，然后来看该道德理念是否充分体现在法律、宪法和人权公约的创制工作中，或者构成法律教义和先例的司法判决中。因此，按照这一方法，我们在靠近法律之前，首先需要探寻道德哲学家们——譬如伊曼努尔·康德、斯蒂芬·达沃尔、詹姆斯·格里芬等现代哲学家——对尊严概念所做的意义阐发。[1]

这是一条颇有吸引力的路径。但是，道德哲学并不是我们探寻尊严理念的唯一哲学资源。如果我们反其道而行之会怎样呢？尊严的栖息地似乎就在法律之中：法律才是尊严的天然栖息地。我们可以在很多法律性质的文件和宣言中发现尊严概念，譬如《德国基本法》第1条、《南非宪法》第10条、《公民权利和政治权利国际公约》第10条第1款。[2] 我们会和自己说，这必定是法律运用道德理想的例子。但是，道德从法律中所汲取的，或许比法律从道德

---

[1]　伊曼努尔·康德（Immanuel Kant）：《道德形而上学的奠基》（*Groundwork of the Metaphysics of Morals*），收录于康德：《实践哲学》（*Practical Philosophy*，ed. Mary Gregor，Cambridge：Cambridge University Press）1996年版，第84—85页（4：435 of the Prussian Academy Edition of Kant's works）；斯蒂芬·达沃尔（Stephen Darwall）：《第二人称观点：道德、尊重与责任》（*The Second-Person Standpoint：Morality，Respect and Accountability*，Cambridge：Harvard University Press）2006年版；詹姆斯·格里芬（James Griffin）：《论人权》（*On Human Rights*，Oxford：Oxford University Press）2008年版。

[2]　《德国基本法》第1条规定："人的尊严不受侵犯。尊重和保障人的尊严是所有国家机关的义务。"《南非宪法》第10条规定："每个人都拥有内在的尊严，每个人都有权要求其尊严获得尊重和保护。"《公民权利和政治权利国际公约》第10条第1款规定："所有被剥夺自由的人应给予人道及尊重其固有的人格尊严的待遇。"

中所汲取的更多。所以，让我们先分析尊严概念在其法律栖息地的运用情况，然后再来看尊严的法理对于阐明道德话语中的尊严概念是否有所助益。约瑟夫·拉兹在我来做本次讲座的几周前和我说，"尊严"并不是一个从日常道德语言中冒出来的术语。它是哲学家们为了理解（诸如价值和尊重之类的）日常道德观念而人为创造出来的。与"功用"（utility）一样，尊严也是一个建构性的观念，具有基础性和说明性的功能。倘若尊严是从法律中引入，用以发挥此种建构性功能的话，那么我们最好诉诸法理学，探寻道德哲学家们从与众不同的法律观念中所汲取的东西。[3]

因此，譬如道德哲学家们告诉我们，尊严是个地位问题。但是地位是一种法律观念，而且地位不是一种简单的法律观念。[4] 我们得知，尊严曾经与等级密切相联：国王的尊严不同于贵族的尊严，国王和贵族的尊严又不同于教授的尊严。如果我们关于人之尊严的现代观念留有任何一点历史上与等级相联系的古代观念——在我看来，确实如此：我认为它表达了每个人都拥有高贵而又平等的地位之观念[5]——那么我们首先应该研究将地位与等级

3 克里斯托弗·麦克拉登（Christopher McCrudden）开了个好头，尽管其持温和的怀疑论，见其佳作：《人的尊严与人权的司法解释》（"Human Dignity and Judicial Interpretation of Human Rights"），载《欧洲国际法杂志》（*European Journal of International Law*）第 19 卷（2008 年），第 655—724 页。

4 关于法律中的地位概念，参见 R. H. 格雷夫森（R. H. Graveson）：《普通法上的地位》（*Status in the Common Law*，London：Athlone Press）1953 年版。另请参见第二讲第六部分的讨论。

5 第一讲中的很多观点都是基于我的文章：《尊严与等级》（"Dignity and Rank"），载《欧洲社会学杂志》（*European Journal of Sociology*）第 48 卷（2007 年），第 201—237 页。但是，我已在诸多方面对那篇文章中的观点作了修正。

（以及权利和特权）联系在一起的法律主体，并探寻当尊严概念被置于平等主义的新环境中使用时还留有多少这些古代观念。

尊严与权利观念有着密切的联系：尊严可作为权利的基础，可作为特定权利的内容，甚或可作为权利的形式和结构。一个无畏的道德哲学家可能会说，理解权利（或与权利相关的概念）的最好方法是从道德理念入手，然后再看法律是如何处理这些道德观念的。当然，更好的方法是（像霍菲尔德那样）[6]将权利首先看作一个法律概念，然后将目光转至其在（道德这样的）规范性语境中的运作情况。要知道，规范性语境的构造方式截然不同于法律体系的构造方式。[7] 在我看来，对尊严的理解也是如此。即便尊严作为权利的基础——正如《公民权利和政治权利国际公约》的序言告诉我们，本公约所包含的权利"源自人的固有尊严"——它也不必首先被视为一种道德理念。毕竟它不只是法律性质的浅层次规则（好像更深层次的就必定是"道德"性质）。我认同罗纳德·德沃金的观点，在他看来，具有基石作用的理念也可以是法律性质的——譬如法律原则或法律政策。[8] 法律创设、包含、组织与整合这些理念。这些理念不仅仅是从道德中借用过来的。

6　韦斯利·N. 霍菲尔德（Wesley N. Hohfeld）:《基本法律概念》（*Fundamental Legal Conceptions*，New Haven：Yale University Press）1919 年版。

7　即便在我们的模范理论观念中（譬如在洛克的社会契约论中），我们可以说自然权利先于法律权利而存在，但是，我们不应该由此推断说我们对权利的理解顺序也该如此，也即：我们必须首先理解自然权利，并且我们可以不依赖于对法律权利的理解来实现这一点。

8　参见罗纳德·德沃金（Ronald Dworkin）:《认真对待权利》（*Taking Rights Seriously*，Cambridge：Harvard University Press）1977 年版。

所以，在讲座的开始我想要表达一个基本观点：把尊严首先看作一种道德观念，或者认为对尊严的哲学阐释必须从道德哲学出发，可能并不是一个好主意。同样，我们也不应该认为，对尊严的法律分析就只能是列举一份国内法或国际法上带有"尊严"一词的条文和先例的清单。还存在着法律哲学这样的学问，还存在着法律原则这样的规范，我在本次讲座所欲探寻的是尊严的法理，而不是对尊严作一个粗浅的介绍性分析。

二、各种各样的用法

法律中似乎不存在关于"尊严"的权威定义。一位受人尊敬的法学家曾评论道：尊严的内在含义好像任由人们根据自己的直觉去理解。[9]

如果你快速地浏览一下法律中出现"尊严"一词的地方，你很可能会觉得"尊严"的用法极其混乱。尊严的含义在一个法律文件中是这个意思，在另一个法律文件中却是另一个意思。尊严的概念在此处发挥着这样一种法律功能，在彼处则因被视为不同范畴而发挥着另一种法律功能。道德哲学家们倾向于关注这些事情，令人遗憾的是，对此种印象所发的牢骚，在某些领域竟被当作哲

9　参见奥斯卡・沙赫特（Oscar Schachter）：《人的尊严：一个规范性概念》（"Human Dignity as a Normative Concept"），载《美国国际法杂志》（*American Journal of International Law*）第 77 卷（1983 年），第 848—854 页。在第 849 页（写道）："在国际文件或（就我所知的）国内法中，我们未能找到'人的尊严'这一术语的明确定义。其内在含义任由人们根据自己的直觉去理解，这种理解很大程度上受制于文化因素。"

学分析。

　　实际上,我认为,在这个问题上我们应该多点耐心,多些思考,正如回应解构性的分析批判那样,耐心和深思常常会有收获。有时,一个术语初看起来是含混不清的,涉及各种不同的观念,实际上,这些不同的观念可能是相互补充的,而非互不相容的,它们共同构成这个术语的含义。我们做个类比。关于"民主"的含义,一些人说是"人民统治";另一些人说是"政治平等";还有一些人追随熊彼特,认为民主仅仅是一套政治制度:通过制度化的方式为社会精英提供定期的权力竞争机会,从而确保政治稳定。[10] 只要我们愿意,可以把这三种含义看作互不相容的,并抱怨这个术语的内在含混性。但是,我们首先应该思考一下,所谓互不相容的三种民主含义,是否可以被视为相互联系和相互补充的三种民主观念,从而能够被整合成一个多层次的民主概念:民主是政治精英之间定期展开权力竞争的一项制度,其建立在政治平等的基础之上,最终是为了让人民大众对政府的统治获得实质性的控制。这样我们就将三种含义整合进了一个统一但复杂的定义当中。所以,人的尊严也可能是这种情况:我们也许能够将局面扭转过来,针对解构性的分析批判,我们可以提出,其所理解的含混性是表面上的,实际上恰恰反映了这个多层次的概念具有丰富和相互补充的多方面含义。[11]

　　10　约瑟夫·熊彼特(Joseph Schumpeter):《资本主义、社会主义与民主》(*Capitalism, Socialism and Democracy*, New York: Harper Perennial)1962 年版,第269 页以下。

　　11　我已按照这个提议作了进一步的分析,参见杰里米·沃尔德伦(Jeremy Waldron):《群体的尊严》("The Dignity of Groups"),载《开普敦大学法学学报》(*Acta Juridica*),2008 年,第 66—90 页,在第 68—74 页。

但是,有一些明显的困境可能更难化解。人权宪章告诉我们,尊严是个人所固有的;同时,人权宪章要求我们做出英雄般的努力,以确保每个人都享有尊严。这是一句模棱两可的话吗?[12] "自由"这个术语也有类似的双重用法,对此,杰里米·边沁过去常常加以嘲笑。自然权利论者会说,人人生而自由,但接着就会以权利的名义抱怨说,太多人一出生就是奴隶。[13] "因为人类是自由的,所以人类应该自由;即便人类不自由,人类也应该自由"——这是自然权利论者的主张?此种推理似乎介于同义反复和语无伦次之间,边沁称之为"荒谬而又低劣的胡说八道"[14]。实际上,模棱两可的表象很容易去除。在奴隶社会,一个人可以在法律意义上被确定为自由人——这是其在法律上的地位——即便其被发现处在奴隶的境况中。(其可能被错误地置于奴役状态中,或者其在获得解放后仍被错误地置于枷锁之中。)因此,我们同样可以说,每个人在地位上是自由的——该地位乃由其造物主所赋予——即便事实上某些人处在枷锁之中,并且,需要将他们的自由呈现为一种规范性

---

12 斯蒂芬·平克(Stephen Pinker)如此认为。在《尊严之愚昧》("The Stupidity of Dignity")一文[载于 2008 年 5 月 28 日《新共和》(*New Republic*),电子文本可获自 http://www.tnr.com/article/the-stupidity-dignity]中,他抱怨说,尊严概念"充斥着截然的对立和矛盾。我们会读到:奴隶制和贬损人格行为在道德上是错误的,因为它们剥夺了人的尊严。但是我们也会读到:无论你对一个人做什么,包括对他的奴役和侮辱,都不能剥夺他的尊严"。

13 参见杰里米·边沁(Jeremy Bentham):《无政府主义的谬误》(*Anarchical Fallacies*),载杰里米·沃尔德伦(Jeremy Waldron)主编:《高跷上的胡说八道:边沁、伯克与马克思论人权》(*Nonsense upon Stilts: Bentham, Burke and Marx on the Rights of Man*, London: Methuen)1987 年版,第 74 页。

14 同上书,第 50 页。

要求的内涵。虽然对于某些人来说,这个命题的前提可能就有问题,因为他们不认同该命题所隐含的形而上学,但是,就这个命题本身而言,并不存在不合逻辑的问题。对于"尊严"这个术语来说,可能遵循着同样的逻辑。一方面,这个术语可以用来表达人类的内在级别或地位;另一方面,它也可以一并用来表达一种要求,即那一级别或地位应该在实际上获得尊重。

关于"尊严"一词,更有意思的双重用法,涉及作为权利之基础的尊严与作为权利之内容的尊严之区分。一方面,我们得知人权"源自人的固有尊严";另一方面,据说人们拥有"人格不受贬损"及"人格尊严不受侵犯"的权利。[15] 尊严既是我们所拥有的某种权利的内容,又是我们所有权利的基础。对于权利源自某种单一基础的主张,无论这个基础是尊严、平等、自主或者(现在有时会说的)安全,我一概表示怀疑。但是无论如何,我不会对区分基础和内容的双重用法提出质疑。人的尊严不仅可以成为一般权利的总体目的,而且可以成为某种特定权利所特别指向的内容——明确以人的尊严这一目的为追求或者通过禁止某些典型性的侵犯行为来保护人的尊严,而其他权利则以某种更加间接的方式与人的尊严这一目标相联系。

事实上,我将对作为人权之目标或终极目的尊严观提出不同意见。在我看来,尊严是一种规范性地位,很多人权可被理解为由这一地位所伴随而来,如此理解更有道理。(一种地位与其伴随物

15　《日内瓦公约》总则第 3 条(*Geneva Conventions*, Common Article 3),另请参见《国际刑事法院罗马规约》(*Rome Statute of the International Criminal Court*)第 8 条第 2 款第 2 项第 21 目。

之间的联系,不同于一项目标与推动实现这项目标的各种附属原则之间的联系,它更像是一个集合与其成员之间的联系。)然而,即便人的尊严被视为一种等级或地位,在确立这一地位的一般规范与诸如禁止贬损人格之类对于维护尊严来说不可或缺的特殊规范之间仍然存在二元区分。

打个比方说,这两种规范之间的关系就像法官所拥有的地位或尊严与特殊的藐视法庭罪之间的关系。虽然不得藐视法庭的规范并不是法官所拥有的地位或尊严的全部,但是禁止藐视法庭对于维护司法尊严来说仍然是不可或缺的。当然,除了不得藐视法庭的禁止性规范之外,其他很多积极维护司法尊严的规范也是很重要的。《波兰宪法》规定:"法官应该拥有……与其职位的尊严所相一致的薪酬。"[16] 可能还有其他的配套:长袍、假发、正式的称呼、宴会上的排名。这些对于司法尊严来说都是重要的。不过,这些并不是法官之地位的全部。法官的地位还与法官角色有关,与法官的权力和责任有关。

---

16 《波兰宪法》第 178 条第 2 款。薪酬、津贴与尊严之间的关系是个有趣的问题。在英国,一个穷困潦倒的贵族有时被认为无法维持其尊严。"什鲁斯伯里伯爵案"(*The Earl of Shrewsbury's Case*, 12 Co. Rep. 106, 77 Eng. Rep. 1383, 1612)援引爱德华四世统治时期的一项议会法案作为依据,正式剥夺了贝德福德(Bedford)公爵乔治·内维尔(George Nevill)的爵位:"众所周知,乔治既没有收入来源,也没有可能通过继承来维持其拥有的头衔、身份或尊严,或某种身份称号;而且我们经常可以看到,当某个具有高贵身份的贵族没有足够的生活来源维持其尊严时,……经常导致强取豪夺、腐化贿赂,并且国家不得不消耗大量的资源。所有发生此类情况的国家无一例外地陷入了极大的麻烦之中。因此,国王根据上议院的建议以及本届议会下议院的立法决定,……颁布命令:从此以后,这一爵位的创设行为以及给予乔治的一切尊严称号……就此无效,不再有任何效力。"

　　对于人的尊严来说，也是如此。我们可以区分作为一般地位的人之尊严与维护人之尊严的具体规则。其中，有些具体规则提供的是积极保护，如《世界人权宣言》中的条文说："每一个工作的人，有权获得公正合理的报酬，确保他和他的家属拥有符合人之尊严的生活条件。"[17]另有一些具体规则提供的是消极保护，如禁止以有损人格的方式对待人。这两种保护方式都是重要的。不过，它们并不是人之尊严的全部。我们还需要理解一般意义上的人之尊严——地位——所包含的内容。

　　有些人可能觉得这样做过于雄心勃勃。比较合适的做法是仅仅探究各种禁止贬损人格的具体规范的自身价值，而无需假设这些规范是维护人之尊严的一般等级或地位这一更大事业的附属品。[18]思考一下人权公约中禁止给予"有辱人格的待遇"之规范。[19]我们难道不应该仅仅说，这些规范旨在保护人民免受一种十分具体的严重羞辱之恶？尤其是在诸如拘留、监禁、收容治疗和战俘因

　　17　《世界人权宣言》(1948)第23条第3款。另请参见约翰·洛克(John Locke)：《政府论》(*Two Treatises of Government*，ed. Peter Laslett，Cambridge：Cambridge University Press)(下篇)1998年版，第277页(第2章，第15节)："由于我们自己不能充分供应我们天性所追求的生活即符合人的尊严的生活所必需的物资，所以，为了弥补我们在单独生活时必然产生的缺陷和不完善，我们自然想要去和他人交往并共同生活。"(着重号为笔者所加)

　　18　另请参见丹尼尔·斯塔特曼(Daniel Statman)：《羞辱、尊严与自尊》("Humiliation，Dignity，and Self-Respect")，载D.克雷茨默(D. Kretzmer)与E.克莱因(E. Klein)编：《人权话语中的尊严概念》(*The Concept of Dignity in Human Rights Discourse*，New York：Kluwer Law International)2002年版，第209—229页。第209页(写道)："将羞辱概念与尊严概念捆绑在一起使得羞辱概念过于哲学化……并且脱离了心理学的研究和理论。"

　　19　《世界人权宣言》(第5条)和《公民权利和政治权利国际公约》(第7条)都规定："任何人均不得被施以酷刑，或被施以残忍的、不人道的或侮辱性的待遇或刑罚。"

禁等情况下，一个人因其生活状况完全受控于他人，而或多或少处在全面脆弱性的境地时。我们难道不应该仅仅说，那就是这些条文的全部？为什么我们必须从事建立尊严的一般理论的工作呢？毫无疑问，我们所需要的仅仅是一项具体理论，只要搞清楚这些特定的禁止性规范就够了，而无需提出大而全的理论。

但是，即使我们采取这种做法，仍然不得不面对一个问题：当法律还以更加一般（概括）的措辞谈论人的尊严时，它传达了什么意思？法律必然是在传达某种意思。既然我们无论如何都必须对一般尊严概念做出说明，那就当然值得努力提出一种理论，使得一般意义上的尊严概念与维护尊严的特殊（具体）要求统一起来。

三、是否需要道德基础？

人权法上的文字表明尊严是权利的基础：《公民权利和政治权利国际公约》在序言中宣称权利"源自人的固有尊严"。这是否意味着此处的尊严是一种为人权奠定法外基础的道德理想？

不一定。这个《公约》为我们提供了其正文所列权利的法律基础，至于这可否被认为是道德观念的法律表现，则是一个深层次的问题。或许，每个法律理念都有某种道德根基，但不可误认为，道德根基必定具有与法律基础一样的形式或内容。

我们来看一个类似的例子。古代雅典人信奉自由出身的男性公民之间的政治平等，对此，汉娜·阿伦特解释说，雅典人接受相互之间平等对待的法律原则，不是出于他们之间真正平等的某种道德信念，而是因为只有这样的原则才使得他们拥有的政治共同体形式成为可能。为了使他们能够参与共同的政治事业中，共同体为他们每个人创设了一个人造的人格（persona）——公民——使他们能够基于政治目的出现在公共舞台上，并且平等地展现自己。为了做到这一点，共同体运用了公民大会上平等的发言权、选票平等、当选陪审团成员的平等责任等诸如此类的人造技术。[20] 人的尊严可能与此类似。虽然可以说人的尊严获得了法律承认，但是法律所承认的不一定是基础性的道德尊严。

这是一种可能性。当然，许多哲学家确实信奉一种基础性的道德尊严。詹姆斯·格里芬在其晚近出版的《论人权》一书中，为尊严的道德理论提供了辩护，在他看来，尊严是人权的基础。他采纳了15世纪的哲学家皮科·德拉·米兰多拉的尊严概念——尽管他舍弃了皮科有关尊严的绝大部分神学论述——他得出的结论是，尊严的核心在于人有能力"成为他自己所意愿的样子"（格里芬称之为规范上的行动能力）。[21] 格里芬说，"与人权相关的那种尊严"，"是一种备受珍视的地位：我们是规范上的能动主体"。[22] 在他看来，我们的人权就是源自以此方式加以理解的我们的尊严。有些时候，他说这话的方式表明，规范上的行动能力是我们权利的目的：人权是实现规范上的行动能力这一目的之手段；譬如，我们

20　汉娜·阿伦特（Hannah Arendt）：《论革命》（On Revolution，Harmondsworth：Penguin）1977年版，第278页。

21　格里芬（Griffin）：《论人权》（On Human Rights），第31页。他吸收了乔瓦尼·皮科·德拉·米兰多拉（Giovanni Pico della Mirandola）在《论人的尊严》（Oration on the Dignity of man）（1486年）中的思想，电子文本请见 http://cscs. umich. edu/~crshalizi/Mirandola/。

22　格里芬（Griffin）：《论人权》（On Human Rights），第152页。

之所以拥有福利权,是因为当你挨饿的时候无法发挥规范上的行动能力。[23] 而另有些时候,他说这话旨在传递一个截然不同的观点:通过保护我们的权利(譬如通过尊重我们的选择)维护我们在规范上的行动能力。[24]

其中第二种说法与作为地位的尊严有着更加密切的联系。一般来说,地位不是目标或目的:地位由一系列给定的权利所组成,而不是将这些权利界定为手段。我被地位论所深深吸引,本讲座的其余部分内容,大多是在讨论这个问题。我提及格里芬论述中游移不定的方面仅仅是为了表明,我们不要过于简单地理解作为基础的尊严。虽然,尊严的地位论认为尊严(不管怎样加以界定)具有基础作用(或者我们可以说尊严具有基础性),但是它不像(譬如)后果主义道德理论那样简单地将后果论证的主要价值前提视作其他一切的基础。

四、尊严和举止

我们非常重视人的尊严,但是对于"重视"的原因,可以有不同的理解。可能是因为尊严比其他价值更重要,也可能因为尊严是类似于等级的东西。再想一想地位概念。有些法律地位十分卑微,譬如奴隶和农奴(或者现代世界的重罪犯或破产者);而另有一些法律地位则相当"崇高",譬如皇室或贵族。此处的"崇高"不同

23　格里芬(Griffin):《论人权》(*On Human Rights*),第 179—180 页。

24　同上书,第 149 页以下。

于道德分量(就像杰里米·边沁的幸福计算学中能带来特别持久或强烈的快乐之事所具有的道德分量)。它更多的是一个等级问题,它所传递的是权威和恭敬之类的意思。

尊严的崇高性质还具有形体上的内涵:一种"关于人之尊严的道德矫形术(moral orthopedics)",也就是一些追随恩斯特·布洛赫(Ernst Bloch)的马克思主义者经常说的"直立行走"。[25] 尊严含有举止端庄之类的意思。在《牛津英语词典》的"尊严"词条中,其中一种含义是指"仪容端正、举止得体、气质非凡;……威严、庄重"。当我们听到有人说"某某人很有尊严"时,浮现于我们脑海中的常常是,这个人拥有某种仪容,或者行为举止端庄大方,泰然自若,收放自如,不屈不挠,其表现经常为人所称道,当处于困境时并不绝望,也不卑躬屈膝。[26]

"尊严"一词的这些内涵与我前面所说的其在国际人道法与人权公约中的特殊(具体)用法交相呼应。禁止给予"有辱人格的待遇"可被解读为一种要求:必须允许人们(即便在监禁中,处于警察的权力之下)留有一点自制和自控的自由以展现自我。[27] 在我看

25　参见扬·罗伯特·布洛赫(Jan Robert Bloch)、卡佩斯·鲁宾(Caspers Rubin):《我们如何能理解直立步态中的弯曲?》("How Can We Understand the Bends in the Upright Gait?"),载《新德国批判》(*New German Critique*)第 45 卷(1988 年),第 9—10 页。

26　另请参见奥雷尔·柯尔奈(Aurel Kolnai):《尊严》("Dignity"),载《哲学》(*Philosophy*)第 51 卷(1976 年),第 253—254 页。

27　参见杰里米·沃尔德伦(Jeremy Waldron):《残忍、不人道和有辱人格的待遇:言词本身》("Cruel, Inhuman, and Degrading Treatment: The Words Themselves"),载《加拿大法律与法理学杂志》(*Canadian Journal of Law and Jurisprudence*)第 23 卷(2010 年),第 269—286 页。另见氏著:《酷刑、恐怖活动与权衡取舍》(*Torture, Terror, and Trade-Offs*, New York: Oxford University Press)2010 年版,第 276—319 页。在"反恐战争"中,将囚犯作为动物或婴儿来对待,便与此相抵牾。

来，对尊严作哲学层面的解释，如果不仅能将"尊严"在法律中的特殊（具体）用法与一般（概括）用法统一起来，而且还能同时阐明我们关于道德矫形术的这些直觉，那绝对是一件好事。关于人之尊严的好理论，不仅会将尊严作为一般性地位予以说明，而且还会对举止端庄意义上的尊严以及禁止给予羞辱性的和有辱人格的待遇缘何重要给出说明。这正是我现在所努力做的，我将尊严解释为一种高等级的地位，类似于贵族所享有的等级，只不过今日只有一个等级，每个人都平等而毫无差别地处在这个高贵的等级中：尊严就是普通人的高贵。

五、"尊严"一词的约定性用法

一些哲学家对"尊严"的定义似乎与高贵、举止、不损人格这些主题完全无关。例如，思考一下罗纳德·德沃金在他的《民主是可能的吗？》一书中有关"尊严"一词的用法。在这本书的开头，德沃金就抛出了两个原则，在他看来，这两个原则"界定了……人类境况中的抽象价值"[28]。一个原则与人之生命的客观价值有关；另一个原则是指，对于自己的生活该怎么过，每个人都负有特殊的责任。德沃金说："这两个原则……结合在一起，便定义了人之尊严

28　罗纳德·德沃金（Ronald Dworkin）：《民主是可能的吗？》（*Is Democracy Possible Here?*, Princeton: Princeton University Press）2008 年版，第 9 页。德沃金对这两个原则的论述在其《刺猬的正义》（*Justice for Hedgehogs*, Cambridge: Harvard University Press, 2010）一书（第 191—218 页及下文）中有很大的扩展。

的基础和条件,因此,我会把它们称作尊严的原则或维度。"[29]他十分正确地指出,尊严原则反映了西方政治理论中根深蒂固的价值观。虽然它们并不总是被贴上"尊严原则"的标签,但可以这样称呼它们,如果那就是德沃金想做的事,我当然不会反对。然而,他没有在任何地方表明,贴上"尊严"的标签有助于阐明这两个原则,以及他对这两个原则的解释不依赖于我们一直所讨论的尊严概念的某种具体内涵。[30]

我们可能只是通过语言学上的约定,使"尊严"一词指代德沃金所说的那种意思。但是,我们没有特别的理由指派"尊严"一词来承担这项任务。其他词汇也可以。我们可以使用"荣耀"一词,谈论人类所固有的荣耀、对荣耀的尊重、人类有不可剥夺的荣耀权等等。当然,我们会承认"荣耀"还有其他一些内涵,不管这些内涵是否与此处的用法交相呼应,我们会说这是我们赋予它的新含义,以用于代表德沃金所说的两个原则。我提醒大家注意,"荣耀"一词在历史上曾以德沃金的方式用过。[31] 当我这么说的时候,大家不要误以为我是在嘲弄他关于"尊严"一词的约定性用法。"尊严"一词可以在政治哲学中加以使用,正如杜撰词义者可以在逻辑学中(作为某种论证的术语)加以使用那样。但是,我们将不得不为

---

29   德沃金(Dworkin):《民主是可能的吗?》(*Is Democracy Possible Here?*),第10 页。

30   饶有趣味的是,在他论权利的早期著作中,德沃金将自己的观点区别于康德的观点,他称前者是基于平等的观点,而后者是与尊严相联系的观点。参见德沃金(Dworkin):《认真对待权利》(*Taking Rights Seriously*),第 198—199 页。

31   刘易斯·卡罗尔(Lewis Carroll):《爱丽丝漫游奇境》(*Through the Looking Glass, and What Alice Found There*,Philadelphia:Henry Altemus)1899 年版,第 123 页。

此付出代价,我们会发现"尊严"一词越来越贬值,其含义可以任由人说,而没有了自己的边界。

六、康德

德沃金并不孤单,因为我接下来所作的阐述也与康德的尊严定义不一致。康德在《道德形而上学的奠基》中提出的尊严定义是最著名的哲学观点之一:

> 在目的王国中,一切东西要么是有价格的,要么是有尊严的。有价格的东西,别的东西可以作为等价物代替它;与此相反,超越一切价格从而不容有等价物的东西,则是具有尊严的。……现在,道德性就是一个理性存在者能成为目的自身的那个条件。……因此,道德和具有道德能力的人性是唯一具有尊严的。[32]

关于这个定义,首先要说的是,这里的"尊严"(dignity)一词是英译者所使用的,而不是康德所使用的。康德所使用的是德语"Würde"一词。将"Würde"译为"尊严",确实是惯常的做法。但

---

[32] 康德(Kant):《道德形而上学的奠基》(*Groundwork of the Metaphysics of Morals*),第 84—85 页(4:435 of the Prussian Academy Edition of Kant's works)。康德继续说道,道德意志"无限地超越一切价格"。他说不能用其他价格与道德意志相比较或竞争,"否则,必将玷污它的圣洁"。另外,值得注意的是,詹姆斯·格里芬提醒读者不要将他的观点与康德的尊严联系起来。他说,康德意义上的尊严是一切道德所具有的特征,而不仅仅指人权。参见格里芬(Griffin):《论人权》(*On Human Rights*),第 201 页。

是,这两个词的内涵略有不同。[33] 相较于"dignity"一词,"Würde"更接近于"worth"(价值)一词。

其次,我想说的是,尽管每个人因其道德能力而具有超越一切价格的价值以及不可转让和不可替代的内在价值是美好而又重要的观念,但没有特别的理由要用我们的"dignity"一词来表达。从康德的《道德形而上学的奠基》一书中的那段话来看,"Würde"一词表达的是一种价值或者与价值相关的一种事实。与此不同,"dignity"一词表达的则是一个人可能拥有的一种地位。这一区别看起来可能很细小,尤其是当我们承认,在道德理论上,一个人的地位源自对其基本价值的评估时。[34] 一个人拥有尊严(就我们感兴趣的意义而言),是因为其具有价值(或康德意义上的 Würde):但这二者之间是真正的渊源关系,而不是同义关系。我们对于价值和地位会有不同的应对方式,从中也可以看出二者的区别。[35]

---

[33] 关于这两个词的一些差异,有一个启示性的讨论,参见柯尔奈(Kolnai):《尊严》("Dignity"),第 251—252 页。另请参见《尊严——伦理学与法律:文献目录》(*Dignity—Ethics and Law: Bibliography*, Copenhagen: Centre for Ethics and Law),1999 年,第 9 页:"斯堪的纳维亚和德语中的名词 vœdighed 与 Würde 源自日耳曼语中的 werpa-(werd, wert),这意味着这些用语的意思指向价值和意义,而非尊严。"

[34] 麦克拉登(McCrudden):《人的尊严与人权的司法解释》("Human Dignity and Judicial Interpretation of Human Rights"),第 679 页,其追随杰拉尔德·纽曼(Gerald Neuman)《美国宪法上人的尊严》("Human Dignity in United States Constitutional Law")一文,载 D. 西蒙(D. Simon)、M. 魏斯(M. Weiss)编:《论个人的自主性:西米蒂斯教授纪念文集》(*Zur Autonomie des Individuums: Liber Amicorum Spiros Simitis*, Baden-Baden: Nomos)2000 年版,第 249—250 页,将"人之尊严"的核心含义确定为个人的内在价值。

[35] 奥雷尔·柯尔奈(Aurel Kolnai)在其《尊严》("Dignity")一文(第 252—254 页)中对此问题的讨论非常细致,该文刊载于《哲学》(*Philosophy*)第 51 卷(1976 年)。

对于有价值的东西,我们会发扬它或保护它,也许是尽可能地实现它,至少会珍惜它。对于拥有较高地位的人,我们会予以尊重或服从。这一区别很重要,我们不应忽略。

康德确实也说过人的价值之基础提出了尊重的要求,但确切地说,要求得到尊重的不是人。[36] 按照康德的论述,要求得到尊重的是道德能力。迈克尔·罗森说得没错,这是一种柏拉图主义;[37] 要求得到尊重的是内在于人的东西,而非人本身。我们尊重内在于我们自己的道德法则,当道德法则打败我们的偏好欲望时,我们就有这种主观上的敬畏感。[38] 在罗森看来,这是一种准审美的理想,我倾向于认同他的这个观点。

---

[36] 康德的尊重概念,虽然在他的道德哲学中很重要,但其实并不符合我们的需要。在"第二批判"中,康德的尊重概念呈现为一个人当注意到纯粹的实践理性如何击败他的偏好和自大时所体验到的一种敬畏感。参见伊曼努尔·康德(Immanuel Kant),《实践理性批判》(*Critique of Practical Reason*),第一部分,第 3 章,载《实践哲学》(*Practical Philosophy*),第 199 页以下(5:73 以下)。它就像感受到震撼和崇拜一样,是道德能力所应该具有的,来自于我自己的义务感的一种反应。它不是能够独立产生义务的一种方式。康德自己似乎也认识到了这一点,因为正如他所指出:"义务概念不能从尊重中推导出来。"同上书,第 172 页(5:38)。康德对"尊重"一词的使用十分严谨。我们倾向于十分宽泛地使用它,因而我们可以在他的论述中看到不是严格意义上的含义,而是我们所需要的含义。

[37] 参见迈克尔·罗森(Michael Rosen):"所有愚蠢的道德家们的陈旧观念:尊严在伦理学和政治学中的地位"(The Shibboleth of All Empty-Headed Moralists: The Place of Dignity in Ethics and Politics),2007 年波士顿大学"本尼迪克特系列讲座"(Boston University Benedict Lectures)。目前已经以《尊严:历史和意义》(Dignity: Its History and Meaning)为题,由哈佛大学出版社(Cambridge: Harvard University Press)于 2012 年出版。

[38] 在《实践理性批判》(*Critique of Practical Reason*)第 200 页(5:74)中,康德说:"如果某种东西,其作为我们意志的决定根据,会令我们的自我意识产生羞耻感,那么这种东西在其是积极的决定根据的范围之内,自然会唤起对它的尊重。因此,道德法则也是主观上尊重的根据。"

我相信,有些读者会认为,我对康德在《道德形而上学的奠基》中的尊严观念的背离,是我整个研究事业中的反证法。他们可能会问:"如果不是康德,那么是谁?"但是,康德对"尊严"(Würde)一词的使用是复杂的。他也会把"尊严"一词和我们一直所讨论的传统意义上的"贵族"一词并列加以使用。在他的政治哲学中,康德谈到了"尊严的分配"。他用尊严来形容贵族,尊严"使其拥有者具有较高的身份,即便他们不能享受任何特殊的服务"。[39] 他还说:"不存在没有任何尊严的人,因为他至少具有公民的尊严。"康德的这些话将尊严与等级联系在一起,与我想要将二者联系在一起的方式或多或少是相一致的。

此外,《道德形而上学》中有一节"论奴性",康德在其中一个又长又刺耳的段落中谈到"与我们内在的人性尊严相关的义务":

> 不要成为他人的奴仆——不要让别人肆无忌惮地践踏你的权利。不要欠下你没有充分把握偿还的债务——不要接受你可以避免的恩惠……抱怨和发牢骚,哪怕因身体疼痛而大喊大叫,都不值得你去做,尤其是当你意识到这是自己应得的时候。……下跪或匍匐在地,即便是为了表示你对上天之物的崇敬,也有悖于人性的尊严。……在他人面前卑躬屈膝,无论如何都不是一个人所应该做的。[40]

39　伊曼努尔·康德(Immanuel Kant):《道德形而上学》(*The Metaphysics of Morals*),载《实践哲学》(*Practical Philosophy*),第 470—472 页(6:328-330)。

40　同上书,第 558—559 页(6:436)。

这一段关于举止如何有尊严的波洛尼厄斯（Polonius）①式的论述，听起来似乎是我正在探求的那种尊严概念。但是，挑战就在于如何回过头来将所有这一切与《道德形而上学的奠基》中的尊严概念——超越一切价格的价值——联系起来。这正是我所遇到的麻烦。毫无疑问，康德的脑海中有某种这样的联系。我们的道德人格所具有的"绝对的内在价值"一开始是作为自尊的基础，但它同时也是一个人据以"要求世界上所有其他理性存在者尊重自己"并且"在和他们平等的基点上"评价自己的一种资本。⁴¹ 斯蒂芬·达沃尔在他最近的一本书里对这段话做了很多阐述。⁴² 他认为，在康德的著作中，有一种重要的尊严观念，它与我们通过对他人提出要求（他称之为"第二人称"的角度）而引发对自己的尊重有莫大的关系，而与我们的道德能力的客观价值并无多少关联。虽然达沃尔不太愿意放弃《道德形而上学的奠基》中关于尊严的定义，但他也只是口头上说说而已。达沃尔说，令其感兴趣的道德要求"构造并表达了每个人平等拥有的独特价值：尊严，一种'没有价格的价值'"⁴³。但是，在我看来，最后的这个表述在达沃尔的论述中就像是一个不起作用的轮子。一切论述都与通过第二人称的要求产

---

① 莎士比亚所著《哈姆雷特》中的人物，被认为是一个令人生厌的老顽固。——译者

41 伊曼努尔·康德（Immanuel Kant）：《道德形而上学》（*The Metaphysics of Morals*），载《实践哲学》（*Practical Philosophy*），第 557—558 页（6：435-436）："从我们能够做出这样一种内在的立法，从（自然）人情不自禁地敬重他自身人格中的（道德）人，随之而来的便是升华和最高的自我评价，体验到其内在的价值，由此，他超越了一切价格，并拥有了不可剥夺的尊严，这种尊严引起了他对自己的尊重。"

42 达沃尔（Darwall）：《第二人称观点：道德、尊重与责任》（*The Second-Person Standpoint*），第 6 章。

43 同上书，第 119 页。

生尊严有关。"没有价格的价值"仅仅是装饰而已。

伊丽莎白·安德森在最近的一篇论文中提出了一个更有前途的方法。[44] 安德森探讨了"指令性价值"（commanding value）的概念，倘若这一概念能够成立，那么作为"超越价格的价值"的尊严与作为等级或权威的尊严之间就架起了桥梁。她对康德挪用和改造现代荣誉观念的方式很感兴趣：一个有荣誉感的人把自己的独立和自尊当作高于价格的东西，他不会用它来交换世界上的任何东西，当然也不会用它来交换物质利益。这就在我所关心的两种尊严概念之间架起了桥梁。而且，在她看来，康德对荣誉概念的改造恰恰是对荣誉伦理的普遍化。[45] 如果安德森教授的这个观点是对的，那么我就应该重新思考我的下述看法：《道德形而上学的奠基》一书中著名的尊严概念对于现代尊严法学贡献甚少。

我需要再次强调：我丝毫不怀疑康德在《道德形而上学的奠基》中的尊严概念——根本价值或超越价格的价值——所关联的理念之重要性：人不是物，不应该作为交易的对象。但是就此概念本身而言，其对尊严的哲学探讨产生了不良影响，并使很多法律学者想当然地认为，法律中的尊严概念也必然表达康德式的这一特

44　参见伊丽莎白·安德森（Elizabeth Anderson）：《康德晚期道德哲学中的情感：荣誉和道德价值现象学》（"Emotions in Kant's Later Moral Philosophy：Honor and the Phenomenology of Moral Value"），载《康德的伦理学》（Kant's Ethics of Virtue，Monika Betzler ed.，New York：de Gruyter）2008 年版，第 123—146 页。

45　伊丽莎白·安德森（Elizabeth Anderson）：《康德晚期道德哲学中的情感：荣誉和道德价值现象学》（"Emotions in Kant's Later Moral Philosophy：Honor and the Phenomenology of Moral Value"），第 139 页："荣誉伦理将尊重、指令性价值的拥有者所具有之地位，……完全留给上层社会等级的人。但是，康德的伦理学将受人尊重的地位普遍地给予一切理性主体。"

定含义。[46] 确实,在康德晚期著作中的尊严概念与作为等级地位的尊严概念相一致。但是,在《道德形而上学的奠基》中,尊严概念在根本上被等同于"Würde"以及"超越价格的价值"。至少,如果没有伊丽莎白·安德森所做的阐释,它是不可能与作为等级地位的尊严概念趋于一致的。

将人之尊严等同于人之生命的神圣价值的观念,稍后我将详加阐述。在我这样做之前,请允许我先举一个在法律上运用康德式尊严概念的例子。在该例中,尊严被简单地理解为不允许讨价还价的人之价值的观念。这就是著名的"德国航空安全法违宪案"。在该案中,德国宪法法院审查的是"9·11"恐怖袭击后通过的一项法律,其允许德国空军击落被恐怖分子劫持的客机。德国宪法法院认定,这一规定违反了德国《基本法》第1条——"人的尊严不受侵犯"。法院指出,根据《基本法》第1条对尊严的保障,"蓄意杀害……被劫持飞机上的机组人员和乘客"是"绝对不可想象的",即便他们"身处绝境",即便他们"必死无疑"。[47] 法院继续说

---

46 譬如,参见斯蒂芬·海曼(Stephen J. Heyman):《言论自由与人的尊严》(*Free Speech and Human Dignity*, New Haven: Yale University Press)2008年版,第39页,简单地将尊严定义为"近乎绝对的价值"。另请参见沙赫特(Schachter):《人的尊严:一个规范性概念》("Human Dignity as a Normative Concept"),第849页,将尊严等同于"把每个人看作目的而非手段的康德式命令";G. P. 弗莱彻(G. P. Fletcher):《作为宪法价值的人之尊严》("Human Dignity as a Constitutional Value"),载《西安大略大学法律评论》(*University of Western Ontario Law Review*)第22卷(1984年),第171—182页。

47 德国联邦宪法法院,2006年2月15日,115 BVerfGE 118,判决书可获自 http://www.bundesverfassungsgericht.de/en/decisions/rs200 60215_1bvr035705en.html。"为了保存其他人的生命,将飞机上的人作为手段而加以利用……根据作为一般性规则的系争条款而采取行动将飞机上处于绝境的无辜者杀死,即便飞机上的人被认为必死无疑,仍不能消除他们的尊严权被侵犯的性质。不论个体之人能存活多久,其生命和尊严受到同等的宪法保护,……谁要是否认这一点或质疑这一点,谁就断然否认了那些处于绝望境地的别无选择的人,例如劫机事件的受害者,基于人的尊严所应该得到的尊重。"

道,"人的尊严""受宪法同等的保护,而不管个体之人生存时间之长短"。这是一份勇敢和令人尊敬的判决,而且也许是个正确的判决。但是它将尊严概念带往一个不同寻常的方向,而远离了尊严概念中我们所熟知的很多内涵。

七、罗马天主教关于人之尊严的教义

关于尊严概念,有两种解说:一是将其解说为"绝对价值";二是将其解说为"等级地位"。虽然我赞成后者,但是现在我想花一点点时间,尽可能公正地对待前者。所以,这里我介绍另一种关于事物之"绝对价值"方面的著名观念。

罗马天主教关于生命神圣的社会训导——每个人的生命(从受孕开始)具有绝对价值,绝对禁止谋杀、堕胎、安乐死以及对胚胎的科学研究——有时用"尊严"一词来表达。[48] 我们被告知,每个人"因其与造物主之间的亲密纽带"而具有"崇高的"和"近乎神圣的尊严"。[49] 我们被告知,"人类有一种特殊的尊严,基于此,……我们所有人都负有不得杀人的义务"[50]关于这一点,罗马

---

[48] 参见教皇约翰·保罗二世(Pope John Paul Ⅱ)的通谕《生命的福音》(*Evangelium Vitae*)(1995年3月25日),电子文本可获自 http://www.vatican.va/holy_father/john_paul_ii/encyclicals/documents/hf_jp-ii_enc_25031995_evangelium-vitae_en.html。

[49] 参见同上,第25、34和38节。

[50] 帕特里克·李(Patrick Lee)、罗伯特·乔治(Robert George):《人之尊严的本质与基础》("The Nature and Basis of Human Dignity"),载《法理》(*Ratio Juris*)第21卷(2008年),第173页。

天主教在堕胎问题上的教义尤为人所熟知,其援引"未出生的儿童"作为绝对禁止堕胎的基础,[51]并且认为,"把人类胚胎或胎儿作为实验对象使用,属于冒犯人类尊严的犯罪"。[52] 对此,我们怎么看呢?

我的看法与我对《道德形而上学的奠基》中的"Würde"一词的看法类似。我不明白,为什么非要使用具有独特内涵的"尊严"(dignity)一词来定义"Würde",这样做合适吗? 也许,使用"价值"(worth)或"神圣价值"(sacred worth)更好。说到这里,我很清楚,我说的这一切,不会说服天主教徒或康德主义者们采纳不同的术语。

而且,罗马天主教的尊严观并非全然没有考虑到理解尊严的另一路径。我在这些讲座中所阐发的尊严观念,将尊严呈现为一个人在社会中所处的等级或地位,表现在他的仪容和自我呈现中,展示在他的言行举止中。但是,那些尚不能控制自己的言行举止或者不能为自己发声的人是否有尊严呢? 约翰·保罗二世的通谕《生命的福音》谴责"将个人尊严与外显的言语……交流能力等同起来的想法":

> 基于这些预设,社会结构中的弱势者,譬如尚未出生者或垂死者,在这个世界上将无立足之地;完全受他人支配和彻底依赖于他人者,其只能通过无声的语言来传递深切的情感共

---

[51] 《生命的福音》(*Evangelium Vitae*),第44节。

[52] 同上,第63节。

鸣,亦将如此。[53]

　　这个批评有点夸大了。按照我的理解,有尊严的供养,对于那些完全受他人支配的人来说尤其重要。不过在我看来,前教皇所指的是那些即便被允许,也无能力为自己发声或者也无能力控制自我呈现的人:婴儿和重度残疾者。但是,我们不应该认为,尊严是唯一的价值所在。我已不厌其烦地强调,我所阐发的尊严观丝毫不否定一切人类生命的神圣价值原则所具有的独立运作空间。

　　当然,我们确实有必要说明婴儿和重度残疾者如何具有人的尊严。我自己的观点是,这一考虑不必然要求我们放弃积极运用法律界定的地位之尊严观。我认为,这个问题可以通过约翰·洛克在其自然权利理论中所引入的那种论证来加以回应,他说一切人类因其理性而具有平等的地位:"我承认,孩童并非生来就处在这种完全的平等状态中,虽然他们生来就应该享受这种平等。"[54]如同贵族头衔的继承人,他们当前的地位来自他们即将拥有(或注定拥有)的等级;而我们也没有必要同时为他们创造另一种类的尊严。

　　我所说的一切,不是为了驳斥或怀疑罗马天主教的生命神圣观,这就如同我对康德的批评,不是为了怀疑他在《道德形而上学的奠基》中不可交易的尊严观。我们在这里争论的是尊严的含义,而不是应否允许堕胎。而且,我当然也不认为这一切表明,(无论是天主教徒心中的,还是一般意义上的)尊严是一个愚蠢或无用的

53　《生命的福音》(*Evangelium Vitae*),第 19 节。

54　洛克(Locke):《政府论》(*Two Treatises*),第 304 页(下篇,第 55 节)。

概念。斯蒂芬·平克和露丝·麦克林说过这样的话。[55] 但是他们这样说,仅仅是因为他们反感天主教徒和其他"有神论者"反对他们所支持的(譬如干细胞实验的)基本立场,而且他们害怕"尊严"一词可能强化反对者的主张。其实,平克和麦克林对尊严的分析并不感兴趣。他们反对天主教使用"尊严"一词,是因为他们在政治上对这一词所表达的立场十分恼火。倘若"尊严"一词与反对堕胎或干细胞实验等此类反对立场无关,他们对"尊严"的含义是不会有兴趣的。

八、等级与阶层

正如我已多次暗示的那样,我自己对尊严的看法是,我们应该设法相信尊严与贵族等级或高级职位之间存在古老的联系。在古罗马用语中,"尊严"(dignitas)一词含有等级或职位所带来的荣誉、特权及受人敬重的意思,[56]也许还能表达某人处于该等级时或

55　斯蒂芬·平克(Stephen Pinker)说:"'尊严'是一个松散和主观的概念,与赋予它的重大道德要求难以匹配。"他还说:"宗教保守派生物伦理学中的弊病[在于]将天主教的议题强加到世俗民主政体之上,并且使用'尊严'一词谴责任何令人感到恐怖的事情。"参见平克(Pinker):《愚蠢的尊严》("The Stupidity of Dignity"),载《新共和》(*New Republic*)2008年5月28日;另请参见露思·麦克林(Ruth Macklin):《社论:尊严是一个无用的概念》("Editorial:Dignity Is a Useless Concept"),载《英国医学杂志》(*British Medical Journal*)第327卷(2003年),第1419—1420页,在第1420页。

56　参见特雷莎·伊格莱西亚斯(Teresa Iglesias):《基本真理与个人尊严》("Bedrock Truths and the Dignity of the Individua"),载《逻各斯:天主教思想与文化杂志》(*Logos:A Journal of Catholic Thought and Culture*)第4期(2001年)(第114—134页),在第120—121页(写道):"尊严观念对于罗马政治和社会生活来说很关键,并且与荣誉的含义有着密切联系。政治职务是有尊严的,因此担任政治职务的人,如元老或皇帝,也是有尊严的。"

担任该职位时的与众不同。当然,就如康德哲学中的"Würde",拉丁语中的"dignitas"也不必然等同于英语中的"dignity"。但是,关于"dignity"一词,《牛津英语词典》给出的第二种含义是:"荣耀的或高级的身份、地位或品级;荣誉;评定的级别、等级";并且其给出的第三种含义是:"荣耀的职位、等级或头衔,高级的官职或头衔很高的职位。"[57]

所以,人们会谈论君主的尊严。1690 年一份指控詹姆斯党人触犯重大叛国罪的起诉书说道:"图谋废黜国王和皇后,剥夺他们的皇家尊严,并使已遭罢黜的詹姆斯国王恢复王位。"[58]布莱克斯通告诉我们"皇冠上有必要镶嵌古老的宝石……如此才能与国王陛下至高无上的尊严相匹配,如此国王陛下才能维护这个国家"[59]。而且,1399 年剥夺理查二世王权的法律宣告,他"已被褫夺王位和治权及其附随的一切尊严和荣誉"[60]。

不只是君主拥有尊严,贵族也拥有各种尊严。对此,康德曾

---

57 萨缪尔·约翰逊(Samuel Johnson)在《英语词典》(*A Dictionary of the English Language*)中将尊严定义为"崇高的等级",这一观点被迈克尔·迈耶(Michael Meyer)所引用,见其《作为(现代)美德的尊严》["Dignity as a (Modern) Virtue"]一文,载 D. 克雷茨默(D. Kretzmer)与 E. 克莱因(E. Klein)编:《人权话语中人之尊严的概念》(*The Concept of Human Dignity in Human Rights Discourse*),第 195—207 页,在第 196 页。

58 *Patrick Harding's Case*,86 Eng. Rep. 461,2 Ventris,315. 并且会说重罪犯侵犯了"我们的和平……国王陛下下的皇冠和尊严"。

59 韦恩·莫里森(Wayne Morrison)编:《布莱克斯通的英国法释义》(*Blackstone's Commentaries on the Laws of England*,London:Cavendish Publishing)2001 年版,第 2 卷,第 347 页(第 28 章)。

60 1399 Rolls Parl. III. 424/1. 引自《牛津英语词典》(*Oxford English Dictionary*),检索条目:"dignity"。

讨论过。[61] 在英国,贵族拥有的尊严按照爵位高低分为:公、侯、伯、子、男。[62] 各等级依照法律拥有相应的尊严;拥有博士头衔者当然拥有尊严。[63] 牧师也拥有尊严,或者说有些牧师拥有尊严;[64]而且,主教拥有比修道院院长更高的尊严。[65] 外交大使依照国际法拥有尊严。[66] 1789 年法国国民会议批准的《人权和公民权利宣言》第 6 条宣告:"所有公民在法律的眼里都是平等的,都可以按照其能力平等地拥有一切尊严(dignites)以及担任一切公共的职位和职务,除了考虑他们的品德和才能外不做任何区分。"①

如今,在尊严与等级之间画等号,对于人权话语而言,似乎是一种令人沮丧的想法,因为人权意识形态恰恰否定将人分为三六九等:某些人天生拥有公爵或伯爵夫人拥有的那种特殊尊严,这是

---

[61]　康德(Kant):《道德形而上学》(*The Metaphysics of Morals*),第 471 页。

[62]　莫里森(Morrison):《布莱克斯通的英国法释义》(*Blackstone's Commentaries on the Laws of England*),第 1 卷:第 30—35 页(第 12 章)。

[63]　*Doctor Bentley's Case*,92 Eng. Rep. 818,Fortescue,202 (1737).

[64]　虽然并非所有圣职都具有严格法律意义上的尊严。参见 *Boughton v. Gousley*,Cro. Eliz. 663 78 Eng. Rep. 901(1599):"罗马法学者将宗教职务分为三个等级。第一等级的职务拥有管辖权,如主教、主任牧师等。第二等级的职务是对特定教区的宗教管理,如教堂的牧师等。第三等级的职务既没有教区也没有管辖权,如受俸牧师、助理牧师等。而且,他们将尊严定义为拥有管辖权的教会管理者或者统治者,因此,他们不认为后面两个等级的职务具有任何尊严;……副主教不是尊严的名号……教堂牧师不是尊严的名号……教堂行政主管不是尊严的名号……诗班领唱人不是尊严的名号……助理牧师不是尊严的名号。"

[65]　*Cootes v. Atkinson*,75 Eng. Rep. 1072,Gouldsborough,171.

[66]　*Taylor v. Best*,139 Eng. Rep. 201,14 C. B. 487.

①　1789 年 8 月 26 日颁布的《人权和公民权利宣言》第 6 条。此条中的"dignites"常译为"高官""高位",参见由嵘等编:《外国法制史参考资料汇编》,北京大学出版社 2004 年版,第 300 页;〔德〕耶利内克:《人权与公民权利宣言:现代宪政史上的一大贡献》,钟云龙译,中国政法大学出版社 2012 年版,第 143 页。为彰显地位与尊严之间的概念联系,此处译为尊严,也即高位、要职和头衔。——译者

人权观念所不容的。[67] 然而,我不太愿意放弃对此问题的探讨。我觉得,"尊严"等级观可以给权利的平等主义理论提供比表面看来更多的东西。

有些学者认为,尊严与等级之间的联系已被犹太-基督教关于人性本身就拥有尊严的观念所取代,而且,犹太-基督教的这种尊严观念在性质上确实截然不同。我并不赞成这一观点。我不想低估罗马-希腊思想与犹太-基督思想之间的裂痕,[68]但是,我想,至少就"尊严"一词而言,其保留了高级地位的含义,所发生的并非观念之取代,而是价值之重估。[69] 所以,我们不妨来探究高等级别的尊严观如何与平等主义的尊严观相容。

刚才我说,罗马天主教把尊严与生命的神圣性等同起来,似乎

---

67 譬如,在美国,我们可以把《独立宣言》开篇中的平等主义权利话语跟《美国宪法》第 1 条第 9 款中的"合众国不得授予贵族爵位"的宪法规定联系起来。

68 譬如,参见约书亚·A. 伯尔曼(Joshua A. Berman):《被创造的平等:圣经如何与古代政治思想决裂》(*Created Equal*:*How the Bible Broke with Ancient Political Thought*,Oxford:Oxford University Press)2008 年版。

69 即便认同尊严等级观与尊严人权观之间的根本对立,也可能发现二者之间的动态联系。伊格莱西亚斯(Iglesias)在《基本真理与个人尊严》("Bedrock Truths")一文(第 120 页)中区分了尊严的普遍性含义与限制性含义。她写道:"查阅词典后我们可以发现,'尊严'一词有两种基本含义,一是'优势地位'(superiority),二是与之相关的'礼貌待遇'(decorum)。前者指等级、职务、成就、权力等方面的优势地位,其只能属于一部分人……后者指每个人所具有的内在价值之意义上的优势地位,其独立于职位、等级等外在条件,而属于每个人。在这普遍性的含义中,'尊严'一词所关注的是人作为人而存在的特殊模式,因此,与强调尊严的限制性以及外在地位之决定性的前一含义不同,后一含义具有不受条件限制的普遍性意义。"伊格莱西亚斯将限制性的尊严概念与古典罗马文化联系在一起,而将普遍性的尊严概念与犹太伦理学和神学中人的内在价值观联系在一起。不过,虽然如她所说,"尊严的含义在历史上,乃至到现在,其普遍性含义与限制性含义之间的冲突十分显著",但所发生的是,"历史上罗马人用于职务和等级以及差别性法律措施的尊严之限制性含义,开始与具有普遍性意义的尊严之新含义一起加以使用,这种含义关注的是每个人的平等价值"(第 122 页)。

与作为地位的尊严观念大不相同。然而仔细想来,天主教的尊严观念与等级并非毫无关联。当我们说到人的尊严时,我们可以是在等级意义上说尊严,但并不是在某一些人高于另一些人的等级意义上说尊严。我们可能是在大自然存在物的链条中谈论人类总体上所处的等级。《牛津英语词典》引用了理查德·胡克(Richard Hooker)在其著作《教会组织法》中的话:石头"在自然的等级地位上低于植物"[70]。的确,按照此一等级序列,我们不难推断,在等级地位上,植物低于动物,动物低于人类,人类则低于天使,而所有这一切当然都低于上帝。天主教的尊严学说仍旧运用了所有人类在大自然存在物的链条中处于特殊等级的这一思想,认为人类不同于那些低等存在物,我们每个人是按照上帝的形象创造的,正因为这一事实,我们每个人都拥有特殊的尊严。[71]

这样一种等级秩序蕴含着一个惊人的观点:在每一等级的创造物之内,一切都是平等的。这已成为阐发人类平等的诸种理论中最为重要的观点(譬如在约翰·洛克的论著中)。[72] 人类的等级

---

[70] 《牛津英语词典》(*Oxford English Dictionary*)引用如下:"1594 HOOKER Eccl. Pol. 1. vi. (1611) 12 石头虽然在自然的等级地位上低于植物。"

[71] 参见杰里米·沃尔德伦(Jeremy Waldron):《上帝的形象:权利、理性与秩序》("The Image of God: Rights, Reason, and Order"),载约翰·威特(John Witte)、弗兰克·亚历山大(Frank Alexander)编:《基督教与人权:一个导论》(*Christianity and Human Rights: An Introduction*),New York: Cambridge University Press)2010 年版。

[72] 洛克(Locke):《政府论》(*Two Treatises*)(下篇),第 269—271 页(第 2 章第 4 节和第 6 节)写道:"显而易见,同一种类和同一等级的人们,生来就毫无差别地享有自然的一切同样的有利条件,能够运用同样的身心能力,相互之间也应该是平等关系,而不应该是从属或隶属关系,……我们既然生来就具有相同的能力,……就不能认为我们之间有任何这种从属关系,使我们有权彼此毁灭对方,好像我们生来就是为了彼此利用,就如同低等级的动植物生来是供我们利用一样。"

高于其他物种,因为人类具有理性和自由意志,因为人类得到了上帝的特殊眷顾,人类是上帝按照他自己的肖像创造出来的。我们每个人都毫无差别或不受歧视地共同处在人类这个等级之中。

或者,发挥一下我们的想象力。在早先一篇名为《尊严与等级》的文章中,[73]我曾提及 18 世纪晚期浪漫主义诗歌中曾发生的某种"价值重估"(transvaluation of values)。先是抛出一些人(较之于另一些人)处在较高等级意义上的尊严理念,然后将其中的等级秩序颠倒过来,以讽刺或挑衅的语言宣称,这些人的高级地位是不可靠的或虚假的,下层人士或者极其普通的人士才享有真正的尊严。为了说明这一点,《牛津英语词典》引用了威廉·华兹华斯(William Wordsworth)的一段话:"真正的尊严是与其孤独相伴随的,在默默沉思的时刻,其仍旧能够怀疑,并且仍以谦卑之心尊崇自我。"不过,这场运动中真正的灵魂人物是罗伯特·彭斯(Robert Burns),他在《不管怎样人是有尊严的人》的三个核心诗节中彻底颠覆了等级/尊严。

> 别看君王能赐爵封号,侯爵公爵,没完没了;
> 只要正气在身,信义在胸,管他皇权龙袍!
> 什么尊荣显贵,管他这么着,还是那么着;
> 做人高风亮节,有尊严和自豪,比爵位什么的更崇高。

彭斯期待着一个新时代的到来:"尊严与自豪,无论天涯与海

---

[73]　沃尔德伦(Waldron):《尊严与等级》("Dignity and Rank"),第 220 页。

角,必定大获全胜,方得至尊荣耀。"最后,基于平等的理念,他以四海之内皆兄弟作为诗歌的伟大结语:"管他这么着,还是那么着。这一天定会来到,不管怎么着。到那时,天下姊妹、兄弟父老,四海一家是同胞,不管怎么着。"

"尊严"在这首诗中的运用,仅仅是更广泛的"价值重估"运动中的一个例子而已。在我看来,这场运动已波及一般性的尊严概念:"尊严"一词的用法发生了翻天覆地的变化,从而使其成为一个主导性的(与特权概念相对的)普遍权利概念,并将詹姆斯·惠特曼所说的"过去只有上层人士享受的待遇扩展至所有人群"的思想带入权利领域。[74] 不过,要明白这一点,我们必须理解从古代的等级观念发展到现代的人之尊严观念的动力学。古代的等级观念,并非消失不见了,而是作为一种资源被置于新的观念中发挥着作用。

所以我的假设就是,现代的人之尊严观念包含着等级向上提升的平等化要求,因此我们今天竭力将以前只有贵族才拥有的尊严、等级和应得的尊重赋予每一个人。

九、等级与平等权利

很多年前,格雷戈里·弗拉斯托斯在一篇未受重视的题为《正

---

[74]　詹姆斯·惠特曼(James Whitman):《人的尊严在欧洲和美国:社会基础》("Human Dignity in Europe and the United States: The Social Foundations"),载 G.诺尔蒂(G. Nolte)编:《欧美宪政》(*Europe and US Constitutionalism*,New York: Cambridge University Press)2005 年版,第 108—124 页。他于第 110 页指出:"在欧洲大陆,'人的尊严'的核心思想是,旧时那些下等人所受的待遇不再具有可接受性……正如我们今天在欧洲大陆所发现的,'人的尊严'是通过地位提升的方式表现出来的,即通过将以前只有上层人士才能享受的待遇扩展至所有人群的方式表现出来。"

义与平等》的文章中就已注意到了这个问题。[75] 在讨论平等与权利时,弗拉斯托斯提出,我们组建的社会不是一个没有贵族或等级的社会,而是只有一个等级的贵族社会,我们所有人都属于这个非常高的等级。或者说(我们对这幅社会图景稍作修改),我们组建的社会不是一个已摒弃所有种姓话语的社会,而是一个只有一个种姓的种姓社会,我们所有人都属于这个非常高的种姓。我们每个人都是婆罗门。[76] 每个男人都是公爵,每个女人都是女王。每个人都有权获得尊重和关怀,这就如同贵族有权得到尊重那样。每个人的人格和身体都是神圣不受侵犯的,这就如同对国王的身体或人格的侵犯被视为对神明的亵渎那样。我确实非常重视弗拉斯托斯的这个主张。如果他的观点是正确的,那么我们就可以利用与高级地位或贵族等级相关的传统尊严含义去阐明我们的人权观念。

　　譬如,我们可以想一想,如果一个人把袭击普通人的行为不仅仅看作粗暴侵犯身体的行为,而且是一种(如同攻击王子或公爵这般的)亵渎行为,那会带来怎样的变化? 它将使我们熟悉的这一权

　　[75] 格雷戈里·弗拉斯托斯(Gregory Vlastos):《正义与平等》("Justice and Equality"),载杰里米·沃尔德伦(Jeremy Waldron)编:《权利理论》(*Theories of Rights*,New York:Oxford University Press)1984 年版,第 41—76 页。

　　[76] 格雷戈里·弗拉斯托斯(Gregory Vlastos):《正义与平等》("Justice and Equality"),第 54 页。弗拉斯托斯继续说道:"为了再现我们制度的这一特性,我们不仅需要关注种姓社会,而且需要关注等级森严的种姓社会,因为大多数种姓社会规定可因杰出功绩提升等级或者可因极端过失降低等级。……头等公民身份成为普通的身份后,就不再是一种区分的标志,但这一事实并没有使其所包含的特权变得不再重要。正如我所做的那样,我们可以把公民身份说成是一种'尊严的等级',在某些方面甚至可与过去世袭贵族所享有的特权相媲美,这是显明的事实,而非高谈阔论。"

利在特性上获得有益的重新定位,因为它将提醒我们,以一种有尊严的方式对待他人的身体,应该是一种圣礼性质的尊重,而不仅仅是一种疏离冷漠的自制。或者,我们想一想英国的一句古老谚语:"一个人的家就是他的城堡。"这也反映了贵族等级一般化的思想。它意味着,我们可以在自己的家里面安全地生活,如同贵族居住在其祖先传下来的城堡里,二者具有同样的规范性力量。我们的住所虽没有城堡那般坚固,但并不意味着防范入侵、搜查或逮捕的隐私权或安全权,其重要性有任何一丝的减弱。

或者,我们来考虑一下第三个例子——战俘的权利,以及《日内瓦公约》总则第 3 条(Common Article 3 of the *Geneva Conventions*)①所主张的,"对个人尊严的损害,尤其是羞辱和有辱人格的待遇"应予禁止。在过去的时代,当贵族等级的战士,如骑士,落入敌对势力之手时,按照骑士精神的要求,应该待之以尊严;但是对于普通士兵来说,不会指望能够获得此等待遇;他们经常受到虐待,乃至被屠杀。有差别的尊严,至今仍有痕迹可寻:你可能还记得大卫·里恩(David Lean)执导的电影《桂河大桥》(The Bridge over the River Kwai)中的尼科尔森上校(由亚历克·吉尼斯饰演),作为战俘的他仍对战俘营的日本军官据理力争,认为他以及他的下属军官按

---

① 《日内瓦公约》的全称为《关于保护战争受难者的日内瓦公约》,包括 1949 年 8 月 12 日在日内瓦签订的以下四个公约:(1)《改善战地武装部队伤者病者境遇之日内瓦公约》;(2)《改善海上武装部队伤者病者及遇船难者境遇之日内瓦公约》;(3)《关于战俘待遇之日内瓦公约》;(4)《关于战时保护平民之日内瓦公约》。以上四个公约均于 1950 年 10 月 21 日生效。由于以上四个公约前三条内容相同,故原文称"Common Article 3",国际法学界常将之直译为"共同第 3 条"。考虑到第 3 条均规定在四个公约的总则中,本书将之意译为"总则第 3 条"。——译者

照战争法应该免于体力劳动,虽然其他普通士兵在他的命令之下或可合法地被迫劳动。[7] 但是现代战争法中禁止有辱人格的待遇之规定,是专门针对普通士兵和普通在押犯的,此种对他们的尊严之关切,在过去的时代,除了军官和绅士之外,其他任何人都是不可想象的。(用不着我来提醒你,这一变革性规定是多么不堪一击,我们最近在反恐战争中的关押行为表现出的下滑现象近乎令人震惊,这就好像我们说现今的在押犯可享受以前只有高级人士才能享受的待遇那样,让人觉得"稀奇古怪"。关于这些令人不快的现实,我会在第二讲的最后再多说几句。就现在来说,重要的是要记住,在这些讲座中,我们所探究的是一个规范性世界的模型,它在支配或修正着我们实践的一切领域,其中既有成功之处,也有失败之处。这在法律中,如同在道德中,皆是如此。)

毫无疑问,有些贵族特权无法普遍化,不能扩展至所有男人和女人。有些特权,譬如婚姻关系中的初夜权(droit de seigneur),我们不会想要将之普遍化。有些特权,在扩展成为普遍权利后,就改变了性质:一个贵族可能要求拥有被征求意见的权利,要求在国家重大事务中拥有话语权,其意见能够得到回应和重视,并将此看作一个尊严问题;倘若我们将此特权普遍化——也确实普遍化了——给予每一个人话语权,能够在国家重大事务中发声并且参

---

7 大卫·里恩(David Lean):《桂河大桥》(*The Bridge on the River Kwai*,Columbia Pictures)1957 年出品。尼科尔森(Nicholson)上校显然认为,强迫军官劳动是有辱人格的,而当他拒绝接受这种有辱人格的待遇时日本人的反应令他痛苦不堪。然而,耐人寻味的是,很明显,当代《日内瓦公约》中提到的有辱人格的待遇之规定,与无视军衔之高低并无关系。它建立在更加强调平等主义价值的尊严理念之上。

与决策,那么看起来高大上的特权可能会变得像成千上万的公民在民主选举中所拥有的普通选票那样平凡。公民们有时会抱怨他们的选票毫无意义,对于这种抱怨,哲学家们经常给予支持。[78] 然而那种尊严哲学提醒我们,虽然我们与其他千百万公民共同拥有选票,但是这张选票并非一桩小事。我们可以把它看得非常重要:它是每一个人得以在公共事务中发声的权利,是他或她作为王国中一个(具有同等地位的)贵族之尊严的一部分。

我认为,所有这些对于深化我们关于人之尊严的讨论和丰富我们对权利的理解是非常有帮助的。这两个概念都与地位观念以及古老的等级概念之价值重估有关,这是一个令人振奋的想法。在我的第二讲中,我希望用更多时间来探讨地位在法律中的作用方式,以及法律是如何为我们所有人定义一种强而有力的尊严,使我

---

[78] 邦雅曼·贡斯当(Benjamin Constant):《古代人的自由与现代人的自由之比较》("The Liberty of the Ancients Compared with that of the Moderns"),载贡斯当(Constant):《贡斯当政治著作选》(*Constant*:*Political Writings*, ed. Biancamaria Fontana,Cambridge:Cambridge University Press)1988 年版,第 307—328 页。在第 316 页,他在比较古代人的参政权与现代人的普遍选举权时表达了这种关切:"在古代,每个人都分享着国家的主权,这绝不像我们今天那样是一种抽象的假定。每一个体的意志都具有真正的影响:这种意志的行使是一种活生生的不断得到体验的乐趣。……这种报偿对于今天的我们来说已经不复存在。个人淹没在广大民众之中,他几乎从来没有感觉到自己的影响。他个人的意志从来没有在整体的意志上留下印记;在他的眼里,没有什么能够证实他自己的协作。"不过,勒尼德·汉德(Learned Hand)法官的观点或许更好,德沃金(Dworkin)在《自由的法:美国宪法的道德解读》(*Freedom's Law*:*The Moral Reading of the American Constitution*,Cambridge:Harvard University Press,1996)一书的第 343 页引用了他的观点。汉德法官设想受"一群柏拉图式的监护人统治"的可能性:"我会怀念过去生活的好处,在那里,我至少在理论上可以参与指导公共事务。当然,我知道,我的选票能够决定任何事情的想法是多么虚幻;但是,不管怎样,当我去投票站时,我有一种我们都在从事共同事业的满足感。如果你反驳说,羊群中的一只羊可能会有同样的感觉,那么我会按照圣方济各(Saint Francis)的说法回答:'我的兄弟,羊。'"

们能够为了法律面前人人平等的理想界定一种独特的尊严内涵。

第二讲　法律、尊严与自我控制

在第一讲中,我提出了一个简单的想法:"尊严"一词经常被用来表示法律上、政治上和社会上的高级地位,而人的尊严理念就是把这种高级地位赋予每一个人。我们知道,人的尊严可以被视为一个道德概念。但是我追随自己的直觉,认为我们最好先探讨尊严作为一个法律概念是如何运作的,然后在此基础上建立我们想要在道德层面对它进行思考的模型。在我看来,我们应该认识到,人的尊严理念与古代等级制度中贵族或官位的尊严有相一致的地方,我们应该将现代社会中人的尊严理念看作高级地位的平等化,而不是对地位话语的完全摒弃。在本次讲座中,我将进一步探讨法律如何维护这种意义上的尊严,具体表现为哪些方面。

一、对地位的维护

在历史上,为保障和维护高级地位(或等级)意义上的尊严,法律动用了各种各样的手段。为了维护贵族的尊严,英格兰法律曾将针对贵族的污名化行为规定为"诋毁权贵"(scandalum magnatum)[1]的犯罪行为(和侵权行为)。为了确保高级地位的排他性,英格兰法律还曾制定反奢侈法(sumptuary laws)以及规定高等级所特有的地位、尊崇、特权和优先权等。倘若如我所说尊严仍然是等级的名称——只是现在被平等地分配给了每个人——并且这与"法律上根本不存在等级"不是一回事,那么我们就会认为,现代法律同样致力于保障和维护普通人的高级地位或尊严。事实也确实如此,这表现在很多方面。

我们已经看到,法律设法保护个人免受有辱人格的待遇。[2]这是法律保护尊严的一种非常基本的方式。保护个人免受侮辱——一种民主化了的"诋毁权贵"禁令——则是法律保护尊严的另一种基本方式。在一些国家,法律禁止仇恨性言论,人们不得诋毁特定群体。换言之,人们不得十分恶劣地公开抨击对方的基本社会地位。许多国家运用其法律保护特定的民族或种族免受威胁

1　譬如,参见 *The Earl of Lincoln against Roughton*,79 Eng. Rep. 171;Cro. Jac. 196(1606):"诋毁权贵,是因为被告说了这些话:'我的主人(暗指林肯伯爵)是一个卑鄙的伯爵,一个猥琐的领主,除了像他那样的流氓和无赖,再没有其他人了。'被告人虽不认罪,但裁定他有罪。裁决后,有人提出中止判决的动议,认为这些话不应该被起诉;因为这些话并不影响他的生活,也不涉及他任何的效忠问题,更没有触及他尊严的任何主要方面,而只是关于他如何对待仆人的抱怨之词,这并不算严重。耶尔弗顿(Yelverton)和弗莱明(Fleming)似乎倾向于这种观点;但威廉姆斯(Williams)和克罗克(Croke)持相反的观点,因为这些话触及了他的荣誉和尊严;把他叫作'卑鄙的领主'和'猥琐的伯爵',是件严重的事情,这将导致人们对他的蔑视或国王对他的愤怒。这种概括性词汇用在普通人身上时将会驳回诉讼,但用在贵族身上时则会予以支持。"

2　我指的是像这样一些条文:《公民权利和政治权利国际公约》第 7 条,其规定:"任何人均不得被施以酷刑,或被施以残忍的、不人道的或侮辱性的待遇或刑罚";《欧洲人权公约》第 3 条,其规定"任何人均不得被施以酷刑,亦不得被施以非人道的或有损人格的惩罚或待遇";《日内瓦公约》总则第 3 条以及《国际刑事法院罗马规约》第 8 条,其禁止"侵犯个人尊严。"

和辱骂,或者禁止发表旨在使他们遭受公众蔑视的侮辱性言论。[3]
就此而言,美国是一个例外,它目前对仇恨性言论的限制颇为宽
松;但是即便在这里,以维护尊严为由禁止仇恨性言论的观点也经
常出现在宪法论辩中,而这被认为造成了自由与尊严相互对抗的
两难困境。[4] 在其他国家,对仇恨性言论的限制,通常并不被认为
是对个人权利的侵害。在多数国家看来,之所以颁布限制仇恨性
言论的法律,是为了履行《公民权利和政治权利国际公约》所规定
的义务:可能激起暴力、敌视或歧视的仇恨性言论必须通过法律加
以禁止。[5]

　　法律保护尊严的另一种方式是禁止恶意歧视。这在南非的判
例法上十分重要。[6] 按照南非宪法法院的观点,南非这个国家的历史
表明,"歧视行为的背后有一个预设:一个群体之所以不受待见,是因
为相较于其他群体,这个群体处于劣等的地位。这是对受歧视群体
的人之尊严的侵犯。"宪法法院继续说道:"庄严地镌刻在我们宪法

　　3　譬如,参见 1986 年英国《公共秩序法》(*The United Kingdom's Public Order Act*)第 3 和 3A 部分。

　　4　参见海曼(Heyman):《言论自由与人的尊严》(*Free Speech and Human Dignity*);杰里米·沃尔德伦(Jeremy Waldron):"尊严与诽谤:仇恨的能见度"("Dignity and Defamation: The Visibility of Hate"),载《哈佛大学法律评论》(*Harvard Law Review*)第 123 卷(2010 年),第 1596 页以下。

　　5　《公民权利和政治权利国际公约》第 20 条第 2 款:"任何鼓吹民族、种族或宗教仇恨的言论,构成煽动歧视、敌视或暴力者,应通过法律加以禁止。"

　　6　在涉及性别歧视的"南非共和国总统和他人诉雨果案"[1997 (4) SA (CC) 1,1997 (6) BCLR 708]中,南非宪法法院说道:"[南非]新的宪政民主秩序之初衷就在于,建立一个所有人不管其从属于哪个群体,具有何种成员身份,都将平等地享有尊严和获得尊重的社会。"(同上,第 92 节)该法院还指出,这一尊严观念是禁止给予不公正的差别对待之原则的核心内容。

上的平等原则不会容忍将其他人视作'次等公民'的歧视行为。"[7]

加拿大也采取了类似的保护方式。在 1999 年的一个判决中，加拿大法院指出："[《加拿大权利和自由宪章》中的反歧视条款]旨在防范因强加不利地位、刻板印象或政治社会上的偏见而侵犯基本的人之尊严，并促进建立一个所有人作为人或加拿大社会成员在法律上获得平等承认的社会。在这个社会中，所有人都能够获得平等的关切、尊重和关怀。"[8] 加拿大法院认为，这种对尊严的"首要关切"，融入歧视分析的一切要素，并且在该法院看来，尊严理念可被用于区分恶意与善意的歧视。[9]

在本次讲座中，我主要是想谈谈法律保护尊严的一些不那么明显的方式——虽不明显，却更具有普遍性，与法律的性质有着更密切的联系。因为当我们想到诸如《日内瓦公约》总则第 3 条之类的规定时，我们可能会觉得尊严以此种方式受到保护纯属偶然；在最近这些年，我们已经看到《日内瓦公约》是多么脆弱。或者我们想一想，在 2008 年，加拿大最高法院做出裁决说，它不会再使用尊严作为其反歧视原则的试金石。[10] 加拿大最高法院可能是被一些学术文章说服了，譬如有文章指出，"人的尊严是一个既抽象又主

7　*Minister of Finance v. Van Heerden*，2004 (11) BCLR 1125，§ 116. 另请参见笔者在《群体的尊严》（"The Dignity of Groups"）一文中的讨论。

8　*Law v. Canada*（*Minister of Employment and Immigration*），1999，1 S. C. R.§ 51.

9　同上，第 53—54 节和第 72 节。

10　*R. v. Kapp*［2008］2 S. C. R. 483，2008 SCC 41，§ 22："人的尊严是一个既抽象又主观的概念，即使有'四个背景性因素的指引'，也只会变得令人困惑且难以运用，事实还表明，这个概念不仅没有带来原本想要有的理念提升，而且对诉诸平等的请求者构成了额外的负担。"

观的概念",这个概念"令人困惑且难以运用"。[11] 所以,加拿大最高法院背弃了将尊严作为反歧视原则之基础的实践。其他法院有时也这么做。这些法院只是决定改变反歧视原则的法理基础和解释方向。那么,法律与尊严之间是否存在并非这般偶然的联系呢?

二、权利主体所拥有的尊严

有这样一种可能性:即便不同地方的法院在是否愿意承认具体的尊严权利上存在着态度上的差异,但是权利的形式和结构本身就传递了权利主体拥有尊严的理念。权利拥有者为自己伸张权利;他们以自己的名义理直气壮地提出要求;他们决定自己的诉求以及是否将自己所受的委屈诉诸公权力。用阿兰·格沃思的话来说,权利的最终目的

> 在于确保每个人都拥有某种基本的道德地位:作为一个能够自我控制、自我发展的能动主体,拥有理性上的自主和尊严,其与他人的交往能够以相互尊重与合作为基础,这与一个依附于他人、听命于他人的被动接受者形成鲜明的对照。[12]

---

[11]   R. 詹姆斯·法伊夫(R. James Fyfe):《作为理论的尊严:加拿大最高法院关于人之尊严的冲突观念》("Dignity as Theory: Competing Conceptions of Human Dignity at the Supreme Court of Canada"),载《萨斯喀彻温大学法律评论》(*Saskatchewan Law Review*)第 70 卷(2007 年),第 1—26 页。

[12]   阿兰·格沃思(Alan Gewirth):《权利与德性》("Rights and Virtues"),载《形而上学评论》(*Review of Metaphysics*)第 38 卷(1985 年),第 739—762 页,在第 743 页。

权利散发着尊严的气息,在赫伯特·哈特关于权利的"选择论"中,尤为明显。[13] 哈特深信,拥有一项法律权利或道德权利,不仅仅是一个成为法律或道德所关注之客体的问题。他反对权利的"利益论",这种理论与杰里米·边沁密切相关。他倾向于将权利的拥有者描述如下:有权决定他人(在某方面)的义务:

> Y处在……依其选择决定 X 应当如何行为的地位上,并以此方式限制 X 的选择自由;正是因为这一点,而不是其受益这个事实,令我们称其拥有一项权利是恰当的。[14]

Y(权利拥有者)可以对 X 提出某种要求,X 和法律机构必须对其要求予以重视,也许这就是 Y 的尊严之所在。哈特最初是针对自然权利提出这一论点的,但他后来(至少一度)认为这对于法律权利来说也是正确的。[15]

类似的观点还可见之于乔尔·费因伯格(Joel Feinberg)的论著,他将权利视作要求:在法律上拥有一项权利,就是有资格公开地提出主张,并要求其主张得到重视,提要求者因获得承认而拥有

13　参见 H. L. A. 哈特(H. L. A. Hart):《存在自然权利吗?》("Are There Any Natural Rights?"),载《哲学评论》(*Philosophical Review*)第 64 卷(1955 年),第 175—191 页;该文重刊于《权利理论》(*Theories of Rights*, ed. Jeremy Waldron, Oxford: Oxford University Press)1984 年版,第 77—90 页。

14　同上,第 180 页(《权利理论》,第 82 页)。

15　但是,参见 H. L. A. 哈特(H. L. A. Hart):《边沁论法律权利》("Bentham on Legal Rights"),载 A. W. B. 辛普森(A. W. B. Simpson)编:《牛津法理学文选》(*Oxford Essays in Jurisprudence*, 2nd series, Oxford: Clarendon Press)1973 年版,第 171—201 页,开始从这一立场退缩。

尊严。[16] 他说道,权利是可以"毫不尴尬或毫无愧疚地提出要求、加以主张和予以坚持"的东西。[17] 事实上,费因伯格表示:"所谓'人的尊严',可能仅仅是得到承认的提出要求之能力。"[18] 考虑到权利在法律中无处不在,提出要求者有资格获得承认和得到尊重,可以说是法律维护尊严的一个普遍性特征。

有时我们会听到这样一种说法:我们能够想象没有权利的法律。如果那意味着我们能够想象没有本节中所讨论的任何权利要素的法律,那么在我看来,这种说法是错误的。即便哈特和费因伯格关于权利的一般理论是有问题的,但无论如何,法律都会(而非仅仅偶然地)构造并尊重他们二人的理论赋予权利之特性那样的地位:譬如,法律会支持潜在的原告,并尊重他们的尊严,允许他们决定是否追究违反规范者(norm-violator)的责任。如果罗纳德·德沃金于多年前在《认真对待权利》中提出的基本"权利论"是正确的,那么,上述说法就更明显地是错误的。德沃金认为,任何人提出法律上的任何一种主张,必然是以权利的语气和语言提出的。换言之,是以有资格做某事,而不是请求或劝说做某事的方式提出的。在法律上,一方当事人要求被告或对方当事人支付这样或那

---

16 乔尔·费因伯格(Joel Feinberg):《权利的性质与价值》("The Nature and Value of Rights"),载《价值研究杂志》(*Journal of Value Inquiry*)第4卷(1970年),第243—257页。

17 乔尔·费因伯格(Joel Feinberg):《义务、权利和要求》("Duties, Rights and Claims"),载《美国哲学季刊》(*American Philosophical Quarterly*)第3卷(1966年),第137—144页,在第143页。

18 乔尔·费因伯格(Joel Feinberg):《权利的性质和价值》(*The Nature and Value of Rights*),在第252页。

样的一笔钱时,不会使用"这个主意非常好"这样的措辞来提出自己的主张;他的主张立足于自己的权利,法律在承认他的这个地位的同时,赋予了他作为权利主体所拥有的尊严。

三、尊严与法律的"内在道德"

那么在尊严与法律的形式和程序之间,还有其他什么内在联系吗? 在朗·富勒(Lon Fuller)的法理学中,法律与道德之间有内在联系和外在联系的区分,对此,我们已了然在胸。

在其《法律的道德性》一书中,富勒阐述了他所说的法律的内在道德——法的一般性、法不溯及既往、法的清晰性和稳定性以及内部无矛盾性,对这些形式原则的遵循与法律技艺的基本要素息息相关。[19] 法律实证主义者有时对富勒将这些内在原则称作"道德"表示不解。[20] 他之所以这么称呼,是因为在他看来,他的八大原则具有内在的道德意义。这不仅因为,他认为遵循了这些原则就会使得从事实质不正义的行为更加困难,而且还因为他认为遵循他所识别的这些原则本身就是尊重人之尊严的方式:

开展使人的行为服从于规则之治的事业,需要信奉这样

19　朗·富勒(Lon Fuller):《法律的道德性》(*The Morality of Law*, New Haven: Yale University Press)1964 年版,特别是第 2 章。

20　譬如参见 H. L. A. 哈特(H. L. A. Hart):《朗·富勒〈法律的道德性〉书评》("Book Review of Lon Fuller, The Morality of Law"),载《哈佛大学法律评论》(*Harvard Law Review*)第 78 卷(1965 年),第 1281—1296 页,在第 1284 页。

一种观念：人是……一个负责的理性行动主体，能够理解和遵循规则，……对法律的内在道德之原则的每一次偏离，都是对作为负责的理性行动主体的人之尊严的冒犯。根据未公开的或溯及既往的法律来判断他的行为，或者命令他做不可能的事情，是在向他表明：你完全无视他的自我决定的能力。[21]

这段话并非陈词滥调。富勒在这里指向了法律中一个非常独特的维度——通常表现为亨利·哈特和艾伯特·萨克斯在《法律程序》一书中所说的"自我实施"（self-application），即：人们能够将官方公布的规范适用于自己的行为，而非坐等国家强制介入。[22]自我实施是法律体系运行中十分重要的特征。法律体系通过利用而非抑制普通人类个体的理性能力来运行。法律体系的运行依赖于人们的实践认识能力、自我控制能力、自我监督以及根据自己所掌握和理解的有关规范调整自己行为的能力。这一切使得依法治理非常不同于（比如说）用驱牛棒驱赶牛群或用牧羊犬看管羊群。依法治理也非常不同于通过一声喝令吓阻某种行为。在我看来，对自我实施的广泛强调是法律的特性，它使法律截然区别于主要

　　21　富勒（Fuller）：《法律的道德性》（*The Morality of Law*），第 162 页。（此处译文参考了郑戈的中译本，商务印书馆 2005 年版，第 188—189 页。——译者）

　　22　参见亨利·M. 哈特（Henry M. Hart）与艾伯特·萨克斯（Albert Sacks）：《法律程序：法律创制与实施中的基本问题》（*The Legal Process：Basic Problems in the Making and Application of Law*，eds. William N. Eskridge and Philip P. Frickey，Westbury，NY：Foundation Press）1994 年版，第 120—121 页。

靠操纵、恐吓或类似电击的行为运作的统治体系。[23]

　　迈克尔·迈耶在一篇几年前发表的文章中指出,人的尊严与自我控制的理念之间存在着紧密的联系。[24] 迈耶主要强调了一个人在向他人展示自我时所需要的自我控制。在我的第一讲讲座中,我们对此已经有所讨论,即高贵举止和泰然自若是尊严的表达以及对尊严的捍卫。但是,自制可以说不仅仅是选择某种姿态的问题。它还是人们为了回应可能对其提出的正当要求,从容而有效地调整自己的行为,控制外在行为的问题——根据其对规范的理解监督和调节自己的行为。[25] 人们可能将这想象成典型的贵族美德,一种自制的行为模式,它既不同于必须通过威胁或鞭笞加以驱动的行为模式,也不同于必须依靠威胁和鞭笞才能形成的习惯模式。不过倘若它是一种贵族的美德,那么它也是现代法律期待在社会各界人士中都能找到的一种美德。

　　在这方面,另有一个观点。法律并不总是向我们呈现出其自

23　按照现代实证主义对法律的理解,我们应该认识到,规范是被设计用来指引行为,而不是简单地用来强制行为。这可能具有法律服务于人之尊严的意味,但实证主义法学不太愿意作此推论。譬如,朱尔斯·科尔曼(Jules Coleman)非常重视法律指引行为的功能,但他竭力声称,法律的行为指引功能并不必然表达任何尊严价值。以此方式,他尽力将诸议题分离开来。科尔曼在《原则的实践:为法律理论的实用主义方法辩护》(*The Practice of Principle: In Defence of a Pragmatist Approach to Legal Theory*, Oxford: Oxford University Press)2001 年版,第 194—195 页中写道:"法律确实是能够实现某些迷人理想的东西。有关法律的这一事实并非必然是我们的法律概念的一部分。"

24　迈克尔·J. 迈耶(Michael J. Meyer):《尊严、权利与自我控制》("Dignity, Rights, and Self-Control"),载《伦理学》(*Ethics*)第 99 卷(1989 年),第 520—534 页。

25　康德的道德心理学颂扬了个人使冲动和欲望服从于道德律令的能力,正如他所说,揭示了"一种脱离动物性的生活"。参见康德(Kant):《实践理性批判》(*Critique of Practical Reason*),第 269—270 页(5:162)。

身为一套清晰界定的规则，我们只要机械地加以遵守就可以了。法律的要求经常是以标准的形式展现在我们面前——就像"合理注意"的标准——这些规范要求我们在接受和遵守它们的过程中进行真正的思考，它们提供了一个思考的框架，并促进我们从事此种思考。

有人可能会问：如果不确定的标准不通过官方的阐释细化为具体规则，那么法律是否能够指引行为（以及自我实施）？然而在生活的很多领域，法律是在未经此类明确阐释的情况下运作的。运作的基础是，相较于一个具有可操作性的规则（"当能见度不足100米时，将你的速度降低每小时15英里行驶"），标准有时更有助于我们对特定情境类型的深思熟虑（"当有雾时，以合理的速度驾驶"）。并且，人们能够对此标准做出回应。如果标准必然依赖于官方的阐释，那么法律生活表明，普通人有时也能够拥有法官的尊严。他们做自己的阐释。他们是他们自己的官员：他们识别一项规范，理解它对他们行为的意义，接着做出一个决定，并依该决定而行为。

四、听审与正当程序

法律尊重被治者尊严的另一种方式体现在规定听审程序的条文中：当官方有必要做出一个决定的时候，也就是当自我实施不可能的时候或者有一个争议需要由官方来解决的时候，法律为其提供听审的机会。我所说的听审，指的是像审判这样的正式活动，其乃严格按照程序性方式组织起来，使公正的法庭在听取证据和双方论辩后公平而有效地确定权利和义务。那些直接相关的人有机会提出意见和展示证据,并对另一方展示的证据和提交的意见进行质证、检视和回应。不仅如此,法庭还必须听取双方的意见,并在其最终给出的裁决理由中回应双方提出的论点。[26]

我们可以说,法律的统治是这样一种治理模式:它承认人们将社会规范适用于自身的行为时,可能会有自己的观点或见解要表达。将一个规范适用于人类个体,不像决定如何处理发狂的动物或废弃的房子。它要求关注观点。以此方式,它体现了一个至关重要的尊严理念:尊重作为规范适用对象的人的尊严,将他们视为能够为自己辩护的存在者。

法律的这一制度性特征使得法律成为一个论辩问题,而这又是法律尊重人的尊严的另一个侧面。法律是人们能够理解的东西。在我们的法律制度中所实施的规范,看起来似乎只是一个又一个该死的命令,但律师和法官会将法律看作一个整体,竭力发现某种一致性或体系性,将特定事项整合进具有智识意义的框架结构中。普通人在构造自己的法律论点时,也会利用这一体系性和整全性的理想,力促审理其案件的法庭认同其所提出的观点——理由是其观点在总体上是多么符合有关法律精神的一致观念。

正如我们在引用德沃金的权利论时所注意到的那样,这些观点不仅仅关于法律应该是什么——就好像是以游说的方式提出的,它们是关于法律是什么的理性论辩——提出的是相互竞争的论点。因此,它们必然是有争议的:一方当事人会说,这样那样的

　　26　参见朗·富勒(Lon Fuller):《裁决的形式与限度》("The Forms and Limits of Adjudication"),载《哈佛法律评论》(*Harvard Law Review*)第 92 卷(1978 年),第 353—409 页。

命题不能从法律中推断出来；而另一方当事人则回应说，只要我们赋予法律比以往更多的融贯性（或者更多法律要素之间的融贯性），它就可以从中推断出来。因此，判断这样一个命题是否具有法律上的权威性可能经常是一个论争问题。[27]

因此，法律也通过这种方式将生活在它之下的人们设想为理性和智慧的拥有者。他们是有思想的人，能够领会和把握如此被统治的原理，并且能够以一种复杂而又明了的方式，将此原理运用于理解他们的行为和目的与国家的行为和目的之间的联系。这也是对人之尊严的一份敬礼。

五、法律上的等级与法律上的平等

对于我们来说，尊严与平等是相互依存的。[28] 但是，人们能够想象（或者从历史角度而言人们可以回忆）一种包含等级制的统治体系。在那里，处于不同等级的个体，在法律地位上的差异十分显然。高级别人士被认为有能力充分参与到法律制度的运作中：他们会获得制度上的信任，被认为能够自愿地对规范加以自我适用；他们所说的话和提供的证词会得到重视；他们有资格受益于精心设计的程序；等等。而且对于高级别人士而言，适用法律方面也可能存在特殊待遇。那些拥有某种高级尊严的人士，过去曾有权按

---

[27] 对此主题阐述最多的法哲学家是罗纳德·德沃金，特别在《法律帝国》(*Law's Empire*，Cambridge：Harvard University Press，1986)中有较多阐述。

[28] 参见阿瑟·查斯卡尔森(Arthur Chaskalson)：《作为宪法价值的人之尊严》("Human Dignity as a Constitutional Value"，in Kretzmer and Klein eds.，*The Concept of Dignity in Human Rights Discourse*)，第133—144页，在第140页。

照一种独特的法律制度接受审判。譬如,贵族过去曾拥有接受同级贵族或贵族院(作为初审法院)而非平民院审判的权利。[29] 或者,对于公爵或男爵的债务,可能无法采取普通的法律程序。

这里有一个例子,我们来思考一下。1606 年,一辆载着拉特兰郡伯爵夫人伊莎贝尔(Isabel)的马车遭到一群法警的拦截,他们的行动依据是一项指称伊莎贝尔欠债 1000 英镑未还的执行令。

> 齐普赛街上的涉案法警伙同他人来到伯爵夫人所在车厢,向她出示执行令后,就按住她的身体和她说,夫人,你被逮捕了,因为你被[债权人]起诉了,……于是他们强迫车夫将本案中的伯爵夫人带到沃德大街的监狱,……她在那里被监禁了七八天,直到她偿还所欠债款后才被释放。[30]

星座法院认定:"法警抓捕伯爵夫人……是违法的,本案中的伯爵夫人被非法拘禁了,因此"针对[债权人]、法警和其他同伙做出了一个严厉的判决。"法院引用了一句古老的法谚,大意是:"法律对待贵族和平民是有差别的。"法院指出:"无论是因血统而成为女伯爵,还是因婚姻而成为伯爵夫人,她们都不得因欠债或侵犯财产权而被抓捕,因为虽然就其性别而言,她们无权成为国会中的议员,但她们是这个王国的贵族,她们应该由同级贵族审判。"法院接

29　《大宪章》(1215 年)第 21 条:"伯爵与男爵,非经其同级贵族陪审,不得科以罚金。"

30　*Isabel，Countess of Rutland's Case*，6 Co. Rep. 52 b，77 Eng. Rep. 332（1606），at p. 336.

着说道:"在这类案子中,她们为什么不应被抓捕,有两个方面的原因。第一个方面是考虑到她们的尊严,第二个方面是因为法律推定她们拥有足够多的地产和房产,这些财产足以抵偿她们的债务。"[31]鉴于贵族拥有财富这一推定,对伊莎贝尔的抓捕在法律上不可能被证明是正当的,虽然在当时一个平民因欠债被抓可能是正当的。然而从那时起,事情已经发生了变化。现在,我们对所有债务人都适用这种高贵的推定:虽然我们可能不会像英国法院推定伯爵夫人拥有财富那样推定所有债务人拥有财富,但是我们赋予他们同样的尊严。有鉴于此,任何人都不得因债务而被抓捕,任何人都不得因债务而被拘留或监禁。

在我们所想象(或回忆)的等级社会中,还可能存在极端森严的等级制度,其中的一个种姓或阶级可能完全处在掌权者的强力统治之下。他们未能获得政权的信任,对于他们所说的话,毫无信任可言。如果他们出现在听审会上,那也必然戴着镣铐;就像古代雅典的奴隶那样,必须通过酷刑获取他们的证词。他们既无权为自己的辩护做出决定或提出主张,也无权要求听取或重视他们的陈述。他们不一定有资格在法庭上提起诉讼,或者即使他们有资格,也一定是在他人的庇护下提起诉讼的。他们不是我们有时所说的"自权人"。奴隶社会就是这样,过去的我们所熟悉的许多其他社会,也曾发展出类似的我们所难以接受的歧视形式,(譬如)区分贵族的法律尊严、平民的法律尊严、妇女的法律尊严和奴隶、农

---

[31]   *Isabel*, *Countess of Rutland's Case*, 6 Co. Rep. 52 b, 77 Eng. Rep. 332(1606), at p. 333.

奴或佃农的法律尊严。

在我看来，诸如此类显而易见的地位差异，几乎全都已被我们所抛弃（尽管这里或那里还留有一些痕迹），这是我们现代法律观念的一部分。我们已经接受单一地位的（single-status）制度理念，[32]发展出近乎普遍的地位观念——近乎普遍的法律尊严观念——从而使每个人都有资格获得以前只有高级地位者才拥有的法律待遇。

六、基于属性的地位与基于境况的地位

我已说过，尊严应该被看作一种地位。现在有必要对这个想法作一番思考。一位名叫格雷夫森（Graveson）的法学家曾将法律地位界定为：

> 法律所赋予的一种持续性和制度性的特殊境况，其区别于普通人在法律上的处境……无论谁占据了某个职位，对该职位的创设、持续占有或放弃以及相关事件，都是社会十分关注的问题。[33]

君主拥有特殊的权力、破产者丧失了某些方面的能力、军队里

---

[32]　此一术语取自弗拉斯托斯（Vlastos）:《正义与平等》（"Justice and Equality"），载沃尔德伦（Waldron）编:《权利理论》（*Theories of Rights*），第55页。

[33]　格雷夫森（Graveson）:《普通法上的地位》（*Status in the Common Law*），第2页。

的服役者拥有特殊的义务和特权等等。[34]

在格雷夫森的前述定义（"一种特殊境况，其区别于普通人在法律上的处境"）中隐含着一个观点：不存在像普通的法律地位这样的东西。我不同意这个观点。我不清楚他为什么这么说，稍后我会解释我为什么不同意。

在这之前，我想对两种地位概念作一基本的区分——基于属性的地位（sortal status）与基于境况的地位（condition status），以便阐明我所说的今日一个有尊严的社会必定是一个"单一地位"的社会。这一对概念源自旧的《公祷书》中代祷文开篇所说的为了"各种各样的人"（all sorts and conditions of men）一语。[35]

让我们先从基于境况的地位概念说起。关于地位的某些区分

---

[34] "地位条款"不只是所有这些细节的缩写？奥斯丁不这么认为。参见约翰·奥斯丁（John Austin）：《法理学讲义或实在法哲学》（*Lectures on Jurisprudence or The Philosophy of Positive Law*，5th edition，ed. Robert Campbell，London：John Murray）1885 年版，第 40 讲，第 687—688 页。他认为，在"人法"中插入作为地位的一系列权利和义务，或能力和无能力，仅仅是为了方便阐述"，他将每个地位条款看作"一个缩略语（或缩略的表达形式）"（同上书，第 700 页）。但奥斯丁的怀疑论忽略了格雷夫森的定义中蕴含的一个观点，即：当一个人拥有某种职位时，一种地位就附着于他身上，这是社会关注的一个问题。杰里米·边沁就持这样一种观点。奥斯丁（同上书，第 699 页）注意到，边沁在《立法理论》（*Traités de Législation*）一书中将地位定义如下："家庭或民事上的地位，只是一个理想的基础，关于权利和义务以及有时候的无能力，都是围绕这个基础安排的。"其中，"理想的基础"——根本理由——这一概念十分关键。根本理由解释了各种权利、义务等是如何结合在一起的。基于法律中根深蒂固和持续不断的特定关切，地位将一系列特定的权利、义务等包裹在一起。毫无疑问，地位还具有注释的作用，有助于我们把法律知识系统化并呈现在论文等著述中，就此而言，奥斯丁是正确的。但是，正如边沁所看到的，地位的阐述功能不单纯是记忆性的，它是有活力的（dynamic）。

[35] 参见《1928 年公祷书》（*The 1928 Book of Common Prayer*，New York：Oxford University Press）1993 年版，第 18 页："哦，上帝啊，全人类的创造者和保护者，我们为各种各样的人谦卑地恳求你：愿你乐意让他们知道你的道路，让所有国民都保持健康。"

仍然与我们同在。存在着这样一些法律地位，某些个体之所以拥有它们，是因为他们处于特定的境况之中，而且他们可能并非终身处于这种境况之中。换言之，他们可能是通过选择行为或偶然事件才处于这种境况之中：这些法律地位体现了行为或事件所导致的比较重要的法律后果，譬如人类平凡生活的某个阶段（婴儿期、未成年期），人们做出的某种选择（婚姻、重罪、服兵役、成为外国人），普通人性可能遭遇的变故（精神失常），运气不好或管理不善，这些行为或事件都会导致比较重要的法律后果，可能对一个人与他人的日常交往产生不利影响（如破产）。我将这些法律地位叫作"基于境况的地位"。某些人拥有这些法律地位并不是因为其潜在的人格属性：这些法律地位是基于境况而产生，无论谁都可能处于该境况之中。

我们可以对"基于境况的地位"与"基于属性的地位"作一比较。基于属性的地位是根据人的属性（sort of person）来对法律主体进行分类。某种基于属性的地位界定了一种（相对于基于境况的地位而言）基准。我们很难在现代社会中发现基于属性的地位观念，不过早些时候我提到了历史上的一些例子：农奴制和奴隶制。种族主义的法律制度，譬如隔离时代的南非，或1776年（至少）到1867年间的美国法，承认了基于属性（种族）的地位。有些法律制度赋予女性不同的地位。就所涉法律而言，基于属性的地位代表了一个人的永久状况和命运。这种地位的获得和丧失，并非取决于行为、成长、环境或变故。基于属性的地位蕴含着一种观念：存在不同种类的人。

而这个最后的主张，恰恰为人的尊严原则所否定。人并无种类之分,至少对于自然人来说是如此。[36] 过去,我们曾经认为,人有不同的种类——奴隶和自由人,男人和女人,平民和贵族,黑人和白人;并且从社会的角度来看,重要的是公开决定和控制与每种人相关的各自的权利、义务、权力、责任和豁免。现在,我们不再持有这样的看法。在法律的眼中,从根本上说,只有一种人,而基于境况的地位是通过与此基准的比较来加以界定的。

但那是哪一种人呢?基于属性的地位的基准是什么?我们过去认为有很多种:贵族、平民、奴隶等等。哪一种才是我们所确立的标准?我在第一讲的最后探究了这样一个观点:我们已经将此标准定得非常高,等级地位之高,足以被称为"尊严"。今日人们的标准地位,更像是一个伯爵,而不是一个农民;更像是一个骑士,而不是一个侍从。或者,忘掉布莱克斯通的奇思妙语,[①] 今日人们的标准地位,更像是一个自由人的地位,而不是一个奴隶或农奴的地位;更像是一个"自权人"的地位,而不是一个需要有人为他说话的臣民的地位;它是一个权利拥有者——拥有一系列伟大的权利——的地位,而不是一个很大程度上被迫从事劳动的人的地位;它是一个能够要求听取并重视其意见的人的地位;它更像是一个能够发布命令的人的地位,而不是一个完全服从命令的人的地位。

当然,它是一种平等的地位。我们都是首长,没有印第安人。如果我们所有人——我们每个人——都发布命令,或要求得到重

36　可能存在不同种类的法人。参见格雷夫森(Graveson):《普通法上的地位》(*Status in the Common Law*),第72—78页。

①　指布莱克斯通的如下说法:"皇冠上有必要镶嵌古老的宝石……如此才能与国王陛下至高无上的尊严相匹配,如此国王陛下才能维护这个国家。"——译者

视,或坚持为自己说话,那么其他任何人——我们所有人,也即具有同等地位的人——都必须服从,或让出位置,或倾听。但这并不意味着,我们可能都是农民、侍从或农奴。高级地位可以被普遍化,却仍可以保持高级地位,因为千百万人中的每个人,都将他自己——或她自己(以及所有其他人)看作尊重的中心,看作法律和道德主张的自发来源。我们所有人都自豪地站立着,并且——请允许我说个悖论——我们所有人都以正直平等的姿态互相仰视。我并不是说,我们总是恪守这个原则。但那就是我们所信奉的尊严原则的形态。(顺便说一下,那就是为什么我不同意格雷夫森的观点,并且坚持认为,我们应该能够注意到我们之中基于属性的普通地位的独特性质,即便不存在可与之相比较的基于属性的特殊地位。)

　　如果要给我心中所想的这种地位——赋予了共同体每个成员的高级地位或尊严,且与他们的基本权利相联系——起个名字,我可能会选择"法律上的公民身份"(legal citizenship)这一术语。我心中所想的这种地位概念,类似于英国社会学家马歇尔(T. H. Marshall)在其名著《公民身份与社会阶级》中所使用的公民身份含义。[37] 他在该书中致力于揭示现代社会中公民身份的不同维

---

[37]　T. H. 马歇尔(T. H. Marshall):《公民身份与社会阶级》(*Citizenship and Social Class*, ed. Tom Bottomore, London: Pluto Press)1992 年版。另请参见德斯蒙德・金(Desmond King)、杰里米・沃尔德伦(Jeremy Waldron):《公民身份、社会公民身份与福利权辩护》("Citizenship, Social Citizenship and the Defence of Welfare Rights"),载《英国政治学杂志》(*British Journal of Political Science*)第 18 期(1988 年),第415—443 页,收录于杰里米・沃尔德伦(Jeremy Waldron):《自由权:论文集(1981—1991)》(*Liberal Rights: Collected Papers 1981-1991*, Cambridge: Cambridge University Press)1993 年版,第 271—308 页。

度。我在本次讲座中所讨论的内容,我们可以将它与马歇尔所说的"民事公民身份"(civil citizenship)这一具体尊严联系起来,尽管在他著名的公民身份三分法——民事公民身份、政治公民身份和社会公民身份——中,马歇尔在"民事公民身份"的类目下将公民自由(civil liberty)连同法律上的参与权利放在一起。

公民身份的民事要素由个人自由所必需的各项权利所组成,包括人身自由、言论自由、思想和信仰自由,拥有财产和订立有效契约的权利,以及获取正义的权利。最后一项权利处于与其他权利不同的序列上,因为它是基于与他人地位平等以及正当法律程序来捍卫和主张自己一切权利的权利。这就向我们表明,与公民权利(civil rights)最直接相关的机构是正义的法院。[38]

我想,如果由我来解析公民身份的不同层面,就像马歇尔所做的那样,也许我会区分法律上的公民身份和民事上的公民身份(后者与公民自由的充分享有联系在一起),虽然这两种身份经常合在一起——就此而言,马歇尔当然是正确的。此外,马歇尔不仅追溯了公民身份理念扩展至新领域——从民事领域到政治领域,再到社会领域——的历史过程,而且还发现:在每个领域中,公民身份的利益和权利也扩展至社会中的所有成员。而我所关注的正是这个有关法律上的公民身份的发展过程。

"法律面前人人平等"是我们可以使用的另一个术语,尽管它

---

[38] 马歇尔(Marshall):《公民身份与社会阶级》(*Citizenship and Social Class*),第8页。

本身并不传达我们已经普遍化了的法律地位之高度。而且,有些哲学家将它和形式平等——根据一般规范的条款不偏不倚地适用这些规范——混为一谈。[39] 不管形式平等是否重要,它并不是我在这里所谈论的。我所谈论的是有关法律程序的自我实施、听审和论辩的平等权利。

七、代理制度

显然,我们在法律面前一律平等的观念是有几分虚构的。但是,我们应该记得我在第一讲中所提出的观点:尊严可能是构造之物,而非自然之物。我认为,我们在法律中构造平等的尊严所用的一个主要技术手段是法律上的代理制度这一装置。戴维·鲁本沿着这个思路提出了一个有说服力的解释。[40] 鲁本设问道:诉讼当事人为何要有律师? 他引用了哲学家艾兰·多纳根(Alan Donagan)提出的一个原则作为其答案的基础:"如果我们在严肃的问题上不把他或她的证词看作值得信任的,甚至一刻也不给予重视,那么我们就没有尊重他或她作为人所应享有的尊严。"由此,

---

39　譬如,参见沃伊切赫·萨杜尔斯基(Wojciech Sadurski):《平等与合法性》(*Equality and Legitimacy*,New York:Oxford University Press)2008 年版,第 94 页。

40　戴维·鲁本(David Luban):《法律伦理与人类尊严》(*Legal Ethics and Human Dignity*,Cambridge:Cambridge University Press)2007 年版;氏著:《作为人类尊严捍卫者的律师(律师何时不是在忙于侵害人类尊严)》["Lawyers as Upholders of Human Dignity(When They Aren't Busy Assaulting It)"],载《伊利诺伊大学法律评论》(*University of Illinois Law Review*)2005 年第 3 期,第 815—845 页。

鲁本推论说：

> 诉讼当事人需要有机会讲述他们的案件事实，并主张他
> 们对法律的理解。如果诉讼制度完全不给当事人这样的机
> 会，甚至拒绝考虑当事人对这个案件的看法，这实际上是不
> 把她说的案件事实当一回事，对她的看法完全不屑一顾。
> 一旦我们承认人的尊严要求诉讼当事人被倾听，辩护人的
> 正当性也就不言而喻了。有些人可能不善于公开演讲。有
> 些人可能口齿不清，文化水平不高，甚至精神错乱或纯粹是
> 痴呆。有些人可能不懂法律，因此没有能力提出其对法律
> 的解释。……所有这些都不重要。……正如不会说英文的
> 人需要翻译人员，法律上不会说话的人应该拥有"代言人"
> （mouthpiece）——这一词是再恰当不过了。因此，多纳根的
> 主张，通过两个步骤将获得律师辩护的权利与人的尊严联系
> 在了一起：首先，人的尊严要求诉讼当事人被倾听；其次，没有
> 代理律师，诉讼当事人无法被倾听。[41]

请原谅我引用鲁本教授这么长的一段话，但他确切地说出了
我想要说的话。我们都想竭尽全力地为每个人争取听审中的
尊严。

---

[41]　鲁本（Luban）：《作为人类尊严捍卫者的律师》（"Lawyers as Upholders of Human Dignity"），第 819 页。

八、强制

也许,按照我提出的尊严理论,法律似乎是太"美好"了。也许,我的尊严理论遮蔽了法律的暴力性和强制性。[42] 法律取人性命;法律把人送进牢房,令其终身不得再见天日。对于法律而言,这些并非离经叛道之举,而是典型的做法。这其中,尊严何在? 有人忧心忡忡地说道:"通过威慑(也就是通过发出剥夺某物和施加暴力的威胁)来调整人的行为的整个事业(其乃刑法的核心)与人的尊严相抵触。"[43] 按照朗·富勒的观点,我们必须在强调强制的法律定义与强调尊严的法律定义之间进行选择。[44] 在我看来,这是不对的。正是因为法律具有强制性,法律的通货是生命与死亡、自由与禁锢,法律对尊严的普遍承诺才如此重要。法律是权力的运用。但是这种权力应该通过这些程序,通过这些形式和机制来加以引导,即便这样一来,会使得权力的运用更加困难,或者有时要求权力从它被击败的地方撤退——这正是在法治的背景下法律

---

[42] 譬如,参见奥斯丁·萨拉特(Austin Sarat)、托马斯·卡恩斯(Thomas Kearns):《遗忘之旅:迈向暴力法理学》("A Journey through Forgetting: Toward a Jurisprudence of Violence"),载奥斯丁·萨拉特(Austin Sarat)、托马斯·卡恩斯(Thomas Kearns)主编:《法律的命运》(*The Fate of Law*, Ann Arbor: University of Michigan Press)1991 年版,第 209—274 页。

[43] 参见迈尔·丹-科恩(Meir Dan-Cohen):《裁判规则与行为规则:论刑法中的声音隔离》("Decision Rules and Conduct Rules: On Acoustic Separation in Criminal Law"),载《哈佛法律评论》(*Harvard Law Review*)第 97 卷(1984 年),第 625—677 页,在第 672—673 页。

[44] 富勒(Fuller):《法律的道德性》(*The Morality of Law*),第 108 页。

上公民身份的平等尊严所令人心动的地方。

这是对于反对意见的一个总体回答。我们还可以给出一些更加细致的回应。我早已提出自我实施的重要性。法律期待着尽可能被自觉地遵守,当然,这并不等于说我们从不受到强制,但它确实为人们将规范适用于自己的行为这一独特的人类品质留出了空间。这并不是法律的一个诡计,它蕴含着一个真正尊重人的强制模式。

马克斯·韦伯说过一句非常有名的话:尽管"武力的运用既不是唯一的,也不是最经常运用的行政手段",但是"当其他行政手段不奏效时,武力的威胁以及必要时武力的实际运用,……总是政治组织所诉诸的最后手段"。[45] 但是,如果我们据此推断说法律为实现其目的是不择手段的,那就错了。譬如,当今世界所有法律体系都禁止运用酷刑。[46] 我曾在其他场合说过,现代法对这一禁令的

---

[45]　马克斯·韦伯(Max Weber):《经济与社会》(*Economy and Society*, eds. Guenther Roth and Claus Wittich, Berkeley: University of California Press)1978 年版,第 54 页。

[46]　这就是最近美国有人提议引入准许酷刑的司法令状从而使酷刑成为法律中的一个程序[而不仅仅是布莱克斯通的话——莫里森(Morrison)编:《布莱克斯通的英国法释义》(*Blackstone's Commentaries on the Laws of England*),第 4 卷,第 257 页(第 25 章)——"国家引擎"]在法律界部分人士中引发激愤的原因。这一提议及有关讨论,可参见艾伦·德肖维茨(Alan Dershowitz):《恐怖主义为什么有用:理解威胁,回应挑战》(*Why Terrorism Works: Understanding the Threat, Responding to the Challenge*, New Haven: Yale University Press)2002 年版,第 156—163 页。一般性讨论,可参见杰里米·沃尔德伦(Jeremy Waldron):《酷刑与实在法》("Torture and Positive Law"),载《哥伦比亚大学法律评论》(*Columbia Law Review*)105 卷(2005 年),第 1681—1750 页[收录于沃尔德伦(Waldron):《酷刑、恐怖活动与权衡取舍》(*Torture, Terror and Trade-Offs*),第 186—260 页],在第 1718—1720 页(《酷刑、恐怖活动与权衡取舍》,第 247—252 页)有更充分的讨论。

谨守,表明它信奉一个更普遍的人道原则:"法律在运行中并非无情,……法律不是依靠令人无助的恐惧和恐怖或摧毁人的意志来施行统治。法律即便是暴力性的或强制性的,也不是通过毁损人的尊严和主体能力来实现自己;相反,法律实现自己的方式体现了对其治下的人的尊重。"[47]在我看来,这一普遍性的愿景现已完全内化于我们的现代法律概念之中。法律可能强迫人们去做一些本不想做的事情,或去某个本不想去的地方。但是即便在这些场合,他们也不是像牛一样受驱使,像马一样受驯服,像不会说话的动物一样受鞭笞,或者陷入"令人绝望的极度恐怖之中",瑟瑟发抖,缩成一团。[48]

最后,法律是要给予惩罚的。但我们采用的惩罚方式并不摧毁受罚者的尊严——这也逐渐内化于我们的法律概念之中。之前我们所谈到的,体现人之尊严的若干具体条款,其功能也在于此,其要求所施加的惩罚应该是人所能承受的——也就是一个人在不丧失基本机能的前提下所能承受的。[49]一个人在服刑中,在接受鞭笞后,应该能够保持直立,应该能够生活自理。没有人会认为,对尊严的保护应该排除惩罚的任何污名化方面。不管一个人有怎样的尊严,当他违反了社会为人们的行为所设立的共同标准而必须给予处理时,总是会有一些让人感到耻辱的事情。但是,一个贵

47　这段话出自杰里米·沃尔德伦(Jeremy Waldron):《酷刑与实在法》("Torture and Positive Law"),在第 1726 页(《酷刑、恐怖活动与权衡取舍》,第 232 页)。

48　汉娜·阿伦特(Hannah Arendt):《极权主义的起源》(*The Origins of Totalitarianism*, New York: Harcourt Brace Jovanovich)1973 年新版。

49　参见杰里米·沃尔德伦(Jeremy Waldron):《酷刑、恐怖活动与权衡取舍》(*Torture, Terror and Trade-Offs*),第 307 页。

族社会可能在给予贵族的惩罚必然带有的耻辱（与其基本尊严有关）和给予平民或奴隶的惩罚必然带有的耻辱之间进行区分。在这两种情形下，都存在着与其地位相称的惩罚和不相称的惩罚。詹姆斯·惠特曼正确地指出，在一些欧洲国家，已经历一种地位提升的现象——过去对地位低下的人实施的非人道的惩罚形式已被禁止，现在任何人受到法律的惩罚，都好像他是一个犯错的贵族，而不是一个犯错的奴隶。[50]

九、尊严与规范性

我的这一解说是不是太天真了？我知道——我们都知道——很多政治制度并没有呈现出前面我所描绘的对尊严的尊重。而且，每个国家都不得不处理其自身的历史包袱，处理其崇尚差别化尊严的思想遗产。譬如，想一想美国，它一直受奴隶制和制度化的种族主义的历史困扰。宪法第 13 条修正案废除了奴隶制，但它做得并没有那么彻底，它在囚犯待遇方面明确做了一个保留——"在合众国境内受合众国管辖的任何地方，奴隶制和强制劳役都不得存在，但用以处罚已被依法判刑的人，不在此限"——好像美国人渴望至少保留基于属性的地位之遗产，这种地位造成了对人之尊严的严重侵犯，多年来，美国宪法的形象也

---

50 参见惠特曼（Whitman）：《人的尊严在欧洲和美国》（"Human Dignity in Europe and the United States"）。

因此深受其害。不用我说,只要你懂得这一保留,并将其与美国监狱中令人震惊的种族失衡现象结合起来,就不难产生这种印象。

在美国的法庭上,如果被告特别不听话,法官有时会动用电击手段,让他们保持安静和不乱动。[51] 囚犯被电动驱牛棒"驱使"的报道此起彼伏。[52] 我们的监狱条件事实上是很恐怖的,虽然官方没有批准或授权这么做,但这是众所周知的。我们还知道检察官们在辩诉交易的过程中,常常随意地利用被告对监狱中的残酷处境的恐惧心理。而且,十分普遍的是,我们经常像桑福德·卡迪什所说的那样,"缺乏有关体面和尊严的标准,这些标准本应适用于法律对个体施加强制措施的任何情形"[53]。美国的其他例子,以及来自(法国、英国、俄罗斯、以色列等)其他国家的例子,可以说数不

[51] 譬如,参见哈里特·蒋(Harriet Chiang):《大法官限制法庭上使用晕眩带》("Justices Limit Stun Belts"),载《旧金山纪事报》(*Court San Francisco Chronicle*)2002年8月23日,A7版;以及威廉·格莱博森(William Glaberson):《电击约束装置的使用激起了残忍对待囚犯的指控》("Electric Restraint's Use Stirs Charges of Cruelty to Inmates"),载《纽约时报》(*New York Times*)1999年6月8日,A1版。

[52] 譬如,参见《被送至德州的37名囚犯诉密苏里州》("37 Prisoners Sent to Texas Sue Missouri"),载(密苏里州)《圣路易斯邮报》(*St. Louis Post-Dispatch*)1997年9月18日,B3版:"密苏里州的囚犯声称在德州的监狱里遭受虐待,因此起诉其家乡州政府以及负责管理监狱的官员,监狱视频显示囚犯明显被打且受到了电击枪的电击";以及迈克·布奇科(Mike Bucsko)、罗伯特·德沃夏克(Robert Dvorchak):《法律诉讼揭示了充满暴力的种族主义监狱》("Lawsuits Describe Racist Prison Rife with Brutality"),载《匹兹堡邮报》(*Pittsburgh Post-Gazette*)1998年4月26日,B1版。

[53] 桑福德·H. 卡迪什(Sanford H. Kadish):《向弗朗西斯·A. 艾伦致敬》("Francis A. Allen: An Appreciation"),载《密歇根法律评论》(*Michigan Law Review*)第85卷(1986年),第401—405页,在第403页。

胜数。这些国家都未能达到我在本次讲座中所描绘的对尊严的尊重。

法律体系是一种规范性秩序。这既有明示的成分，也有默示的成分。就明示方面而言，法律体系公开承诺它将遵循自己所公布的特定规则和标准。实际上，其中有些规则和标准，它给予了确认和执行，但也有一些规则和标准，它并没有给予确认和执行。法律体系中明确规定的内容，给我们提供了一个非常简明的评价基础，我们据此可以说，在这些场合法律体系并未达到它自己所公开承诺的标准，而没有必要愤世嫉俗地下结论说，这些根本就不是它的标准。这是因为，法律是一种制度化的规范性秩序，一条特定规范的制度性存在（法律效力），除了它实际上被遵循外，还有其他的确证方式。一条规范，可以通过特定国家的制定、宣告和公布而制度化，不管它实际上是否被遵循。或者，正如我们有时所说的那样，一条规范可能"因被违反而彰显其荣耀"，其存在正是通过我们违反它的方式（譬如羞愧地或偷偷地行为）而显现出来。

当一个规范性的承诺隐含在治理体系的程序和传统中时，提供给我们的则是一个不太简明的评价基础。但是，我相信这里也存在一个非常类似的逻辑。在我看来，对尊严的承诺蕴含在我们的法律实践和制度当中。也就是说，其可以被看作内在于我们的法律实践和法律制度之中，即便我们有时未能实现这一承诺。我们的实践不时地传递着一种承诺，并且就像在日常道德生活中那样，我们不应该错误地认为，发现真实承诺的唯一方式就是去看这些承诺在多大程度上得到了兑现。[54] 法律可能真心实意地承诺尊重尊严,但实际上可能在很多方面背叛这一承诺。价值和原则可以渗透到制度的组织、实践和程序当中,即便制度有时未能兑现这些价值和原则。在这些情形中,如果只是简单地嘲讽制度中的承诺,或者忽视该承诺作为批评制度之缺陷的理由所具有的批判力量,那就太不明智了。

十、重返道德

在我的讲座开始之初,我说过我将主要从法律中获得关于尊严的洞见。并且我把这一路径与平等的尊严观结合在一起,认为宪法和人权法中的"人之尊严"可以被理解为:将高等级的法律地位赋予每个人。我想我们现在已经了解法律体系构造和维护人之尊严的方式,它既体现在明示条款的规定中,也蕴含在总体的运作模式中。我们是否可以在完全类似的意义上说,"道德"也蕴含着对人之尊严的尊重? 我很想知道答案。道德(在批判性道德的相关意义上)并不是一种制度化的秩序,它只是一系

---

54 比较性地参阅杰里米·沃尔德伦(Jeremy Waldron):《法律允诺正义吗?》("Does Law Promise Justice?"),载《乔治亚州立大学法律评论》(*Georgia State University Law Review*)第17卷(2001年),第759—788页,在第760—761页。关于正义的类似论证,参见菲利普·塞尔兹尼克(Philip Selznick):《道德共和国:社会理论与群体允诺》(*The Moral Commonwealth*:*Social Theory and the Promise of Community*,Berkeley:University of California Press)1992年版,第443页:"法律并不必然是正义的,但它确实允诺正义。"另请参见约翰·加德纳(John Gardner):《正义的美德与法律的特征》("The Virtue of Justice and the Character of Law"),载《当前法律难题》(*Current Legal Problems*)第53卷(2000年),第31—52页。

列理由。而且法律体系显然是程序化的,我们很难想象,道德也具有这般程序化的特征。另一方面,道德思想有时确实使用制度的隐喻来表达道德理由的特性:康德关于"目的王国"的隐喻是最为人所知的例子。[55] 而且,虽然我们对道德正当程序的思考比较少——这种思考本应更多一些,我们思考较多的是反应性态度(reactive attitudes),①但对于在寻求道德救济的情境中,指控、说明和回应(包括惩罚)该如何开展,却思考得很不够——但是在哈贝马斯和斯坎伦等哲学家的作品中,也有对道德的程序化设想。[56]

另外,我们必须记住,很多我们所谓的道德思想,并非致力于建立一种类似于法律秩序的道德秩序,而实际上是以评价和批判法律秩序本身为宗旨。政治道德是关于法律的,因而尊严在政治道德中的地位也批判性地参考尊严在法律体系中的地位。我一直主张,这种道德化的阐述很多涉及内在的批判,而不仅仅是引入某

55　康德(Kant):《道德形而上学的奠基》(*Groundwork of the Metaphysics of Morals*),第83—88页(4:433-434)。

①　所谓"反应性态度",是指人们对其他人针对自己的态度和行为所做出的自然反应,而其他人针对自己的态度和行为可能是善意的,也可能是恶意的,还可能是中性的。比如说,我们对善意的自然反应通常是感激或称赞,对恶意的自然反应通常是愤恨或谴责。按照彼得·F. 斯特劳森(Peter F. Strawson)的观点,所谓道德责任就是我们相互接受这样的反应性态度,而道德上的赞扬或责备实质上就是这种态度的表达。这种理论是以群体实践的观点来理解和解释道德责任:在我们的社会生活和道德生活中,这样的反应性态度表达了我们的关切以及如何相互对待的要求。参见姚大志:《我们为什么对自己的行为负有道德责任?》,载《江苏社会科学》2016年第6期,第15页。——译者

56　参见尤尔根·哈贝马斯(Jürgen Habermas):《道德意识与交往行为》(*Moral Consciousness and Communicative Action*,Cambridge:MIT Press)1991年版;以及 T. M. 斯坎伦(T. M. Scanlon):《我们彼此负有什么义务》(*What We Owe to Each Other*,Cambridge:Harvard University Press)1998年版。

种独立的外在标准——其不同于法律本身所包含的标准。我们对法律作道德上的评价所运用的标准,(似乎)就是来自于法律自身维护尊严的实践。

　　那么,如何看待我所提出的这个假设,即人的尊严概念并没有超越传统上"尊严"概念所表达的地位、等级和高贵之含义,而仅仅是将此含义普遍化了。当我们谈论批判性道德的时候,这些——关于尊严概念之变化的——变革隐喻可能是没有意义的。[57] 但是,我们当然可以谈论我们对道德要求的理解的变化。过去道德家们相信存在不同种类的人——下等人和上等人——而现在他们已经放弃下等人的理念,将过去高等级的道德地位赋予了每个人。

　　令人尊敬的道德思想曾区分过下等人与上等人,这可能吗?道德曾肯定基于属性的不同地位,这可能吗?是的,我们确实这么做,就像在动物和人类之间作道德考量上的区分一样。或者说,有些人是这么做的,并且采取这一立场的那些人宣称,在做出区分的同时,仍然有可能按照道德的要求来对待两个种类的成员。毫无疑问,人具有独特尊严——但动物却不具有这种尊严——的理念,在此种区分中发挥了很大的作用。[58] 令人尊敬的道德思想曾以此种方式在人类中做过区分,这可能吗?当然可能,而且,确实如此。1907 年,牛津大学的克拉伦登(Clarendon)出版社出版了尊敬的黑

---

　　[57]　约翰·菲尼斯(John Finnis)曾在《自然法与自然权利》(*Natural Law and Natural Rights*,Oxford:Clarendon Press,1980)第 24 页中指出:"严格地说,自然法本身是没有历史的。"他的意思是:自然法是一套永恒的价值、理由和要求。

　　[58]　譬如《圣经·诗篇》("Psalm")第 8 篇(4-8):"人算什么,你竟顾念他?……因为你叫他比天使低等一点,并赐他荣耀尊贵为冠冕。你派他管理你手所造的,使万物,就是一切的牛羊、田野的兽、空中的鸟、海里的鱼,凡经行海道的,都服在他的脚下。"

斯廷斯·拉什达尔①讨论道德哲学的两卷本著作,其中有一段关于高等文化与社会经济条件的改善之间的权衡:

今日有一点已相当明晰,那就是人类高等种族的社会条件之改善,必然要求避免与低等种族竞争。这意味着,或迟或早,必须牺牲无数中国人和黑人的低级幸福——最终可能要求他们灭亡——只有这样,对于人数少得多的白人来说,高等生活才是有可能的。[59]

这就是几代人以前牛津大学的道德哲学。据我判断,拉什达尔的评论丝毫没有讽刺的意味。这段评论显然基于他所说的"当黑人种族的福利与人口少得多的欧洲人的高级幸福相冲突时,我们要相对漠视黑人种族的福利"[60]。在拉什达尔看来,这是我们经过深思熟虑的一个判断,按照现在的话来说,这是我们经由反思平

---

① 黑斯廷斯·拉什达尔(Hastings Rashdall,1858-1924),英国哲学家、神学家、历史学家和圣公会牧师,亨利·西奇威克(Henry Sidgwick)和托马斯·格林(Thomas Hill Green)的学生,著有《中世纪欧洲大学》(*The Universities of Europe in the Middle Ages*,1895)、《善与恶的理论》(*The Theory of Good and Evil*,1907)等。——译者

59 黑斯廷斯·拉什达尔(Hastings Rashdall):《善与恶的理论:道德哲学论》(*The Theory of Good and Evil: A Treatise on Moral Philosophy*,2nd edition,Oxford University Press)1924年版,第1卷,第237—238页。拉什达尔加了一个脚注说道:"对于像日本人这样的民族来说,要证明必须避免与他们竞争要困难得多,因为他们同样是有教养的,但比西方人的需求更少。"(同上书,第238页)作者继续说道:"如果我们确实为此而辩护"(他毫不怀疑我们会这样做),那么,"我们显然接受这条原则:高等生活,在本质上,就其本身而言,比低等生活更有价值,尽管它可能只为较少的人所拥有,而且对于不拥有高等生活的那些人来说,也无助于他们获得更大的幸福。"

60 同上书,第241页。

衡的一个判断:"拥有较高能力的个人或种族……较之于拥有较低能力的个人或种族,有权获得比平等对待更多的关怀。"[61] 这近乎接受了人类之间基于属性的区别,类似于我们所接受的人与动物之间的区别。

我们也许无法理解道德(道德理性)在这方面已经发生了变化的想法,但是我们的道德观念确实改变了(尽管令人遗憾的是,我们的一些行为还在延续着)。我又一次想说,我们的道德观念在这方面是向上发展的,拉什达尔认为应赋予"人数少得多的白种男性"的道德尊重和关怀,现在已经赋予了所有男人和女人。

我们确实有可能朝着相反的方向发展。爱德蒙·伯克(Edmund Burke)就曾为此而担心。在《法国大革命反思录》一书中,他对法国王后美丽而安详的尊严所受到的侵犯痛心疾首。伯克哀叹道:

> 骑士精神的时代已一去不复返。继之而来的是诡辩家、经济学家和算计者……我们永远永远都无法再见到对上级的无限忠诚和男女之间的死心塌地,以及恭顺中的骄傲和服从中的尊严……现在,一切都将改变……生活中一切优雅的帐幔都将被粗暴地撕去。穿戴在我们身上的所有理念,都来自我们道德想象的衣橱,它们为我们内心所拥有,被我们理智所认可,是我们遮盖自己赤裸裸的、战栗的本性之缺陷,并将其提升至我们所期待的尊严高度所必需的,而如今却被认为是

61　黑斯廷斯·拉什达尔(Hastings Rashdall):《善与恶的理论:道德哲学论》(*The Theory of Good and Evil*: *A Treatise on Moral Philosophy*, 2nd edition, Oxford University Press)1924 年版,第 1 卷,第 242 页。

可笑的、荒谬的和过时的,所以也将被抛弃。按照这种理想的图景,国王不过一个男人,王后不过是一个女人;一个女人不过是一个动物,而且还不是最高等级的动物。[62]

保守派经常这么说,如果我们废除等级的区分,那么我们最终会把每个人看作一个动物,"而且还不是最高等级的动物"。但是人的尊严理念告诉我们还存在另一种选择:我们可以在打破地位和等级体系的同时,让玛丽·安托瓦内特[①]或多或少保留一些待遇。每个人可以吃上蛋糕,或者(更关键的是)对任何人的粗暴待遇——包括对最底层犯人的粗暴待遇、对最为人鄙视的恐怖主义嫌疑犯的虐待——都可被视为亵渎行为,是对人之尊严的侵犯,(按照爱德蒙·伯克的话来说)是必定会万把宝剑出鞘来复仇的。

---

[62] 爱德蒙·伯克(Edmund Burke):《法国大革命反思录》(*Reflections on the Revolution in France*,ed. Leslie Mitchell,Oxford:Oxford University Press)1993 年版,第 77 页。

① 玛丽·安托瓦内特(Marie Antoinette,1755—1793),法国国王路易十六的妻子,死于法国大革命。——译者

尊严、权利与责任[*]

权利与责任之间是什么关系？政治家有时说，责任与权利相对立，如果人民多一些责任观念，而少一些对权利的斤斤计较，那会更好一些。哲学家则提醒我们说，在正式的用语中，权利与责任相依存，至少在责任被理解为义务时是这样。我的权利与你的责任相互依存，如果我们彼此之间拥有权利，那也就意味着我们彼此之间负有责任。

对于权利与责任之间的关系，我在本文中将提出另一种解说，而试图超越传统上的两种解说——要么视之为纯粹是逻辑上的关系，要么视之为纯粹是热衷于公民自由的那些人的政治修辞。我将致力于探讨某些权利实际上是责任的可能性。并且，我将探讨这一可能性与人的尊严理论最新取得的一些进展的联系。

一、《权利与责任》绿皮书

在英国，曾有一场关于权利与责任之间关系的争论，我就从

---

* 本文系纽约大学法学院"公法与法理研究"工作论文（2010 年 10 月）。作者曾在位于佛洛伦萨的欧洲大学学院"马克斯·韦伯讲座"（Max Weber Lecture）上宣讲本文内容（2010 年 5 月）。本文正式发表于《亚利桑那州法律杂志》（*Arizona State Law Journal*）第 4 期（2011 年冬季卷），总第 43 卷。

这里说起。2009 年 3 月，英国政府发布一份有关立法建议的绿皮书，[1] 名为《权利与责任：发展我们的宪法框架》。[2] 该书由戈登·布朗（Gordon Brown）执政时期的司法部长杰克·斯特劳（Jack Straw）和司法大臣迈克尔·威尔斯（Michael Wills）共同撰写，他们两人痛心疾首地说："尽管我们最近对相互之间所负的义务以及对国家所负的义务已经有所理解和接受"，但是责任"在我们的宪法架构中的地位并没有像权利那样优越"。[3] 他们发表该绿皮书，是为了发动一场讨论：该怎样"确保我们相互之间的责任得到履行"，并"考察起草一份［新］的《权利与责任法案》的可能空间"。[4]

在绿皮书发表后的讨论会中，很多人对于通过立法制定一份责任宪章的想法表示了极大的支持，但同时也有不少人非常强烈地表达了自己的疑虑。[5] "责任"一词是什么意思？绿皮书里说我们的民族语言中责任是权利的"表兄"——尽管是一个"有点寒酸

　　1　在英国，绿皮书是由政府发布的就某个议题发动公众讨论的咨询性文件，它是政府发布白皮书之前的临时性政府报告；而白皮书则是政府表明立法计划的正式出版物。

　　2　司法部（Ministry of Justice）：《权利与责任：发展我们的宪法体制》（"Rights and Responsibilities: Developing Our Constitutional Framework"），2009 年，Cm. 7577，电子文本可获自 http://www. justice. gov. uk/publications/docs/rights-responsibilities. pdf（下文简称《权利与责任》）。

　　3　同上，第 8、17 页。

　　4　同上，第 7、62 页。

　　5　参见司法部（Ministry of Justice）：《权利与责任：发展我们的宪法体制：回应性意见摘要》（"Rights and Responsibilities: Developing Our Constitutional Framework: Summary of Responses"），2010 年，Cm. 7860，第 10 页，电子文本可获自 http://www. justice. gov. uk/publications/docs/rights-responsibilities-response-april-2010. pdf（下文简称《回应性意见摘要》）（提供了司法部所收到的回应性意见的一手资料）。

的表兄",或者绿皮书里说我们的权利内在地包含着责任,究竟是什么意思? 对此,很多人并不清楚。[6] 人们关心的问题有:责任所包含的道义上的要求究竟是何种类型的要求,仅仅是义务,还是职责,或者其他什么东西? 责任这个东西是否应该通过法律予以宣告和实施? 司法部总结这些回应性的意见说:

> 有些意见认为,阐明责任完全不是国家的任务……而应该由公民社会及各个社群和家庭来做这件事。[7]

司法部的报告说:"绿皮书中谈论的那些责任被认为是比较不确定的,并且难以与核心的人权'相提并论',因而将它们并置讨论可能会有'贬低'核心人权的风险。"[8]

显然,回应者非常担心《人权法案》的重要性——及其与《欧洲人权公约》在英国的相互依存结构——可能会受到削弱,因为政府在总结回应性的意见时特别强调"不会减弱《人权法案》所提供的权利保护"[9]。很多人觉得,无论出台什么新的宪法文件,至多也就是仅在序言中写一个责任宣言。正如有一个意见指出:

> 出于宣告之目的将责任编入成文法典,可能具有为个人、

6　《权利与责任》,本文前引注 2,第 17 页。

7　参见《回应性意见摘要》(提供了司法部所收到的回应性意见的一手资料),本文前引注 5,第 13 页。

8　同上,第 12 页。

9　同上,第 10 页。

社群和政府所应努力的方向确立标准的作用。实施宣言性的原则所需的制裁，不必总是法律上的制裁。公共舆论的法庭就是一项有效的制裁。[10]

我们并不清楚，在 2010 年英国大选结果出来后，这份绿皮书会有怎样的命运。在各大政党的竞选宣言中，并没有专门提到这份绿皮书，尽管工党的竞选宣言声称"我们所做的一切事情，都要求责任与权利相伴：人尽其职，邻里和睦，热爱祖国，积极纳税"[11]。保守党的竞选宣言则既不参与有关绿皮书的讨论，也不提及绿皮书所主张的核心理念，而只是说"我们信仰责任：政府的公共财政责任，个人的行为责任以及相互之间的社会责任"[12]；"保护我们的自由免受政府侵犯，鼓励更大的社会责任，我们将以英国《权利法案》取代《人权法案》"[13]。保守党还强调其"大社会"理论："我们反对大政府，而主张大社会。在大社会中，会有更高层次的个人责任、职业责任、公民责任和企业责任……"[14]

---

[10]　参见《回应性意见摘要》（提供了司法部所收到的回应性意见的一手资料），本文前引注 5，第 22 页。

[11]　工党（The Labour Party）：《工党宣言：为所有人创造公平的未来》（"The Labour Manifesto：A Future Fair For All"）5（2010），电子文本可获自 http://www2. labour. org. uk/uploads/TheLabourPartyManifesto-2010. pdf。

[12]　保守党（The Conservative Party）：《保守党竞选宣言：加入英国政府的邀请》（"The Conservative Manifesto：Invitation to Join the Government of Britain"），vii（2010），电子文本可获自 http://media. conservatives. s3. amazonaws. com/manifesto/cpmanifesto2010_lowres. pdf（下文简称《保守党竞选宣言》）。

[13]　同上，第 79 页。

[14]　同上，第 37 页。

但值得注意的是,2010 年 5 月 11 日晚上,当戴维·卡梅伦(David Cameron)入住唐宁街 10 号开始担任首相职务时,他在就职演讲中颇费心思地使用了权利与责任的修辞,他说:"我希望在英国建立一个更加富有责任感的社会。在这样一个社会,我们不会只问'我们的权利是什么',而且会问'我们的责任是什么';在这样一个社会,我们不会只问'我应该得到什么',而且更多地会问'我能够给予什么'。"[15] 然而,评论者从这些话中听到更多的是约翰·肯尼迪的回音——"不要问你的国家能够为你做什么,而要问一问你能够为国家做什么"——而非绿皮书的回音。[16]

二、"责任"的多重含义

"责任"当然是一个宽泛的术语。在我看来,绿皮书的起草者很有可能是在日常的社会责任意义上使用这个术语的。他们也提

15　帕特里克·温图尔(Patrick Wintour):《戴维·卡梅伦和尼克·克莱格领导联盟执政》("David Cameron and Nick Clegg Lead Coalition into Power"),载《卫报》(*Guardian*)2010 年 5 月 12 日,第 1 版,电子文本可获自 http://www.guardian.co.uk/politics/2010/may/12/david-cameron-nick-clegg-coalition? INTCMP＝SRCH。

16　参见同上。(上述引言的导入语为:"带着美国约翰·肯尼迪总统的回音,他说……")在 2011 年 8 月英国骚乱的余波中,卡梅伦对英国社会的弊病提出诊断时又回归这些主题:"我们是否已经下定决心解决发生在我们国家部分地区过去几代人的道德滑坡问题?不负责任,自私自利;任性而为,不计后果;孩子没有父母,学校没有纪律;整天想着不劳而获;犯了罪却没有得到惩罚;只讲权利却不讲责任。"戴维·卡梅伦(David Cameron):《关于骚乱后的反击的讲话》("Speech on the Fight-back After the Riots"),载《新政治家》(*New Statesman*)2011 年 8 月 15 日,电子文本可获自 http://www.newstatesman.com/politics/2011/08/society-fight-work-rights。

到了刑法、行政法和私法上的义务，譬如注意义务。[17] 但是，绿皮书还提及内在于我们权利的责任。[18] 此处的责任是什么意思？保守党的 2010 年竞选宣言中有一句话："作为保守党人士，我们信赖人民。我们相信，如果人民被赋予更多的责任，他们将更负责地行事。"[19]"责任"一词在其中又是什么意思？显然，"责任"的语法是非常复杂的，要像霍菲尔德等分析法学家分析权利概念那样分析这个术语，[20]无疑是一个挑战。

我认为，责任观念是为了给权利主张和权利行使增加一些制约或义务；但存在着多种可能性。我们需要深入思考人们在日常生活中行使权利时可能受到制约的各种形式。

（一）与权利相依的义务

我们首先会想到的一种观点是，我们的权利受到他人权利的制约。我的权利与你的义务相依存，你的权利与我的义务相依存。因此，如果权利是为人所平等享有的，那么我们每个人都有与他人权利相关的义务。这一观点并非不可质疑，因为通常认为，我们最

17　《权利与责任》（"Rights and Responsibilities"），本文前引注 2，第 16 页。

18　参见同上，第 19 页（"个人在主张或行使人权时不能无视他人的权利，并且除了免于遭受酷刑和奴役的自由这样的例外情况，绝大多数人权包含内在的制约和限制，这是人权理论的基本原理。"）。

19　《保守党竞选宣言》（"The Conservative Manifesto"），本文前引注 12，第 9 页。

20　参见韦斯利·N. 霍菲尔德（Wesley N. Hohfeld）：《司法推理中应用的基本法律概念》（*Fundamental Legal Conceptions As Applied In Judicial Reasoning*, New Haven: Yale University Press）1919 年版（系统探究了像"权利"这样的基本法律概念）。

重要的权利——譬如我们的人权或宪法权利——主要是一种针对国家的权利(承担相应义务的是国家),而非针对个人的权利。尽管就人权或宪法权利而言,这个质疑可能是正确的,但是就普通的法律权利而言,这个质疑绝不是正确的,普通的法律权利所针对的义务主体,既包括国家,也包括其他私人个体和公司。绿皮书的起草者所提及的责任里面确实包含我们日常生活中的私法义务。[21]而且,对公民责任的要求还可以被解读为包含在《欧洲人权公约》中的某些权利所具有的"横向"效力所产生的要求。[22] 所以,就拿作为人权的隐私权来说,即便其对私人活动不具有直接的约束力,但是通过法院运用《人权法案》解释既有的普通法规范,其也可以被认为对私人活动产生了约束力。同样,宗教自由也可以被认为对雇主自由施加了有关礼拜日、宗教习惯等限制;如此等等。

(二) 谨守权利的边界

当绿皮书说"内在于我们权利的责任"时,我想其意思是,诸如《欧洲人权公约》之类的法律文件在规定某项权利时,在同一条文中有时还会提及可对该权利施加特定的合理限制。譬如,《欧洲人权公约》第 10 条在规定表达自由的同时,又专门提及此项自由的

21　《权利与责任》("Rights and Responsibilities"),本文前引注 2,第 16 页。

22　一般性讨论,可参见托马斯·拉斐尔(Thomas Raphael):《横向效力问题》("The Problem of Horizontal Effect"),载《欧洲人权法律评论》(*EUR. HUM. RTS. L. REV.*)第 5 卷(2000 年),第 493 页起。

行使"附随义务和责任"。[23] 该《公约》第 10 条第 2 款规定：

> 这些自由的行使,由于附随义务和责任,因而依照法律规定可以受到一定的约束,譬如要求履行一定的手续、满足一定的条件、接受限制或处罚,但此类约束必须是一个民主社会所能接受的,是为了维护国家安全、领土完整或公共安全,为了防止出现骚乱或犯罪,为了保护健康或道德,为了保护他人的名誉或权利,为了防止秘密信息的泄漏,或者为了维护司法的权威和公正。[24]

还有一种我们所常见的更加原则性的表述,譬如新西兰《权利法案》第 5 条规定:"本《权利法案》所包含的权利和自由,可(且仅可)依照法律规定受到合理的限制,此项限制必须能被证明在自由民主社会中是有正当理由的。"[25]在世界各国的权利法案中,你可以找到很多类似的规定,譬如加拿大《权利与自由宪章》第 1 条[26]或

23　《欧洲保护人权和基本自由公约》第 10 条,该公约于 1950 年 11 月 4 日订于罗马,以供各方签署,213 U. N. T. S. 221(并于 1953 年 9 月 3 日生效),电子文本可获自 http://www. hri. org/docs/ECHR50. html♯C. Artl(下文称《欧洲人权公约》)。

24　同上,第 10 条第 2 款。

25　1990 年新西兰《权利法案》(第 109 号)第 5 条("正当的限制。根据《权利法案》第 4 条,本《权利法案》所包含的权利和自由,可依照法律规定受到合理的限制,此项限制必须能被证明在自由民主社会中是有正当理由的。")。

26　《权利与自由宪章》是 1982 年《加拿大宪法法案》第 1 章,该法案是 1982 年《加拿大法案》附件 2,由英国议会批准。(第 1 条:"加拿大《权利与自由宪章》保障其列出的权利与自由,仅受由法律规定的能被证明在自由民主社会中有正当理由的合理限制。")

者《南非宪法》第 36 条。[27]

因此,按照绿皮书中的话来说,"我们必须承认……我们的权利并不是孤立存在的。我们的行为有着诸多限制,正因为如此,我们才得以和谐共存"[28]。这些限制可以是内在限制,也可以是外在限制。内在限制是指对我们界定和说明权利的方式起调控作用的那种限制——该种限制方式经常出现在美国宪法中。换言之,美国宪法没有我们所正在讨论的那种明示的限制条款;而外在限制是指对某项权利的行使可合理施加的正当限制。[29]

当然,权利限制并非本身就意味着施加了某项责任:其意义仅在于为通过其他法律手段施加某项责任清出了一片空间;否则,某项责任的施加可能会因为权利的扩张性表述而受到挫败或阻止。所以,譬如《欧洲人权公约》第 1 条第 2 款,实际上并没有基于"国

---

　　[27]　《南非宪法》(1996)第 2 章第 36 条第 1 款规定:"本《权利法案》中的权利只能通过普遍适用的法律来限制,并且此项限制在一个以人的尊严、平等和自由为基础的自由、开放和民主的社会里能被认为是合理的和正当的,此项限制是否合理和正当,应当充分考虑所有相关因素,包括:

　　(1) 权利的性质;

　　(2) 限制目的的重要性;

　　(3) 限制的性质和程度;

　　(4) 限制的手段和目的之间的关系;

　　(5) 是否存在采取较少的限制也能达到目的的可能性。"

　　[28]　《权利与责任》("Rights and Responsibilities"),本文前引注 2,第 16 页。

　　[29]　关于内在限制与外在限制的一个比较分析,可参见杰里米·沃尔德伦(Jeremy Waldron):《安全与自由:平衡的意象》("Security and Liberty: The Image of Balance"),载《政治哲学杂志》(*J. Pol. Phil.*)第 11 期(2003 年),第 191 页起,在第 197—198 页;收录于氏著:《酷刑、恐怖活动与权衡取舍:白宫哲学》(*Torture, Terror And Trade-Offs: Philosophy For The White House*, New York: Oxford University Press)2010 年版,第 20 页,在第 30—31 页。

家安全……公共安全，为了防止骚乱或犯罪，为了保护健康或道德"施加任何责任。[30] 但是，该条款确实给依据这些理由施加责任留下了空间。

（三）调控权利行使的义务

对我们行使权利的方式构成制约的第三种类型可能是道德上的制约。很多年前，在我早期发表的一篇论文中，我曾谈到"做错事的权利"，我的意图主要不在于证成人们做错事的权利，而在于指出当权利发生争议时对与错的日常道德分类并没有消失或被取代。即便当我们正在行使我们的权利时，我们仍然受到道德理性的调控。因此，对某人行使权利的方式提出道德批判或社会批评，并非不妥当。[31]

所以，譬如，当欧洲和北美的很多报纸杂志因发表和转载2005 年至 2006 年臭名昭著的丹麦漫画而被指不负责任时，这些报纸杂志经常通过援引表达自由和出版自由的权利来回应这些指责。[32] 当有人说，刊登这些漫画是麻木不仁的、没有礼貌的和不负责任的时候，他们会说，我们有刊登这些漫画的权利。但是，你有

30　《欧洲人权公约》，本文前引注 23，第 10 条第 2 款。

31　杰里米·沃尔德伦（Jeremy Waldron）：《做错事的权利》（"A Right to Do Wrong"），载《伦理学》（*Ethics*）第 92 卷（1981 年），第 21 页起，在第 36—37 页，收录于氏著：《自由权：论文集（1981—1991）》（*Liberal Rights：Collected Papers 1981-1991*，Cambridge：Cambridge University Press）1993 年版，第 63 页。

32　参见《日德兰邮报》（*Jyllands-Posten*）2005 年 9 月 30 日，第 3 版（这家丹麦报纸最早刊登了嘲讽穆罕默德的漫画），转载这些漫画的美国报纸至少有 25 家，其中包括：*The New York Sun*，Feb. 2，2006；*The Philadelphia Inquirer*，Feb. 4，2006；*Harvard Salient*，Feb. 8，2006。

做某事的权利,其实并不是对你行使权利的方式提出批评的有效回应。换言之,你拥有某项权利,并不意味着你就有理由去任意地行使这项权利,更不用说你就有道德上的理由去任意地行使这项权利。在我看来,西方自由主义者嚷嚷着要求一个国家接着一个国家以及一个栏目接着一个栏目地刊登和转载丹麦漫画是自以为是的,并且具有一定的恶意和冒犯性。这与承认做出这些冒犯行为的人有权利这么做一点也不相冲突。对此,他们最好的说辞也只能是,他们试图表明他们有权利刊登这些漫画。但是,权利并没有给予其享有者任意行使权利的理由,权利也不会使其享有者免受道德批判。

顺便说一下,这也不一定是法律与道德之间的区分。主张某人拥有一项道德权利,也不会是反驳道德批判的一种正当方式。道德权利并没有给予其享有者任意行使该项权利的道德理由或道德证成。不过,如果我们所讨论的是法律权利,那么某项权利的行使方式所遭受的批判往往会是道德批判,这大概是真的。绿皮书也可以被解读成呼吁社会更加积极地促进和维护此种道德批判。人们应该消除一种想法,即认为自己正在行使一项不受任何法律限制的法律权利,因而其不负责任就可以免受道德批判。而且,正如绿皮书的很多回应者所指出的,尽管法律可以用来引导和培育道德评判的文化,但是此处所呼吁的责任与讨论中的"权利具有截然不同的性质",因此通过法律来实施这些责任是不合适的。

三、作为责任的权利

还有另外一种"责任"观念，但绿皮书没有提及，在此，我想要提出来，并将在本文余下的篇幅中讨论它。这就是与权利相伴的责任（甚至可以与特定权利相等同），而非与权利相对的责任、与权利相依的责任或用于限制权利之行使的责任。我认为，将特定权利本身理解成责任是可能的。

我先举一个例子：父母监护权，即父母监护其子女的权利。此项权利隐含在《欧洲人权公约》第 8 条和第 10 条中，[33] 并且明确地规定在德国《基本法》第 6 条中，其规定：

（1）婚姻和家庭受国家特别的保护。

（2）抚养和教育子女是父母的自然权利，也是其首先须承担的义务，国家监督此项义务的履行。[34]

此项规定中饶有趣味的是，"抚养和教育子女"既是父母所享有的一项权利，也是父母必须承担的一项义务。它是必须分配给某人的一项任务，它是由自然法和国家法分配给父母的，因此父母在这个位置上是受到保护的，譬如可以对抗他人的干涉。

英国哲学家伊丽莎白·安斯康姆（Elizabeth Anscombe）曾提出，此种权利类似于权威。我们通常认为，权威包含服从的义务：父母拥有权威，孩子必须服从。但是正如安斯康姆所指出的，权威

33　《欧洲人权公约》，本文前引注 23，第 8、10 条。

34　《德意志联邦共和国基本法》(1949 年 5 月 23 日颁布)第 6 条第 1 款和第 2 款（下文简称德国《基本法》）。

还有另外一个维度：

> 起源于一项任务的权威，实际上并不只是与服从有关……小孩子即便不服从，我们仍然可以认为，父母拥有该做什么事情的决策权威。因此，权威可以被理解为在某个领域做出决策的权利，权威所包含的不是服从，而是尊重。因为对抗某人的权威，除了内部的不服从者之外，还可以是外部的干涉者。[35]

即便当小孩尚处在不知服从为何意的年龄阶段，父母的权威仍然具有这一外在的维度。设想在公交车或地铁上，一个陌生人谴责一个吵闹的小孩子，要求他安静一点，这时小孩子的母亲可能会提出抗议："用不着你来管教我的孩子，管教孩子是我的事情。"她这句话的意思是，她拥有管教孩子的权利。但是，这里的权利可以说是责任的同义词。

德国《基本法》上的条文显示，此种权利也可以被理解成义务。就以父母监护权为例，我们可以说，为人父母者有义务运用此项权利。这是其所承担的职责，但同时也是其所享有的权利：在通常情形下，它可以依据此项权利对抗他人。而且就父母而言，此项权利的义务方面，并不只是服从一套规则的问题。其所涉及的内容往往是不断地运用智力，积极地做出选择。这些都是为人父母者才

35　G. E. M. 安斯康姆（G. E. M. Anscombe）：《论国家权威的来源》（"On the Source of the Authority of the State"），收录于约瑟夫·拉兹（Joseph Raz）编：《权威》（*Authority*，New York：New York University Press）1990 年版，第 142 页起，在第 148 页。

能做出的选择,为人父母者才能运用的智力。为人父母者在这方面拥有特权。

确实,父母的监护权是有边界的,一旦越过此边界,共同体就会干预,甚至剥夺父母的此项权利/责任。正如德国《基本法》上的条文所说:"国家监督此项义务的履行。"并且,德国《基本法》第6条第3款还接着规定:

> 只有当父母或监护人未能履行其义务,或者出于其他原因儿童面临无人照顾的危险时,才可以依据法律,在违背父母或监护人意愿的情况下,将儿童与其家庭相分离。[36]

但这是一个底线性的规定,在这底线之上,仍为父母的自由和选择留有巨大的空间。正是为人父母者所拥有的特权地位以及在这方面其所拥有的合法选择空间,再加上其处于该位置所可能拥有的利益或好处——宽泛意义上的(不一定是自私自利意义上的)利益或好处,我们才能合乎情理地说此一责任同时也是一项权利。

英国那份绿皮书的撰写者们是否想到了这种意义上的责任?我并不确定。他们确实在一处引用了德国《基本法》第6条作为例子,但是他们并没有给出详细的说明。不过,这种意义上的责任观念,对于我们而言是饶有趣味的,因为它和与权利相对的义务或者对权利的限制不同,它为我们分析权利提供了另一种进路。权利

---

36 《德国基本法》,本文前引注34,第6条第3款。

与责任复合的观念,有点类似于前文所提及的《保守党竞选宣言》中的一个说法:"如果人民被赋予更多的责任,他们将更负责地行事。"

实际上我想到了很多种诸如此类的权利,特别是政治权利(稍后我会更详细地加以阐述)。它们都具有权利和责任的双重性质,包含以下几个方面的内涵:

(1)指定一项重要的任务;

(2)赋予某人执行此项任务以及做出相应决策的特权;

(3)必须考虑到此人在这件事情上所具有的特定利益;

(4)保护他们基于此项责任所做出的决策,免受他人甚至国家的干涉(在极端情形下除外)。

对我而言,这似乎是权利的一种特殊形式,值得我们深入研究。我会把此种权利称作"责任权"(responsibility-rights);我会把刚才勾勒出来的形式结构称作权利的"责任形式"。我并不认为,这种权利形式的分析能适用于所有权利。但是,它对于分析很多权利都是有用的。

让我再举一个简单的例子。这是美国特有的例子,不过它已闻名于世,准确地说,这是一个臭名昭著的例子。那就是1791年生效的美国宪法第2条修正案,它规定了携带武器的权利,这个条文不断地为反对控枪的人士所引用。这个条文值得我们重视的是它的前半句,其为携带武器的那些人设定了角色或任务。这个条文表述如下:

管理良好的民兵组织是保障自由州的安全所必需的,因此人民持有和携带武器的权利不得侵犯。[37]

那些对控枪政策全然持反对态度的人士——如查尔顿·赫斯顿(Charlton Heston)以及美国枪支协会——倾向于忽视该条文的前半句话,而只强调该条文的后半句权利话语。[38] 控枪政策的捍卫者们则倾向于强调前半句话,并以此为由主张限制携带武器的权利。他们会说,携带武器的权利在今天已经不太重要了,因为我们今天"自由州的安全"依靠的是完全自愿的职业性常规军队,而非民兵组织。他们也可能提议将携带武器的权利限定于履行公民职责方面。换言之,只有管理良好和训练有素的民兵组织成员为了履行职责才能享有和行使此项权利。[39]

不管怎样,可以确定的是,宪法第 2 条修正案的表述方式说明携带武器的权利是一项责任权,不可否认,它并未取消对政府的制约——事实上,民兵组织被认为是一种潜在的反政府力量——但也没有放任其成为一项纯粹自由性质的权利。权利的责任维度,

---

[37] 美国宪法第 2 条修正案(着重号为笔者所加)。

[38] 美国枪支协会所信奉的一种观点认为,宪法第 2 条修正案中的权利条款是完全独立于前半句条款的。参见迪亚娜·P. 伍德(Diane P. Wood):《21 世纪的世界中我们 18 世纪的宪法》("Our 18th Century Constitution in the 21st Century World"),载《纽约大学法律评论》(*N.Y.U.L.Rev.*)第 80 卷(2005 年),第 1079 页起,在第 1088 页。

[39] 参见大卫·威廉姆斯(David C. Williams):《公民立宪主义、第 2 条修正案与革命权利》("Civic Constitutionalism, the Second Amendment, and the Right of Revolution"),即"印第安纳大学杰出教师研究讲座"(Indiana University Distinguished Faculty Research Lecture)(2003 年 4 月 23 日),载《印第安纳大学法律评论》(*IND.L.J.*)第 79 卷(2004 年),第 379 页起,在第 391 页("从宪法第 2 条修正案中,我们无法解读出:其赋予了乌合之众实施暴力的根本权力;但是,我们可以从中解读出:随着公民们为了共同利益越来越有能力驯服那种暴力,就应赋予他们越来越大的责任。")。

告诉我们个人拥有和行使此项权利的条件和界限。

四、责任与尊严

本文标题不仅只有权利与责任,而且还提到了尊严,现在我就转而探讨责任权与人的尊严之间的联系。众所周知,权利要么被认为是以人的尊严价值为基础的,要么被认为是表达了人的尊严价值。

在现代人权法发展的整个时期,人的尊严始终与人权理念和宪法权利联系在一起。《世界人权宣言》提到:"对人类家庭所有成员的固有尊严及其平等的和不移的权利的承认,乃是世界自由、正义与和平的基础。"[40]《公民权利和政治权利国际公约》则声称其所包含的权利"源自人的固有尊严"[41]。此外,我们还看到人的尊严成为了很多国家宪法的基石,最有名的就是德国《基本法》第 1 条第 1 款:"人的尊严不受侵犯。尊重和保护人的尊严是所有国家机关的义务。"[42]

但是,长期以来,尊严问题并没有成为学术研究的焦点。直到晚近这些年,才有所改变。现在,法律学者、道德和政治哲学家们在尊严问题上倾注了越来越多的精力。在他们看来,尊严既是一

---

[40] 《世界人权宣言》序言[G. A. Res. 217 (III) A, U. N. Doc. A/RES/217(III)](1948 年 12 月 10 日通过)。

[41] 《公民权利和政治权利国际公约》序言,1966 年 12 月 16 日通过,并开放给各国签字(999 U. N. T. S. 171)。

[42] 德国《基本法》,本文前引注 34,第 1 条第 1 款。

个基础性的理念,其本身又是一项人权。[43]

五、尊严与等级

对尊严有所研究的人士都知道,古时候有一段时间尊严与等级和阶层是联系在一起的。在古罗马用语中,"尊严"(dignitas)一词含有因等级或职位而享有荣誉和特权以及受人尊重的意思,[44]也许还能表达某人拥有的等级或职位不同凡响之意。此外,《牛津英语词典》给出了尊严的第二种含义:"荣耀的或高级的身份、地位或品级;……评定的级别、等级"以及尊严的第三种含义:"荣耀的职位、等级或头衔,高级的官职或头衔很高的职位。"[45]

所以,人们会谈论君主的尊严。1690 年一份指控詹姆斯党人触犯重大叛国罪的起诉书说道:"图谋废黜国王和皇后,剥夺他们的皇家尊严,并使已遭罢黜的詹姆斯国王恢复王位。"[46]布莱克斯通告诉我们"皇冠上有必要镶嵌古老的宝石……如此才能与当今

43　譬如,参见《公民权利和政治权利国际公约》,前引注 41,第 7 条;《欧洲人权公约》,前引注 23,第 3 条;《日内瓦第四公约》第 3 条,1949 年 8 月 12 日通过(75 U. N. T. S. 287)(禁止"损害个人尊严")。

44　参见特雷莎·伊格莱西亚斯(Teresa Iglesias):《基本真理与个人尊严》("Bedrock Truths and the Dignity of the Individual"),载《逻各斯》(Logos)第 4 期(2001 年冬季卷),第 120—121 页。

45　詹姆斯·A. H. 穆雷(James A. H. Murray)等编:《牛津英语词典》(*Oxford English Dictionary*)第 3 卷(1933 年),第 356 页。

46　*Patrick Harding's Case*(1690),86 Eng. Rep. 461 (K. B.)。

国王陛下至高无上的尊严相匹配。"[47]

不只是君主拥有尊严。贵族也拥有各种尊严,对此,康德曾讨论过。[48] 在英国,贵族拥有的尊严按照爵位高低分为:公、侯、伯、子、男。各等级依照法律拥有相应的尊严;拥有博士头衔者当然拥有尊严。牧师也拥有尊严。外交大使依照国际法拥有尊严。1789年法国国民会议批准的《人权和公民权利宣言》第 6 条宣告:"所有公民……都可以按照其能力平等地拥有一切尊严(dignites)以及担任一切公共的职位和职务……"[49]

如今,在尊严与等级之间画等号,对于人权话语而言,似乎是一种令人沮丧的想法,因为人权意识形态恰恰否定将人分为三六九等:某些人天生拥有公爵或伯爵夫人拥有的那种特殊尊严,这是人权观念所不容。[50] 有些学者认为,尊严与等级之间的联系已被另一种截然不同的尊严观念所取代,[51]那就是人之尊严的犹太-

---

47　威廉姆・布莱克斯通(William Blackstone):《英国法释义》(*Commentaries on the Laws of England*)第 2 卷,第 428 页。另请参见詹姆斯・A. H. 穆雷(James A. H. Murray)等编:《牛津英语词典》(*Oxford English Dictionary*)第 3 卷(1933 年),第 356 页(引用了 1399 Parl. Rolls iii. 424/1)。1399 年褫夺理查二世王位的法律宣告他"已被褫夺王位和治权及其附随的一切尊严和荣誉"。

48　伊曼努尔・康德(Immanuel Kant):《道德形而上学》(*The Metaphysics of Morals*, Mary Gregor ed. & trans.)1996 年版,第 103—104 页。

49　1789 年 8 月 26 日颁布的《人权和公民权利宣言》第 6 条。(此条中的"dignites"常译为"高官""高位",参见由嵘等编:《外国法制史参考资料汇编》,北京大学出版社 2004 年版,第 300 页;〔德〕耶利内克:《人权与公民权利宣言:现代宪政史上的一大贡献》,钟云龙译,中国政法大学出版社 2012 年版,第 143 页。为彰显地位与尊严之间的概念联系,此处译为"尊严",也即高位、要职和头衔。——译者)

50　譬如,在美国,我们可以把《独立宣言》开篇中的平等主义权利话语跟《美国宪法》第 1 条第 9 款中的"合众国不得授予贵族爵位"的宪法规定联系起来。

51　参见伊格莱西亚斯(Iglesias),本文前引注 44。

基督教观念，[52]其以体现在西塞罗、塞涅卡等人著作中的斯多葛学派思想为根基，是一种长期独立存在、平行发展，且与尊严的等级观念相互竞争的传统观念。

诚然，此言有一定的道理，但我认为，尊严与等级之间的联系并没有因为平等主义理念的凯旋而消失。事实上，人人享有尊严的理念本身就无法与下述观念相分离：人类是天底下高等级别的物种，负有特殊的使命，在某种意义上，我们每个人都应被视为授予了某一贵族或皇室的头衔，我们每个人都应被视为高级物种。高等级别的观念并不是简单地被否弃了，而是被普遍化了。我曾在 2007 年发表一篇题为《尊严与等级》的文章，[53]并在 2009 年的坦纳讲座上发表"尊严、等级和权利"的演讲，[54]我的研究目的就在于探究人之尊严的现代观念如何通过各种方式将低级别提升至高级别从而实现级别的平等化，以至于我们今天竭力将以前只有贵族才拥有的尊严、等级和应得的尊重赋予每一个人。

52　譬如，参见约书亚·A.伯尔曼（Joshua A. Berman）:《被创造的平等：圣经如何与古代政治思想决裂》（*Created Equal : How the Bible Broke with Ancient Political Thought*）2008 年版（在作者看来，《圣经》，尤其是其中的《摩西五经》，提出了社会改革的要求——要求迈向一个更加平等的社会）。

53　杰里米·沃尔德伦（Jeremy Waldron）:《尊严与等级》（"Dignity and Rank"），载《欧洲社会学杂志》（*European Journal of Sociology*）第 48 卷（2007 年），第 201 页。

54　杰里米·沃尔德伦（Jeremy Waldron）:《尊严与等级》（"Dignity and Rank"），载苏珊·杨（Suzan Young）编:《坦纳人类价值讲座》（*The Tanner Lectures on Human Values*）第 29 卷（2010 年），第 209 页；氏著:《法律、地位与自我控制》（"Law, Status, and Self-Control"），同上书，第 233 页。

詹姆斯·惠特曼也曾在其晚近的著作中从事类似的研究。[55]
我对此研究的兴趣则是由伟大的古典学家格雷戈里·弗拉斯托斯
多年前提出的观点所激发的,我于 1980 年在加州大学伯克利分校
认识了他,其观点集中反映在一篇没有得到充分重视的题为《正义
与平等》[56]的文章中。弗拉斯托斯对平等与权利展开了十分有趣
的讨论,他提出,我们自己所组建的社会不是一个没有贵族或等级
的社会,而是只有一个等级的等级制社会,我们所有人都处在这个
(非常高的)等级之中。[57] 或者,我们对这幅社会图景微调一下:我
们不是生活在回避一切等级话语的社会当中,我们生活在只有一
个等级且是一个非常高的等级的社会当中,我们每个人都是婆罗
门。[58] 每个男人都是公爵,每个女人都是女王,每个人都有权获得

---

[55] 参见詹姆斯·惠特曼(James Whitman):《严厉的司法:刑事处罚与美欧之间
不断扩大的鸿沟》(*Harsh Justice:Criminal Punishment and The Widening Divide
Between America and Europe*)2003 年版,第 8 页。另请参见氏著:《论纳粹的"荣耀"与
新的欧洲"尊严"》("On Nazi 'Honour' and the New European 'Dignity'"),载《欧洲法
律的黑暗遗产:欧洲的国家社会主义与法西斯主义阴影及其法律传统》(*Darker
Legacies of Law In Europe:The Shadow Of National Socialism And Fascism Over
Europe And Its Legal Traditions*,Christian Joerges & Navraj Singh Ghaleigh eds.)
2003 年版,第 243 页起,在第 245—246 页;氏著:《"人的尊严"在欧洲和美国:社会基
础》("'Human Dignity' in Europe and the United States:The Social Foundations"),载
《人权法杂志》(*Hum.RTS.L.J.*)第 25 卷(2004 年),第 17 页起,在第 17—23 页;氏
著:《隐私的两种西方文化:尊严 vs. 自由》("The Two Western Cultures of Privacy:
Dignity versus Liberty"),载《耶鲁法律杂志》(*YALE L.J.*)第 113 卷(2004 年),第 1151
页起,在第 1153 页。

[56] 格雷戈里·弗拉斯托斯(Gregory Vlastos):《正义与平等》("Justice and
Equality"),1962 年,收录于杰里米·沃尔德伦(Jeremy Waldron)编:《权利理论》
(*Theories of Rights*)1984 年版,第 41 页。

[57] 同上。

[58] 同上书,第 54 页。

尊重和关怀,就如贵族有权得到尊重那样,或者就如对国王的身体或人格的侵犯被视为对神明的亵渎,每个人的人格和身体都是神圣不受侵犯的。

六、尊严与角色

我说过,尊严在古时不仅与等级相关,而且与职位相关。在古罗马时代,尤里乌斯·恺撒作为公民领袖,其尊严不只是与其高贵的出身有关,还与其所承担的公职有关,其曾担任军事统帅,有一阵子还是最高祭司。[59] 人们常谈论外交大使的尊严,大使的尊严与其可能拥有的高贵出身无关,而与其作为国家的代表这一角色以及国家之间需要诚实的代理人来履行外交职能有关。人们可能说到法官的尊严,这关系到法官的任命——同样,这不仅与法官在国内(如英国)的崇高地位有关,而且与法官所需履行的重要职责有关。或者,人们可能说到神职人员的尊严,譬如主教的尊严,这是基于其在教区管辖事务中所负的责任而言的;人们甚至可能说到牧师的尊严,这也是基于其拥有主持圣礼或管理特定教区事务的权利而言的。

以角色为基础的尊严概念与我所界定的责任权概念之间有着天然的契合。我们可以将父母的尊严与抚养孩子的权利/责任联系起来;我之前说的美国宪法第 2 条修正案,将共和国公民的尊严

59　参见鲁斯·维斯提格(Russ VerSteeg):《恺撒的高卢战争中的法律与正义》("Law and Justice in Caesar's Gallic Wars"),载《霍夫斯特拉大学法律评论》(*Hofstra L. Rev.*)第 33 卷(2004 年),第 571 页起,在第 573 页。

与携带武器的权利/责任联系在一起,原因就在于,作为自由共和国的公民,随时准备加入民兵组织以捍卫共和国的自由,这既是其权利,也是其责任。在我看来,与角色或职务相关的尊严,与可视为责任的权利之间的这种联系,是饶有趣味和令人着迷的。

七、人人拥有的角色? 公民权利

当我强调传统尊严概念中的等级和荣誉观念时,我心中所想的是,在社会和道德的决策层面,我们可能仅仅决定把每个人当作皇室成员来对待。但是角色概念也许并不像等级概念那样容易被普遍化,而且人们可能认为,责任权与以角色为基础的尊严概念之间的联系——这一联系令我十分感兴趣——并不会使我们轻易超越与特定社会中的特定社会功能相联系的权利观念。要超越这一观念,走向普遍人权,似乎是十分困难的。

对此,我不得不予以承认,但值得探究的是,从诸如父母之类的特定角色出发,朝着民众普遍拥有的与人权有关的特定责任,一步一步地往前移,我们能够将责任分析推进多远。

第一步显然会想到与公民身份相联系的角色。公民身份是一种高贵的地位(一种尊严),[60]它在现代民主社会,即便不是普遍地为人所享有,也是相当广泛地为人所享有。我们可以把公民身份

---

[60] 参见康德(Kant),前引注 48,第 104 页["当然,一国之内不可能存在没有任何尊严的人,因为他至少拥有公民的尊严。"比较性地参见伊曼努尔·康德(Immanuel Kant):《道德形而上学的奠基》(*Groundwork of the Metaphysics of Morals*, Mary Gregor ed.)1997 年版,第 6 页(一个非常不同的讨论——关于人作为目的本身所具有的内在道德尊严)]。

视为一种角色,并且看看这种角色是否可以被用来当作对公民权利作责任分析的基础,就如卡尔·马克思所做过的那样,在公民权利和人的权利之间做出区分。[61] 其实,我早已按此思路对美国宪法第 2 条修正案携带武器的权利做了一个分析。

我们还可以按照这一思路来分析同性恋者争取参军权的运动——其要求政府允许公开性取向的男女同性恋者在部队里服役。参与这场运动的多数人把参军看作一项权利,我猜想,即便部队里不全是自愿军,参军仍然会被视为一项权利。即便存在义务兵役制,即便部队里服兵役是一项社会职责,他们仍然可以主张,公开性取向的男女同性恋者也有权利承担这一项职责。由于这里的责任并不必然蕴含着很多的自由或裁量,因此它与前面提到的父母监护权的例子有所不同。但是它仍然能满足我所提出的责任权之基本形式,因为其既包含一项特定的任务,又包含有兴趣且适合——与其他众多人一道——承担此项任务的人。

第二种公民身份权是政治权利,譬如公民在民主共同体的政治生活中所拥有的各种参与权利。在这里,责任观念以及被构想成责任的权利,似乎找到了自然之家。

伟大的德国社会学家马克斯·韦伯将政治称为一项志业,即政治家或政务官要"对其所作所为担负起个人责任",这是"一项他

---

61 参见卡尔·马克思(Karl Marx):《论犹太人问题》("On the Jewish Question"),1844 年,收录于杰里米·沃尔德伦(Jeremy Waldron)编:《高跷上的胡说八道:边沁、伯克与马克思论人权》(*Nonsense upon Stilts：Bentham，Burke and Marx on the Rights of Man*)1987 年版,第 137 页起,在第 150 页。

所不能也不可以拒绝或转嫁的责任"。[62] 马克斯·韦伯说道,政治"是一件用力慢慢穿透硬木板的工作","它既需要热情,也需要眼光"。[63] 而且,韦伯在"信念伦理"与"责任伦理"之间做了著名的对比。他说道,为了完成这项工作,

> 一个人是按照信念伦理的准则行事([譬如]"信徒行公义,上帝管后果"),还是按照责任伦理的准则行事(在此情形下,一个人必须对其行为可能造成的后果负责),其间有着深刻的对立。[64]

这不仅对于政治领导人来说是有道理的,而且对于普通公民的政治参与权来说也是有道理的。

民主选举权,譬如登记为选民的权利和投票权,是典型的政治权利,但是这些权利也可以被视为责任,行使这些权利的人可被视为正在履行一项职能,其与成千上万的公民们一道运行和管理着民主共同体。在有些国家,最著名的就是澳大利亚,行使选举权是一项法律上的义务。[65] 1918 年澳大利亚《联邦选举法》第 245 条第

62　马克斯·韦伯(Max Weber):《以政治为业》("Politics as a Vocation"),1919年,收录于《马克斯·韦伯:社会学论文集》(*Max Weber: Essays in Sociology*, H. H. Gerth and C. Wright Mills eds. & trans.)1958 年版,第 77 页起,在第 95 页。

63　同上书,第 128 页。

64　同上书,第 120 页。

65　还有更多国家——事实上除了美国,在多数民主制国家——规定了选民登记的义务,即使没有规定实际参与选举的义务。

1 款规定:"在每一次选举中投票是每个选民的义务。"[66]选民的具
体义务是到达投票地点,在选民名单列表中划掉自己的名字后领
取选票,然后携带选票到秘密写票处,填完选票,将选票折叠好,然
后将选票投入票箱。[67]所有这些行为义务由 50 澳元的罚金保障实
施。[68]把投票规定为法律义务的国家还包括阿根廷、斐济、秘鲁、
新加坡、瑞士和土耳其。[69]此外,还有一些国家,如意大利,虽然理
论上有投票的法律义务,但是实际上并没有强制实施的措施。[70]
饶有趣味的是,在澳大利亚围绕是否废除强制投票条款的讨论中,
反对强制措施的理由往往是,投票应当被视为一项权利,因此投票
应当是自愿的。为强制措施辩护的人则诉诸下述事实:很多权利
以各种方式受到社会义务的限制。在我看来,这两种立场都没有
认识到,权利本身可以被视为责任,并且强制要素的引入,不管正

66　Commonwealth Electoral Act 1918 (Cth) s 245(1) (Austl.).

67　参见蒂姆·埃文斯(Tim Evans)、澳大利亚选举委员会(Australian Electoral
Commission):《澳大利亚的强制投票制》("Compulsory Voting in Australia"),2006 年,第
4 页,电子文本可获自 http://www. aec. gov. au/About_AEC/Publications/voting/files/
compulsory-voting. pdf。

68　Commonwealth Electoral Act 1918 (Cth) s 245(15) (Austl.).

69　艾略特·弗兰克尔(Elliot Frankal):《世界上的强制投票制》(Compulsory
Voting Around the World),载《卫报》(Guardian)2005 年 7 月 4 日,http://www.
guardian. co. uk/politics/2005/jul/04/voterapathy. uk。

70　悉达多·瓦拉达拉杰(Siddharth Varadarajan):《强制投票可能不是解决低投
票率的答案》("Compulsory Voting May Not be Answer to Low Turnout"),载《印度时
报》(The Times of India)2004 年 5 月 4 日,http://timesofindia. indiatimes. com/
voter-turnout/Compulsory-voting-may-not-be-answer-to-low-turnout/articleshow/658282.
cms。("在意大利,纸面上有强制投票的要求,但是没有惩罚性后果的规定。[民主选举
援助协会]报告说,对于不参加投票的人来说,可能发生的最糟糕的情况是'很难为你的
孩子找到日托所……但是这根本没有正式规定'。")

当还是不正当,都不必被认为是对选举权的外在限制,而可以被认为是选举权的组成部分和选举尊严的内在要求。

而且,选举权的权利要素显然具有授予权力和自由选择的意思,即便将强制要素引入其中,也不会产生很大影响。选民可依其喜好行使其权利,无论他喜欢谁,都可以将其选票投给某个候选人,甚至投给候选人以外的人。投票是分配给选民的任务,这项任务的分配是在平等的基础上展开的,选民们的投票象征着对政治系统的某种控制。选举权中授予权力和自由选择的要素并没有受到强制投票义务的限制;相反,强制投票义务要求公民必须做出自由选择以及必须接受民主选举权所赋予的权力。强制投票义务与选民可以依其喜好行使选举权并不冲突。(我们对政治选举权和先前提及的父母监护权来作一比较:当你行使选举权时,即便草率地行使,通常也不会因此被剥夺,但是当你行使监护权时,倘若敷衍了事,就有可能会被剥夺。)

如果有更多的时间,我本来还想对言论自由作责任分析。我的分析会强调言论自由对于增进公共商谈方面的责任,并批评简单地将言论自由与随心所欲地自我表达联系在一起的观点,这种言论自由观全然不考虑言论有多么危险,多么令人憎恨或者多么冒犯人。2009 年 10 月,我在哈佛大学法学院的霍姆斯讲座上曾详细地讨论过这个问题,我把限制仇恨性言论的观点与对群体的诽谤联系了起来。[71]

---

[71] 参见杰里米·沃尔德伦(Jeremy Waldron):《尊严与诽谤:仇恨的能见度》("Dignity and Defamation: The Visibility of Hate"),载《哈佛大学法律评论》(*Harv. L. Rev.*)第 123 卷(2010 年),第 1596 页起,电子文本可获自 http://www. harvardlawreview. org/media/pdf/vo1123_ waldron. pdf。

　　我对参政权这个话题的讨论以及对参政权的责任分析行将结束。在此之前，我还想与大家分享另外一个例子，那就是陪审义务。在拥有普通法传统的国家，如英国、美国、加拿大、澳大利亚、新西兰，大量刑事和民事案件的司法决定是由普通公民组成的陪审团而非职业法官做出的。有一本非常棒的书，名叫《不存在成为女士的宪法权利：女性与公民义务》，作者是爱荷华大学历史学教授琳达·克贝尔。[72] 该书第四章讨论的是妇女争取担任陪审员的权利之运动，如同争取在部队里服役的例子，该运动毫无疑问是在追求一项平等的责任。换言之，女性也想要承担男性所承担的这项公民责任。在美国，投票不是强制性的，甚至选民登记也不是强制性的。但是，在其他方面存在强制性参与的要求。克贝尔告诉我们说，就像投票，担任陪审员"是美国人参与政治的基本仪式。不同于投票，陪审是一项公民义务；公民倘若不理睬要求担任陪审员的传票，将面临罚金乃至藐视法庭罪的惩罚"[73]。

　　就像在部队里服兵役的例子，选择或自由的要素在这里并不是关键：陪审员们在决定被告有罪或无罪的时候无疑有权做出选择，但是这种选择应该是一个判断问题，应该是一个在程序结构中做出的负责任的选择，而不是一个纯粹的自由问题。而且，国家确实还监督和管理着选择权的行使方式，即便事后无法对陪审团的结论说三道四。

　　72　琳达·克贝尔(Linda Kerber)：《不存在成为女士的宪法权利：女性与公民义务》(*No Constitutional Right to Be Ladies：Women and the Obligations of Citizenship*)1998年版。

　　73　同上书，第 128 页。

八、人人拥有的角色？
作为天职的自然权利

如果我们更进一步，所想的不仅是公民权利而且是普遍人权，会怎样呢？普遍人权能不能被看作与重要角色的尊严相联系的责任？在这里，我承认分析开始变得有一定难度。

古典自然权利理论中有一些责任思想的踪迹。在 1785 年的弗吉尼亚，詹姆斯·麦迪逊（James Madison）同样使用义务语言来描述宗教自由权：

> 我们认为，这是一个不可否定的根本真理：每个人拥有其自己的宗教信仰和良心自由……遵循自己的信念和良心是每个人的权利。这种权利就其本性而言……不可剥夺的，因为……其对于人类而言是一种权利，但对于造物主而言是一种义务。[74]

义务是针对上帝而言的，但是针对其他人而言，它又呈现为一种权利："每个人按照自己认为可以接受的方式，向造物主表达敬意"[75]，此中蕴藏着选择自由。

---

[74]　詹姆斯·麦迪逊（James Madison）：《反对宗教征税评估的请愿抗议书》（"Memorial and Remonstrance Against Religious Assessments"）第 1 段（1785）（反对弗吉尼亚议会为"拨款支持基督教的教师"提出的一项议案）。

[75]　同上。

　　而且,在很多自然权利理论的宗教根基之上,确实产生出了完全具有此种责任形式的权利。约翰·洛克就以此种方式为生命和身体完整的基本权利打下了根基。[76] 他说道,所有人

　　　　都是全能和无限智慧的造物主的创造物。……奉他的命来到这个世界,从事他的事务;[因此]他们是他的财产,是他的创造物,他要他们存在多久就存在多久,而不由他们自己做主。既然我们都被赋予同样的能力,在同一个自然社会里共享一切,就不能设想我们之间有任何从属关系,可使我们有权相互毁灭,好像我们生来是为彼此利用的,如同低等动物生来是供我们利用一样。[77]

　　洛克说,我不能毁灭自己的生命,因为生命乃是造物主赋予我的,他把生命托付给我,要我为了他的目的加以利用;同样的原因,你也不能毁灭我的生命,因为那也将侵犯造物主指派给我的责任。[78]

　　同样,财产权(自然的财产权利)有时也被认为,不仅仅是对财产加以排他使用的一项特权,而且是对上帝之诚命——要求土地多产并得到开拓以使这片土地适合越来越多的人居住——予以积

　　76　约翰·洛克(John Locke):《政府论》(*Two Treatises of Government*,BK. Ⅱ,§6,1690,Peter Laslett ed.,Cambridge:Cambridge University Press)1988 年版。

　　77　同上。

　　78　同上书,第 7 节。

极回应的一种方式。[79]"上帝命令人们开垦土地,从而给予人们占用土地的权力"[80]——在这里,我们看到权利和义务同样是复合的。

别的思想家对权利的责任维度的阐述就没有那么清晰和明确了。在启蒙时期,权利是与每个人所具有的天职或天命之观念联系在一起,按照孔多塞的说法,就是"上天赋予[我们]权利"[81]。所赋予的也是任务,即按照道德规范来管理个人的生活;并且,自然权利背后的理念是,此项任务适宜分配给每个人自己。我们不必被他人所统治。作为权利的享有者,每个人都能够自己做主和自我控制,倘若需要对个体实施更进一步的统治,那也应该是在自我管理的个体们经自由选择而设立的政治机构的主持之下所施行的统治。

在这个意义上,自然权利是责任,并且自然权利与有能力承担责任者所享有的尊严联系在一起。这个主题在启蒙哲学家那里也能听到回响,他们常常说,我们应有所担当,我们在个人和社会生活中应如何如何行事。此外,还有一种与权利相联系的道德矫形术——一些马克思主义者按照恩斯特·布洛赫(Ernst Bloch)的说

79　约翰·洛克(John Locke):《政府论》(*Two Treatises of Government*,BK. Ⅱ,§ 6,1690,Peter Laslett ed.,Cambridge:Cambridge University Press)1988 年版,第 32 节("上帝把世界给全人类所共有时,也命令人们从事劳动,而且人的贫困状态也要求他从事劳动。上帝和人的理性命令他垦殖土地。也就是说,为了生活需要而改良土地,从而把属于他的东西,即他的劳动,施加于土地之上。只要服从上帝的这一命令,对任何一部分的土地加以开垦、耕耘和播种,他就在土地上增加了属于其财产的东西,这种东西是其他人无权要求得到的,如果横加夺取,就不能不造成伤害。")。

80　同上书,第 35 节。

81　马奎斯·孔多塞(Marquis De Condorcet):《人类精神进步史表纲要》("Sketch for a Historical Picture of the Progress of the Human Mind"),1793 年,收录于《孔多塞选集》(*Condorcet：Selected Writings*,Keith Michael Baker ed.)1976 年版,第 209 页起,在第 267 页。

法经常称之为"直立行走"[82]——它拥有某种仪容,或者行为举止端庄大方,泰然自若,收放自如,不屈不挠,自我表现经常为人所称道,当处于困境时并不绝望,也不卑躬屈膝。[83] "不要做任何人的奴仆",伊曼努尔·康德说,"不要让他人任意踩踏你的权利……在一个人面前奴颜婢膝无论如何都谈不上……人的[尊严]"。[84] 我们有责任挺身坚决维护自己的权利,而无需感到紧张不安,在道德上也没有任何令人难堪的地方,而且我们同样能够挺身维护他人的权利,并与其他所有人一道担负起维护整个权利政体的责任,因为我们共同拥有这个政权。

这些零散的思想,很大程度上是通过对特定权利的说明来展示的。但是如果忽视有关人之能力和责任的这些信念,对自然权利传统的理解必将是不准确的。因为这样一来,18 世纪七八十年代革命思想中非常关键的固有权利概念会令人难以捉摸。所以,接下来让我们讨论一下固有权利。

九、从主观权利到固有权利

人们曾经认为,权利话语经历了从中世纪的客观权利观念到

---

[82]　参见扬·罗伯特·布洛赫(Jan Robert Bloch)、卡佩斯·鲁宾(Caspers Rubin):《我们如何能理解直立步态中的弯曲?》("How Can We Understand the Bends in the Upright Gait?"),载《新德国批判》(*New German Critique*)第 45 卷(1988 年),第 9 页起,在第 9—10 页。

[83]　参见奥雷尔·柯尔奈(Aurel Kolnai):《尊严》("Dignity"),载《哲学》(*Philosophy*)第 51 卷(1976 年),第 251 页起,在第 253—254 页。

[84]　康德,本文前引注 48,第 188 页。

主观权利观念的发展,按照客观权利观念,权利或多或少地等同于义务,譬如牧师做弥撒的权利;而按照主观权利观念,基于唯意志论,权利更多地被想象成个人的意志力或财产,个人能够以其认为恰当的方式加以利用或处置。人们有时说,除非你已拥有这种完全主观的意志本位观,否则难以真正理解现代权利观念。从这个角度看,我所强调的责任权似乎是在开倒车,但是当所涉权利包含非常重要的选择范围或个别裁量时,也许并非如此。

理查德·塔克曾在其《自然权利诸理论》一书中追寻权利发展的这一轨迹,确实存在着从客观权利到主观权利的观念运动。[85] 到 16 世纪,在莫利纳(Molina)、苏亚雷斯(Suarez)等西班牙思想家的作品里,我们能够发现权利被视为完全像个人财产一样,绝对从属于权利拥有者的意志。[86] 但是塔克表示,权利发展的这一轨迹并不是无间断的。按照莫利纳或苏亚雷斯的观点,一个人"不仅是其外在物品的主权者(拥有者),而且……是其自身自由的主权者",因此根据自然法,他可以"让与自由而使自己成为奴隶"。[87] 获得个人意志授权的理论,至少在原理上可以被用来正当化奴隶制或绝对的统治,[88]因为人民可被认为已将自由让渡给主人或国王,或者放弃了他们的自由,以换取生存或安全。

---

[85]　理查德·塔克(Richard Tuck):《自然权利理论:起源与发展》(*Natural Rights Theories: Their Origin and Development*)1979 年版,第 50—57 页。

[86]　同上。

[87]　同上书,第 54 页。

[88]　同上书,第 54—57 页。

　　塔克告诉我们,在 17 世纪很多思想家(至多)只是在抽象的
原理层面愿意接受这一观点。在实践中,他们所持的观点是,仁慈
要求我们拒绝承认某人抛弃其自由的言行之效力。[89] 并且到了 17
世纪晚期,像霍布斯和洛克这样的思想家,已经主张特定的权利从
原理上讲是固有的——对于霍布斯来说,那是最低限度的自卫和
自保的权利,正如其所说,这是任何人都不可以放弃的权利;[90] 对
于洛克来说,权利的固有地位是全方位的:

　　　　一个人既然没有创造自己生命的力量,就不能用契约或
　　经其同意将自己交由他人奴役,或将自己置身于他人绝对的、
　　任意的权力之下,任其夺去生命。谁都不能把多于自己所有
　　的权力给予他人;凡是不能剥夺自己生命的人,就不能把支配
　　自己生命的权力给予别人。[91]

　　这一固有权利论对洛克的有限政府思想来说是至关重要的:

　　　　尽管立法机关……在任何国家都具有最高权力,但是
　　……对于人民的生命和财产来说,它并不是,也不可能是绝对
　　的专断权力。因为,它只是社会各个成员让渡给作为立法者

<hr>

　89　譬如,参见托马斯·霍布斯(Thomas Hobbes):《利维坦》(*Leviathan*,Richard
Tuck ed.,2nd edition)1996 年版,第 93 页("如果有人以暴力攻击一个人,要夺去他的生
命,他就不能放弃抵抗的权利……即便一个人以言词或签字表示,想要放弃保全生命的
目的,因为那些符号表明他有这个意思,那也不能认为他真是那样想的。")。

　90　同上书,第 93、98—99、151—152 页。

　91　洛克,本文前引注 76,第 22 节。

的那个人或议会的共有权力,它不能多于那些处在自然状态
中的人们所拥有的、加入社会之后让渡给社会的权力。因为
没有人能把多于他自己所享有的权力让渡给别人,也没有人
对自己拥有绝对的专断权力……正如已经证明的那样,一个
人不能使自己处在另一个人的专断权力之下。[92]

杰斐逊在 1776 年为美利坚各邦起草的《独立宣言》就深受这
一固有权利观念的影响。"固有"的含义是,这些权利并非是我们
可以让渡和抛弃的。这意味着基于契约论为奴隶制或专制君主所
做的辩护是完全不可能成立的。你在此处会有所发现:在 17 世纪
和 18 世纪,通过洛克、杰斐逊等思想家的固有权利论,近似客观权
利的思想发起了一场顽强的抵抗战。权利完全是个人自由的问
题,这是一个相当激进的理念;但是,其政治意蕴具有保守性和残
酷性的一面。为了对抗这些政治意蕴,人们转而诉诸更加客观的
固有权利观念。在我看来,这种固有权利观念与我所强调的作为
责任的权利理念在很多方面是相符合的。

也许受自由市场理念的影响,有些人想要反其道而行之,认为
人们有权使自己隶属于某种剥削性的体制,或者拥有卖身的自由,
使自己成为性奴或自愿降低人格。如果他们真这么做,他们就应
该意识到他们已将自然权利思想史上的一场艰难战役的遗产抛弃
殆尽,并且过去已经表明,这是多么不值得。

---

[92]　洛克,本文前引注 76,第 135 节。

十、对尊严的忧虑

　　人的尊严似乎是任何人都认同的一个理想。但是,晚近其在人权领域的运用已遭致一些反对意见。在这部分我想就斯特凡妮·埃内特-沃谢(Stephanie Hennette-Vauchez)于 2008 年发表在"社会科学研究网"(SSRN)上的一篇论文所提的观点与我所提的观点间的分歧作一番探讨。[93]

　　埃内特-沃谢认为,人的尊严原则在人权话语中是把"双刃剑"。[94] 她的批评所针对的是,人的尊严不仅能够为真正的自由权利奠定基础,而且同样能够为法律义务(甚或法律禁令)奠定基础。[95] 她所担忧的,不是尊严理念为人民权利提供一个可靠基础的赋权情形,而是"以社会价值的名义限制权利"以及表达"个人义务或责任理念"的情形。[96] 埃内特-沃谢并没有讲到我所提出来的

---

　　[93]　斯特凡妮·埃内特-沃谢(Stephanie Hennette-Vauchez):《人的尊严? 当代人的尊严原则仅仅是对一个古老法律概念的重新评估》("A Human Dignitas? The Contemporary Principle of Human Dignity as a Mere Reappraisal of an Ancient Legal Concept"),欧洲大学学院工作论文(European Univ. Inst. Working Papers,LAW No. 2008/18, 2008),该论文可获自 http://cadmus. eui. eu/bitstream/handle/1814/9009/LAW_2008_18. pdf。该论文最近已发表,见:《人的尊严? 当代尊严法哲学中的古代法律概念之残余》("A Human Dignitas? Remnants of the Ancient Legal Concept in Contemporary Dignity Jurisprudence"),载《国际宪法杂志》(INT'L J. CONST. L.)第 9 卷(2011年),第 32 页。但是,本文对其论文的引用为发表在"社会科学研究网"上的版本。

　　[94]　同上,第 1 页。
　　[95]　同上,第 13 页。
　　[96]　同上,第 4 页。

责任维度的特定权利观念,尽管她在文章最后几个非常有趣的段落中确实讲到了固有权利的主题。[97] 但是,我毫不怀疑她会认为这种责任分析是不适宜的,尤其是因为我已在传统的尊严等级观与责任分析之间建立了明显的联系。

为了聚焦于这一分歧,我们可以引入很多案例。其中一个是来自法国的"投掷侏儒案",法国官方援引人的尊严原则禁止了一项涉及彪形大汉投掷侏儒的比赛活动。侏儒要穿上一件防护服,在这服装背后有一个供投掷者抓举的把手,侏儒被投掷出去的通道上装有气垫,比赛结果是看谁将侏儒投掷得最远。[98] 侏儒们同意投掷者使用他们的身体,并且获得了相当高的报酬。[99] 但是法国最高行政法院支持了官方以尊严为由所做出的禁令,[100] 而且联合国人权委员会也驳回了其中一个名叫曼纽尔·威肯海姆的侏儒

---

97   斯特凡妮·埃内特-沃谢(Stephanie Hennette-Vauchez):《人的尊严? 当代人的尊严原则仅仅是对一个古老法律概念的重新评估》("A Human Dignitas? The Contemporary Principle of Human Dignity as a Mere Reappraisal of an Ancient Legal Concept"),第 19、2—3 页。

98   参见 Conseil d'État [CE], Oct. 27, 1995, Rec. Lebon 372,电子文本可获自 http://www. conseil-etat. fr/fr/presentation-des-grands-arrets/27-octobre- 1995-commune-de-morsang-sur-orge. html。

99   为美国地区的投掷侏儒活动提供辩护的,参见罗伯特·W. 麦吉(Robert W. McGee):《如果投掷侏儒是非法的,那么只有不法之徒才会投掷侏儒:投掷侏儒是一种无受害者的犯罪吗?》("If Dwarf Tossing Is Outlawed, Only Outlaws Will Toss Dwarfs: Is Dwarf Tossing a Victimless Crime?"),载《美国法理学杂志》(Am. J. Juris.)第 38 卷(1993 年),第 335 页。

100   Counseil d'État,本文前引注 98。

以职业歧视为由提出的一项诉愿。[101] 在埃内特-沃谢博士看来,这是对人之尊严原则的父权主义运用,其将人性中所固有的人之尊严这一普遍理念置于特定的经济利益和个人的自我决定之上,因而是令人难以接受的。[102]

我来简述一下埃内特-沃谢的观点。她对该案裁判背后的原则解读如下:每个人都被视为"人之尊严"这一包裹的储存库而非所有者,据此个人可能需要承担时时维护该包裹所必要的诸多义务。他直接谈到了尊严的不可剥夺性这个问题:侏儒的同意被认为是无关紧要的。"人的尊严与人类之间的联系,比人的尊严与个人之间的联系更为紧密,因此人的尊严不是个人所能随意处置的:[他]不能放弃人的尊严,[他]肩负着人的尊严。"[103]

埃内特-沃谢博士引用的另一个判决是 2002 年南非宪法法院做出的。在"乔丹诉政府案"中,南非宪法法院运用人的尊严原则维持了 1957 年制定的关于禁止卖淫的法律条款,按照这一古老的法律条款,从事性工作的妇女要受到刑事处罚,即便从事这种工作

---

101   *Manuel Wackenheim v. France*,Communication No. 854/1999,U. N. Doc. CCPR/C/75/D/854/1999(2002).("法国最高行政法院以非常类似的理由维持了市政府对投掷侏儒比赛的禁令,根据政府专员的意见其论证理由如下:'尊重人的尊严',可以说是绝对理念,其不容许基于主观的认可而有任何形式的让步。'在这些例子中,所指涉的人之尊严是人类作为整个物种之性质的人之尊严,而非单一个体的人之尊严。")联合国人权事务委员会裁决的电子文本可获自 http://www. equalrightstrust. org/ertdocumentbank/Microsoft％20 Word％20-％2OManuel％20Wackenheim％20v.％2OFr. pdf(最后访问时间为 2010 年 6 月 27 日)。

102   埃内特-沃谢(Hennette-Vauchez),本文前引注 93。

103   同上,第 21 页。

可能是她们唯一的职业选项。[104] 实际上，乔丹案所涉及的是，原告以尊严为基础对该法律条款提出了挑战，但是法院通过对尊严理念的解释驳回了原告的请求。受到犯罪指控的性工作者挑战该法律条款的宪法理由包括：它构成对妇女的歧视，它侵犯隐私权，它与"自由从事经济活动和追求生活的权利"相悖，以及它违反了人的尊严原则。[105] 宪法法院的两位法官——阿尔比·萨克斯（Albie Sachs）与凯特·奥里根（Kate O'Regan）——在回应其中最后的一个宪法理由时说道：

> 我们的宪法重视人的尊严，其存在于人之为人的各个方面。其中一个方面就是人之身体的基本尊严，而人的身体不仅仅指有机的身体。人的身体并不是可商品化的东西。我们的宪法要求人的身体获得尊重。我们并不认为，"禁止卖淫的条款"可以说是对卖淫女的尊严构成了某种限制。如果说卖淫女的尊严减损了，那也是因卖淫本身的特性所造成的。[106]

这段雄辩的陈述，在埃内特-沃谢看来，可能是对人之尊严原则的父权主义运用。我应该提及另一段起到平衡作用的陈述，其主张那些因犯此罪被逮捕的人"仍然有权获得警察的尊重"，并且不应有任何"除了因逮捕或起诉通常所包含的对尊严的侵犯以外

104　*Jordan v. State 2002*（6）SA 642（CC）（S. Afr.），电子文本可获自 http://www. saflii. org/za/cases/ZACC/2002/22. pdf。

105　同上，第51段（奥里根、萨克斯大法官的协同意见书）。

106　同上，第74段。

的"进一步侵犯。[107] "卖淫女也没有完全被剥夺获得其顾客尊重的权利。顾客为性服务支付报酬的事实并不意味着顾客就获得了对卖淫女的尊严可加以任意侵犯的许可。"[108]但是,奥里根和萨克斯的立场仍然是坚定不移的:

> 即便我们承认,卖淫女除了从事性工作很少有其他替代性选项,卖淫女的尊严受损也并不是因为[该法律条款],而是因为她们从事了商业化的性工作。正是她们所从事的工作之性质贬损了被宪法视为存在于人之身体的尊严。[109]

如同埃内特-沃谢那样,有人可能产生一种合理的担忧:此种言论标志着人的尊严与其曾被认为所具有的自由意蕴发生根本性的分离,并且在保守的道德主义和父权主义的推动下重新组合。对于责任权的理念,她肯定也是持同样的见解,因为我曾说过,责任权的理念与此种尊严分析是密切相联的。

那么,对于埃内特-沃谢博士在其论文中透过用词考究的有力论据所表达的忧虑,我们可以给予怎样的回应呢?

在尊严领域,埃内特-沃谢提到的这些案例吸引我之处在于,她所反对的原则在其他情形中实际上是非常重要的,在这些情形中,我相信她和我都会谴责各种形式的侮辱人格行为。譬如,我们

---

107 *Jordan v. State* 2002 (6) SA 642 (CC) (S. Afr.),电子文本可获自 http://www.saflii.org/za/cases/ZACC/2002/22.pdf,第 74 段。

108 同上。

109 同上。

确实认为，不得以侮辱人格的方式对待囚犯和被拘留者（就像关塔那摩基地的审讯者或者阿布格莱布监狱的守卫所做的那样）是非常重要的；而且，我们当中很少有人会认为，禁止这么做的关键在于囚犯是否已经对获此待遇表示同意。或者，我们再想一想那些处于婴儿期的未成年人或是患有痴呆症的智障人士，他们没有能力就待遇问题表示他们的同意。在最近一个判决中，英国高等法院说了一段在我看来十分恰当的话：

> 不管受害者是否意识到，都可能构成［《欧洲人权公约》］第 3 条所禁止的"有损人格"行为。对特殊病人的虐待，无论这个病人是否意识到或者察觉到，只要看到的人觉得是有损个人人格的行为，就可能落入了第 3 条所禁止的范围之内。只要采取头脑正常的旁观者所持的一般标准就足以判断：这种行为是否构成对受害者人格的侮辱或贬损，是否缺乏对其人格尊严的尊重，或者是否减损了其人格尊严。[110]

如果有人为了在"投掷侏儒案"或"禁止卖淫案"中得到一个非父权主义的结论而使人格是否被贬损的问题取决于是否获得了受害者的同意，那么当出现我们想要积极地禁止与受害者是否同意无关的贬损人格行为时，事情就难办了。

此处我有个更具一般性的观点。埃内特-沃谢博士的论文给

---

[110]　*Regina*（*Burke*）*v. General Medical Council*（Official Solicitor intervening），[2005] Q. B. 424，§178（Eng.）.

我的印象是,她对于"投掷侏儒案"或"禁止卖淫案"之类的案件应该如何判决,心中早已有某种相当清晰的观点,并且她对于我和其他人所持有的尊严观表达了担忧。在她看来,倘若运用此种关于尊严的基础性价值观,那就将得出与其见解不同的结论,而该结论是错误的。这正是她批评此种尊严之基础观的原因所在。一个替代性的方法是,从一个很强的关于尊严的基础信念出发,并且愿意追随那一信念,无论它指引我们通向何方,即便它要求我们修改早已确信的某些观点。毕竟"投掷侏儒案"和"禁止卖淫案"应该如何判决,并不是那么一清二楚,而是充满了道德难题,因而我们应该诉诸基础性价值,以便我们的思考更加透彻。

或许,智慧之路就是某种反思平衡。我们有时根据基础信念来修正我们对特定个案的既有判断;当我们可以选择时,我们有时也根据有关个案的既定观点来修正我们的基础信念。可以说,我们的思考常常在两个端口间穿梭往来。但是不管怎样,法国的"投掷侏儒案"或南非的"乔丹诉政府案",究竟应该怎么解决,应该由哪种基本信念所支配,这完全是个开放性的问题。当然,埃内特-沃谢的批判仍然是有价值的,她提示我们,在运用尊严这一基础性价值时,可能会遭遇多维度的冲突和难题。但是提示我们可能出现难题,并不意味着就解决了这个问题。

十一、结　论

最后,让我回到我对作为责任的权利所作的分析上。我所提出的责任权与固有的人之尊严这一客观理念中的权利之基础并非完全重叠。它无法很好地解释"禁止卖淫案"或"投掷侏儒案"。或者，为了使它能够解释这两个案件，责任概念必须有所拓展，以至于包含诸如爱护存在于其身体之中的人之尊严要素之类的个人责任。不过，二者间存在着诸多极其重要的相似点。

无论如何，我认为承认责任权概念无法应用于所有权利是非常重要的。譬如，它无法应用于不受酷刑的权利，这种权利仅仅是用来保护我们免受政府可能做的最恶劣的行径；它也无法直接应用于调控拘留、审讯、审判和惩罚的权利，除非有人想说这些权利规定了对手的责任，即这些权利要求政府对刑事被告履行特定的责任。

在某些情形下，即便针对与责任权概念有关的特定权利，譬如接受治疗的同意权，如何分析也不是一清二楚的。此种权利是否包括有权在任何情况下拒绝接受挽救生命的治疗方案？此种权利是否包括有权接受协助自杀？关于这些问题，目前存在着重大争议。而且我们也不应该认为，依据某种权利概念或者依据某种权利分析框架的特定理论，这些问题就将迎刃而解。相反，我们对有关权利的分析，可能仅仅反映了我们对于这些案件应该如何解决的观点，而不能说争议已经解决了。

总而言之，在权利分析中，我们应该避免一刀切的想法。"权利"是一个多样性的范畴，有时候适合采用这种分析模式，有时候适合采用那种分析模式。在教学实践中——譬如在牛津大学表现得十分显著——传授给学生们的权利理论中有受益论或利益论与选择论或意志论之间的重大对峙，前者是由杰里米·边沁和约瑟夫·拉兹所倡导的，后者是由鲁道夫·耶林或赫伯特·哈特所倡导的。倘若有人说权利只适合采用一种分析模式,这是毫无益处的。在这场理论对峙中,其中有些参与者已不再认可这种二分法。在题为《法律权利》的一篇论文(该文写于 1973 年,[111] 后收录于其《论边沁》的著作[112])中,哈特在小标题为"普遍理论的局限"这一节中承认,他的权利选择论无法用来解释所有权利的所有方面,因而对特定权利的特定方面的分析,至少需要用边沁的权利"受益"论作为补充,如果不是需要作为替代的话。[113]

哈特在 1955 年的早期作品[114]中就已呈现出这一优点:他使得权利的选择论成为一种可获取的分析性框架,以便人们在那些多重维度且极度多元的规范性考量中理解其中的某个方面,他并没有试图让人确信权利的选择论已经捕捉到了权利之形式特征的所有方面。这也正是我想要提出权利的责任分析的原因所在。它对于说明特定权利来说是有用处的,但是对于分析其他权利来说可能是没有用处的。

我可以想象,一旦权利的责任分析模式可资利用时——也就是说,一旦权利话语的参与者理解并接纳此种分析模式时——就会出现某些人对此种分析模式的运用将遭致其他人抵制的情形。

111　H. L. A. 哈特(H. L. A. Hart):《边沁论法律权利》("Bentham on Legal Rights"),该文最初发表于《牛津法理学文选》(*Oxford Essays in Jurisprudence*, A. W. B. Simpson ed.)1973 年版,第 171 页。

112　H. L. A. 哈特(H. L. A. Hart):《论边沁》(*Essays on Bentham*)1982 年版,第 162 页。

113　同上书,第 188—193 页。

114　H. L. A. 哈特(H. L. A. Hart):《存在自然权利吗?》("Are There Any Natural Rights?"),1955 年,收录于杰里米·沃尔德伦(Jeremy Waldron)编:《权利理论》(*Theories of Rights*)1984 年版,第 77 页。

譬如，不难想象，胎儿生命优先论者（反堕胎人士）会提出，妇女对自己身体和生育能力所拥有的权利应该被理解为一项责任——类似于父母的责任，而不是一项纯粹的任意选择权。并且也不难想象，这可能引发妇女选择优先论者的苦恼和愤怒，因为他们习惯于在赋权和解放的意义看待妇女的身体权。所以，仍然会有争议。我们知道权利的责任分析模式并不适合分析所有权利，切不可误认为此种分析模式的提出和运用将解决所有分歧。

　　站在妇女选择优先论立场的人士可能说，提出权利的责任形式或者使之成为理解权利主张的一个可能结构，犯了一个战略上的错误，因为这只会使胎儿生命优先论者多了一种新的武器，使他们得以运用妇女权利语言来表达他们的立场。但是我不认同这一观点。我们不应将自己束缚于某种论辩立场，以至于未能注意到权利呈现自己的不同模式，以及尊严的多维价值可能贡献于权利之基础和权利之表达的不同方式。我们不能仅仅为了否定我们的对手阐述其立场的一种方法就去压制思考权利的一种可能方式。

　　我们从英国的《权利与责任》绿皮书出发，跋山涉水，历时已久。而且我觉得，我们的讨论很可能不是杰克·斯特劳及其合作者说需要开展一场关于责任的论辩时心中所想的那种。他们心中所想的是权利限制和施加义务，因而持有的是一种比较普通的或许也比较具有压制性的理念。我虽利用了他们的绿皮书所提供的机会，但对此问题的思考更加细致，深入探讨了与责任相联系的权利。不像普通的义务分析，此种思考方式可以真正是赋权性质的，尽管如我们所看到的那样，该赋权意蕴的界限仍然是有争议的。此种思考方式把自由看作一种权威，而不只是社会必须忍受的某种任性。由此,它将权利与社会上的重要职责联系在一起,而不只是把权利看作对社会职责范围的个人主义限制。正如我已说过,它还使得权利与尊严联系在一起。基于这些理由,我把权利的责任形式看作一种有用的重要工具,因而将之纳入我们的分析工具箱里。

公民身份与尊严[*]

　　尊严理论不得不在两种截然不同的尊严观念之间做出确定其方向的选择。一种是罗马拉丁词汇"dignitas"所包含的古老尊严观念,即贵族制度和等级体系中的特定角色或特定等级所包含的地位。还有一种是关于人之尊严(human dignity)的平等主义观念,即尊严被认为赋予了每一个人,而不管其社会地位是最高的还是最低的,不管他是道德英雄还是十恶不赦的罪犯。换言之,人的尊严应该是人人所具有的,无论其在社会中具有何种地位或角色;无论其做了什么事或发生了什么事,他始终拥有人的尊严,因为人的尊严是不可剥夺的。对于这两种尊严观念之间的联系,尊严理论家不外乎采取以下两种态度中的一种:他们要么认为,自斯多葛学派哲学家所处的时代以来,这两种尊严观念就长期共同存在并相互竞争着,最终人的尊严观念超越等级尊严观念而胜出;要么认为,尊严与等级之间的联结至今仍未切断,只不过等级尊严观在经历了价值重估之后,高等级的地位与人性本身联系在一起,由此,

　　* 本文系纽约大学法学院"公法与法理研究"工作论文(2013年1月),并收录于克里斯托弗·麦克拉登(Christopher McCrudden)主编的《理解人的尊严》(*Understanding Human Dignity*,Oxford University Press)2013年版,第327—343页。

每个人都处在高贵的等级。[1]

一、康德论公民的尊严

　　康德哲学几乎总是与尊严的第二种观念——人性本身所具有的尊严——联系在一起。在《道德形而上学的奠基》中,康德说,既然人拥有道德能力,人性就具有尊严;而且在他看来,这种道德能力存在于所有人身上,不管其处于何种等级或有何行止。[2] 但是,康德也运用尊严的第一种观念——与角色相关的尊严(dignitas)。在他晚期的政治哲学中,他谈到立法职能、行政职能和司法职能的尊严;[3] 他还在稍不同的意义上谈及"尊严的分配,此种尊严是不含报酬的显赫身份,其仅仅以荣誉为基础",而享此殊荣是"国家最高长官"的权利之一。[4] 他把贵族描绘成一种"使其拥有者无需提供特殊服务就能成为较高阶层的成员"的尊严,[5] 而且,他似乎对这种尊严可否世袭以及世袭是否正当的问题十分着迷。尽管他的

　　1　采取第一种态度的,参见特雷莎·伊格莱西亚斯(Teresa Iglesias):《基本真理与个人尊严》("Bedrock Truths and the Dignity of the Individua"),载《逻各斯》(*Logos*)第 4 期(2001 年),第 144 页。我采取的是第二种态度,参见《尊严、等级与权利》(*Dignity, Rank, and Rights*, Oxford University Press)2012 年版,第 30—36 页。

　　2　伊曼努尔·康德(Immanuel Kant):《道德形而上学的奠基》(*Groundwork of the Metaphysics of Morals*),收录于康德(Kant):《实践哲学》(*Practical Philosophy*, ed. Mary Gregor, Cambridge: Cambridge University Press)1996 年版,第 84 页(4:435 of the Prussian Academy Edition of Kant's works)。

　　3　伊曼努尔·康德(Immanuel Kant):《道德形而上学》(*The Metaphysics of Morals*),收录于康德(Kant):《实践哲学》(*Practical Philosophy*),第 459 页(6:315)。

　　4　同上书,第 470 页(6:328)。

　　5　同上。

研究结论是在一个合法政权下世袭的尊严最终必将消亡,但是这一结论并不影响他谈论非世袭的尊严或将尊严与等级和不同角色、特权和责任联系起来。

那么,康德是否想协调这两种尊严观念或者在它们之间建立某种联系?他确实没有明确回答它们之间有何种联系的问题。但是无论它们之间有怎样的鸿沟,至少康德在它们之间搭起了一座桥。在《道德形而上学》中,他在讨论了阶层尊严后说道:"当然,在国家中不可能有一个人没有任何尊严,因为他至少拥有公民的尊严。"[6]结合上下文,"公民的尊严"是作为一种等级尊严出现的,尽管这种等级尊严非常普遍。它被说成是每个人都有权拥有的等级尊严。由此,在人的尊严与等级尊严(dignitas)之间建立起一种有趣的联系,在我看来,此种联系值得吾人深究。

我接下来的探讨将不限于康德哲学的范围。我将探究此种联系对于一般意义上的人之尊严有何影响,以及对于18世纪和20世纪所确立的公民身份与尊严之间的联系有何影响。但是我会先对康德自己的解说作若干评注,揭示其理论的特性,这也是一件非常有意义的事情。

首先,康德在提出"作为一个人"与"拥有公民尊严"之间的联系后,马上又对公民尊严的普遍性做了限定:"例外情况是有人因自己的犯罪行为而丧失了公民尊严。"[7]但这并不被认为是否定人之尊严的普遍性,因为在同一本书的后文中,康德又援用人的尊

6　伊曼努尔·康德(Immanuel Kant):《道德形而上学》(*The Metaphysics of Morals*),收录于康德(Kant):《实践哲学》(*Practical Philosophy*),第471页(6:329)。

7　同上书,第471—472页(6:329-330)。

严提出，即便是十恶不赦的罪犯，也应给予一点尊重，所施的惩罚也应有限度。[8] 所以，这表明公民尊严与人的尊严这两个概念之间可能存在不一致性。

其次，众所周知，康德认为公民身份可分为两个等级——积极公民和消极公民，后者是较低等级的公民身份，它是那些在社会、经济和政治生活中无法充分独立的人所拥有的。只有独立的公民——在生活上不直接依赖于他人的那些人——才有"权利作为国家的积极成员"，譬如作为选民或陪审员，参与国家的管理。[9] 如果说人的尊严本身是与公民身份相联的，那么不难推测，它必然是与消极公民相联。而且康德也是这么说的，正如他指出，尽管消极公民"依赖于他人的意志，但是这种不平等绝不否定其作为人所享有的自由和平等"。消极公民仍然有权利要求获得"基于平等的自然自由之法则"所应有的待遇，并且他们还应该被视为构成该国人民的成员，公民社会的建立正是为了人民的利益，为了人民能够在道德上相互依存。[10]

康德事实上已经预料到，我们可能会不太乐意接受消极公民这一概念，看到这一点是很重要的，所以他说："消极公民的概念似

8　伊曼努尔·康德(Immanuel Kant)：《道德形而上学》(*The Metaphysics of Morals*)，收录于康德(Kant)：《实践哲学》(*Practical Philosophy*)，第 580 页(6：463)："即便一个十恶不赦的人，我也不能全然否定其作为一个人所应有的尊严；我至少不能取消其作为一个人所应获得的尊重，即便其行止已使其不配获得尊重。所以，可能存在可耻的刑罚(譬如五马分尸、犬刑、剐刑、割耳)，其令人性本身蒙羞。"

9　同上书，第 458—459 页(6：315)。

10　同上书，第 458 页(6：315)。

乎与公民概念本身相矛盾。"¹¹ 在《理论与实践》一文中，康德表示，那些他后来叫作"消极公民"的人根本不应该叫作公民，而应该叫作"共同受益人"。¹² 但是，这不仅仅是一个寻找适当标签的问题。在我看来，康德的观点是，不管是否拥有投票权，所有人都应该被视为尽可能积极地处在共同体之中。如同康德要求为各方人才提供平等的机会或开放职位那样，其同样主张：从消极地位提升至积极地位的可能性必然总是存在的。¹³ 没有人被冻结在出生时或祖上传下来的消极公民之地位上。

这就预告了康德公民身份学说的第三点显著特征。康德是一名假想式契约论者。在康德看来，任何人的公民身份都意味着他们应该被视为国家契约的建立者，这是正确对待他们的方式。即便实际上他们并不是国家契约的建立者，但康德主义者的原则是他们必须被如此看待。"原初契约的理念仅仅是理性的一种理念，然而其无疑具有实践上的现实性，也即其对立法者的立法活动具有约束作用：立法者所制定的法律应该被看作从整个人民的统一意志中产生，立法者应该把每个想要成为公民的主体都看作好像参与投票赞同了这样一种意志。"¹⁴

虽然这仅仅是个假想，但它产生了衡量议案是否具有正当性

11　伊曼努尔·康德(Immanuel Kant)：《道德形而上学》(*The Metaphysics of Morals*)，收录于康德(Kant)：《实践哲学》(*Practical Philosophy*)，第 458 页(6：314)。

12　伊曼努尔·康德(Immanuel Kant)：《论俗语：理论上可能正确，但实践上不可行》("On the Common Saying：That may be Correct in Theory，but it is of no Use in Practice")，收录于康德(Kant)：《实践哲学》(*Practical Philosophy*)，第 294 页(8：294)。

13　同上书，第 292—293 页(8：294)。

14　同上书，第 296—297 页(8：297)。

的实践标准:"如果一项国家法律的制定,不可能获得全体人民的
赞同……那么这项法律就是不正义的。"[15](康德在此处所举的不
正义之法律的例子,又是一项建立世袭等级尊严体系的法律。)

第四点,尽管康德的威权主义为众人所周知,但这不是因为他
对公民理念的诋毁。公民们如同制宪者和立法者:他们被想象成
自己创造了这个国家,而不是仅仅被迫担负义务的臣民。公民们
必须敬重国家和法律,但是他们所敬重的事物,也被想象成是由他
们自己所创造的。此种敬重的必然性质,源于如下事实:即使在理
想情境中,那些将成为国家之公民的人对国家的创造和建设,也被
认为在道德上是必要的,而非任由人所选择。任何人都不拥有停
留在自然状态中的道德选择权;同样,任何人都不拥有重新回到自
然状态的道德选择权,至少当这个国家的组织还健全时,没有人能
够拥有返回自然状态的权利。

第五点,对于康德来说,公民身份之所以构成尊严,部分原因
在于,成为运行有序的国家中的公民不失为一项成就,尽管成为一
个公民也是道德上的必然要求。为建立一个国家提供助力(或者
至少不妨碍国家的建立),把自己融入国家生活当中,并且服从国
家的法律,这是一种转变的过程,类似于卢梭在《社会契约论》第一
卷第八章所想象的那样。[16] 公民,哪怕是消极公民,皆可将那些没

15　伊曼努尔·康德(Immanuel Kant):《论俗语:理论上可能正确,但实践上不可行》("On the Common Saying:That may be Correct in Theory,but it is of no Use in Practice"),收录于康德(Kant):《实践哲学》(*Practical Philosophy*),第 297 页 (8:297)。

16　让-雅克·卢梭(Jean-Jacques Rousseau):《社会契约论》(*The Social Contract*,Penguin Books)1968 年版,第 64—65 页。

有完成此种转变的人视作"无法无天的野蛮人"。[17] 这并没有贬损那些人所拥有的人之尊严，而仅仅意味着：较之于人的道德能力所具有的崇高尊严，公民身份本身甚至可以被认为具有更高的尊严。

然而，尊严的这种提升，是潜在可能性得以实现的过程；它并不反映人类之间的种类差异。所有人都有义务参与公民社会的协定，并且凭借他们的道德能力，所有人都能够做到这一点。作为基本人性的道德能力及其尊严，常被康德描绘成个人理性的一种形式。但是我们应该记得，康德也用政治术语或准政治术语来描绘它：一个人可以把自己想象成为"目的王国中的一个立法成员"。这是我对康德的公民观念的第六点看法。康德不仅将这种公民观念运用于他的政治哲学，而且公民作为立法者的肖像对于他的道德哲学来说也是至关重要的。凭借着诸如共同的公民身份之类的理念，一个人得以在道德层面构想自己与他人的关系："理性存在者通过普遍的客观法则建立起系统的联合体"，正是这些理性存在者制定了普遍的客观法则并将服从这些法则。[18] 如果一个人恪守道德，那么他就会认为自己适合担任此种角色："由于他自己的本性，即作为目的自身，他早已注定要成为此种角色。"[19] "每个理性主体都应该成为目的王国中的立法成员，此一主体价值"是人之尊严的基础，并使我们每个人区别于"一切单纯的自然物"。[20] 被想

17　康德(Kant)：《道德形而上学》(*The Metaphysics of Morals*)，第482页(6：343-344)。

18　康德(Kant)：《道德形而上学的奠基》(*Groundwork of the Metaphysics of Morals*)，第83页(4：433)。

19　同上书，第85页(4：435)。

20　同上书，第87—88页(4：438-439)。

象成为目的王国中的一个立法成员,就像被想象成为积极公民那样,负责任地参与法律的制定,并与他人一道忠实地臣服于这些法律。康德在讨论目的王国的著名段落中,最后又回到了人的尊严上:"人性的尊严就在于这种普遍立法的能力,尽管以自己同时服从这种立法为条件。"[21]

在康德的道德哲学和政治哲学之间所建立的此种联系是十分有意思的。一方面,它表明政治哲学在某种意义上优先于道德哲学(这不是康德在解释问题时的通常顺序):我们运用特定的政治理想来说明我们的道德能力。而且,普遍立法的理念以及根据普遍法则的系统联合,首先必须在政治哲学中构想出来,然后才能作为解释工具运用于道德哲学。然而,它不只是一项理论解释的工具。我们作为人类,在使自己成为现实政体中的公民之前,就已经有能力过上一种市民生活或公民生活。我们每个人,无论在道德生活中,还是在前政治的市民生活中,抑或在政治生活中,本质上都是一个(潜在的)公民。因此,人的尊严很大程度上是(潜在)公民的尊严。我们使自己成为现实政体中的公民,并且以好公民的标准要求自己,这一转变仅仅实现了我们自己,我们一直以来就是这样一种人:我们能够与他人一起生活,我们每个人都能为自己立法,我们能参与自己所将服从的普遍立法中。

最后,我们简单讨论一下康德关于普遍性和特殊性的看法。现实政治中的公民身份是这个或那个特定共同体中的成员身份,

21　康德(Kant):《道德形而上学的奠基》(*Groundwork of the Metaphysics of Morals*),第 89 页(4:440)。

这似乎就使得此国公民与彼国公民区分开来。康德曾言:"构成民族的那些人可以在类比意义上被看作同一祖先的后裔",这似乎表明康德具有本土主义的倾向。[22] 如果把这一倾向不断放大,那么我们就可能不得不抛弃公民尊严的理念,因为所谓公民身份,在不同的民族可能有不同的含义;同样,拥有公民身份的那些人可能会认为这有很大的区别。但是,康德在几个方面从民族主义的立场上撤退下来。他指出,民族国家的公民身份之共同祖先观念仅仅是一个神话。其中唯一的真理是,一个国家的所有公民都由同一个母亲(这个共和国)所生;他们之所以应该把自己视为"具有同样高贵的出身",其原因就在于此,而非在于共同的祖先。[23] 他相信,每个政体的根本规范结构都是一样的:每个国家都应该是共和国,广泛建立共和制度的必要性可以从政治哲学的先验基础中推导出来(正如我所说的那样,这一先验基础也呈现在康德道德哲学所使用的政治比喻中)。[24] 即便世界分而治之,成立各个独立国家是重要的,[25] 公民身份(至少是公民身份的规范性理想)在所有政体中都是一样的。最后,我们不应低估康德对普遍公民身份(世界公民)的渴望。[26] 各个独立国家都需要将自己与其他国家的关系从

22　康德(Kant):《道德形而上学》(The Metaphysics of Morals),第 482 页(6:343)。

23　同上。

24　伊曼努尔·康德(Immanuel Kant):《永久和平论:一部哲学的规划》(Toward Perpetual Peace: A Philosophical Project),收录于康德(Kant):《实践哲学》(Practical Philosophy),第 322—323 页(8:349-351)。

25　同上书,第 336 页(8:367-368)。

26　康德(Kant):《论俗语》("On the Common Saying"),第 281 页 (8:277)。

无政府状态中摆脱出来,转变成类似于在一个松散的联盟中依据共同法律所形成的有序状态。在一个共和国林立的世界里,这不仅为国家主权所必需,而且也为公民所必需:每个民族国家的公民都负有推动创造"世界宪法"的政治责任。[27] 倘若他们负起此种责任,他们就不仅仅是本国公民,而且也是世界公民。康德甚至推测,只有依靠后者的努力,才能实现道德所要求的政治和谐。[28] 就此而言,公民身份的尊严最终可以表现为道德主体之尊严的一种实现。

二、公民身份与人的尊严

我之所以用很大篇幅探讨康德关于公民尊严的看法,是因为康德在作为政治角色的公民之尊严与一般意义上的人之尊严间确立了微妙联系,在我看来,此种联系已超越康德的特定哲学领域而具有普遍意义。此种联系对于我们思考当今世界的人之尊严具有启示意义。我并不是想说,人的尊严与公民的尊严是一回事,或者公民的尊严近似人的尊严。不过,当公民身份被当作一种重要的地位时,无论是在这个国家,还是在另一个国家,每个人都应该拥有它。就此而言,在一个由各个国家组成的世界里,公民的尊严可能是人之尊严得以实现的一个优良方针。

与康德一样,我认为公民身份是尊严的一种类型。公民身份

27　康德(Kant):《道德形而上学》(*The Metaphysics of Morals*),第487—488页(6:350-351)和康德(Kant):《论俗语》("On the Common Saying"),第307页(8:310)。

28　康德(Kant):《永久和平论》(*Toward Perpetual Peace*),第350页(8:385)。

是一种地位，而且我在别处已说过，尊严最好被理解为一种地位概念。[29] 就像其他地位概念——破产者、幼儿、重罪犯、皇室、军队成员——公民身份包含一系列权利、权力、义务和责任，其内容和应用是由法律而非选择所决定的，并且由于社会对特定类型的个体或处在特定困境中的个体有着根本的关切而结合在一起。公民身份的尊严就是这种地位，或者说，从积极视角看待公民身份的这种地位。并不是每一种地位都是一种尊严：尊严常常与受到珍视并获得敬重的地位联系在一起；我们一般不说重罪犯的尊严或破产者的尊严。但是，公民身份作为一项尊严——其与人的尊严有共同之处——显然因为它是特别受到珍视的一种地位，尽管这种地位在一个社会的成员中是非常普遍的。

当然，公民身份不是一件物品，它会随时代而变迁。[30] 并且拥有公民身份意味着什么，以及取得公民身份需要怎样的条件，在不同的国家有不同的答案。不同国家取得公民身份的标准是不同的。在美国，取得公民身份的标准是出生地——任何出生在美国的人都有资格获得美国公民身份——或者父母中有一方或双方是美国公民。其他国家——德国最近——则只采血缘的标准。对于那些并非基于出生而是通过归化取得公民身份的人来说，国家可通过对标准的修改而使公民身份的取得更容易或更困难。而且取

29　参见沃尔德伦(Waldron)：《尊严、等级与权利》(*Dignity，Rank，and Rights*)，第 57—61、73 页。

30　一个经典的解释参见 T. H. 马歇尔(T. H. Marshall)：《公民身份与社会阶级》("Citizenship and Social Class")，收录于其文集《阶级、公民身份与社会发展》(*Class，Citizenship and Social Development*，New York：Doubleday)1964 年版。

得公民身份能带来什么，也有所不同。在美国，公民身份是拥有选举权的必要条件，但是在英国，选举权（和竞选议员的被选举权）已拓展至没有公民身份的一些居民，他们是与英国有着历史性联系的其他国家的公民，譬如爱尔兰或英联邦成员国的公民。一些国家（如以色列）对其公民课以服兵役的义务；今日多数国家已不实行此种强制兵役制，不过其公民被告知拥有参军的权利。

　　但是，不同之处也许没有相同之处那么重要。在任何国家，其公民都有权利进入并居住在其所属国。在任何地方，身处国外的公民们都有权利获得他们国家的外交人员或领事馆工作人员的有效保护。在大多数国家，公民拥有选举权和参政权（即便在一些国家其他居民也拥有此项权利）；无论在理论上，还是在实践上，公民身份是共和政府与民主政治的支柱。正如我早已指出的，公民们也可能有义务支持其国家：譬如战时他们有义务应召入伍，在一些国家甚至在和平时期也有义务参军。在任何国家，公民都有义务效忠于其所属国家的政府，如果支持其国家的敌人，就会因为叛国而受到惩罚。

　　这些是公民身份通常所伴随的，具有典型性。同时，正如我所说，它们合在一起构成了各个政体中的一种地位——这是一种特殊的、平等的和普遍的地位。公民身份是一种高贵的地位：它包含着重要的权利，如选举权和居住权；即便公民身份所伴随的那些义务或责任，在某种意义上也为其拥有者所珍视，并为不拥有的人所羡慕。公民身份是一种平等的地位：与康德的公民观不同，绝大多数国家并不允许对公民身份作等级区分；"二等公民"的说法，无论在什么情况下使用，一定是对允许作等级区分的社会的一种谴责。

最重要的是,公民身份被认为是普遍的。在特定国家谋生的所有人或大多数人都将成为该国公民,这是人们通常会有的预期。在移民国家,人们预期:长期居住在本国的外国人将在适当的时候取得公民身份。[31] 说公民身份是一种高贵地位的尊严,并不是说公民身份是一个社会中的少数人或特权阶层所拥有的特殊权利;相反,公民身份意味着政府与服从其权力的那些人之间关系的一般性质。总的来说,服从政府权力的那些人并不被视为单纯的服从者,他们也被视为政治共同体中拥有权力的积极成员,政府是需要对他们负责的。公民身份与人民共和国宪法或民主宪法在理念上的密切联系,意味着政府对其所统治的那些人永远负有责任,这是任何一个良好政体所应具备的基本条件。

当然,多数先进的民主国家是移民国家,它们常常包含数量庞大的非公民人口(外来游客、外来务工者、获准居留的外国人和那些非法入境的人)。公民身份似乎是作为一种"我们 vs. 他们"的概念发挥着作用:有特权的地位和没有特权的地位之间由此形成鲜明的对比,拥有公民身份者之所以看重它,也正是因为此种区分。肯定存在可作比较的地方:一方面,作为一个美国公民与作为一个加拿大公民是不同的,即便公民身份所包含的权利、特权和责任在这两个国家是近似的;另一方面,公民身份所伴随的权利和权力无疑是有价值的,拥有和不拥有是有差别的。但是如果把公民身份在某个国家所具有的地位之价值与某个共同体中任何种类的地位

---

[31] 譬如在美国,法院已裁定:长期居住的外国人,倘若不申请获取公民身份,那就不能抱怨针对公民和已提出公民身份申请的那些人的特定优待措施。参见 *Ambach v. Norwick* 441 U. S. 68 (1979),n. 81;*Nyquist v. Mauclet* 432 U. S. 1(1977),p. 10。

之优势等同起来，就大错特错了。即便一国境内的每个人都是该国公民，公民身份也不会丧失其价值：居留权、选举权等仍将具有同样的重要性。

　　"公民身份"这个术语在政治哲学中的运用经常如此宽泛，以至于可用来指称居住在一国境内并受该国政府统治的任何人，不管其是否属于严格意义上的该国公民。虽然如此运用有其危险性，但也有其优点。[32] 正如我在前面所说，公民身份并不意味着一个特权阶级所享有的权利、权力和责任，而是意味着国家与服从其权力的那些人之间关系的一般性质。法律技术意义上某个国家的公民，其所享有的多数宪法权利和其他法律保障，也常常为该国政府管辖范围内的非公民人士所享有。在美国，言论自由、正当程序权利、平等保护和反歧视原则，都或多或少地适用于其管辖范围内的任何人，并且适用的方式与适用于公民（大致）相当。一国政府对于其管辖范围内的每个人都应给予尊重，倘若有粗暴的不当行为，不管对于其公民还是非公民人士，都有不可推卸的责任。一国政府还应对于其管辖范围内每个人的利益、福祉和机会表现出应有的关切。这一平等的尊重和关切远远超出了狭义上的公民尊严。

　　这是否意味着，宽泛意义上的公民尊严与人的尊严融合在了一起？并不尽然。即便它适用于某个国家内的所有人，公民尊严理念仍然是较具体的和关系性的：它所指向的是个人与其居住国

---

　　[32]　对此有若干关切的，参见杰拉尔德·纽曼（Gerald Neuman）：《修辞意义上的奴隶身份，修辞意义上的公民身份》（"Rhetorical Slavery, Rhetorical Citizenship"），载《密歇根法律评论》（*Michigan Law Review*）第 90 卷（1992 年），第 1276 页。

政府之间类似于成员关系或构成关系的事物。原则上，人的尊严理念是从该事物中抽象出来的。它也是蕴含着平等性的一种地位，包含着众多我们称之为人权的权利。虽然，无相关义务的权利是没有意义的，并且与人权相关的首要义务主体通常是国家，但是谈论人的尊严时并不总是在谈论特定个人与特定国家之间的关系。说人的尊严时可能在表达针对所有人类的一种主张，但是说公民的尊严时不可能有这样一层意思。也许，当我们申明我们所谈论的是——正如康德有时谈论的那样——世界公民时，公民尊严与人的尊严之间的界分就模糊起来。但那是与众不同的说法。公民的尊严也许代表了人的尊严的一种可能实现方式。每个人都属于一个特定的政治共同体，每个人都拥有一个对自己负责的国家，这可能是实现人的尊严的最佳方式；但是，这并不意味着人的尊严和公民的尊严是同一回事。

三、尊严与享有国籍的权利

1958年，美国联邦最高法院在"特罗普诉杜勒斯"（*Trop v. Dulles*）一案中判定：对罪犯处以剥夺公民身份的刑罚之规定，违反了宪法第8条修正案不得施加残酷和非常的刑罚之禁令。在做出这一判定时，法院对"残酷和非常的刑罚"条款评注道："宪法第8条修正案背后的基本观念无非就是人的尊严"[33]。在涉及宪法第

---

[33]　*Trop v. Dulles* 356 U. S. 86 (1958)，at. 100（首席大法官沃伦撰写的法庭意见）。

8 条修正案的援引尊严的案例中,为我们所熟知的是 1970 年代的死刑判例,这些判例将尊严问题与痛苦和耻辱联系在一起:"刑罚不准如此严苛,以至于贬损人类的尊严……政府施加严苛的刑罚,倘若仅仅是为了折磨罪犯,而无其他意义,那就不符合人的尊严。"[34]援引尊严的部分作用似乎是剔除极端的刑罚;对此,我们从康德关于"令人性本身蒙羞的可耻刑罚"[35]的说法中就已经能够看到。

但是,取消国籍本身并不是通常意义上令人痛苦或残忍的刑罚。正如首席大法官沃伦(Warren)所指出的:"所涉及的不是身体上的粗暴对待,不是原始的酷刑。"那么,"特罗普诉杜勒斯案"判决究竟是如何与人的尊严原则——它被联邦最高法院看作宪法第 8 条修正案的基础性原则——联系在一起的呢? 联邦最高法院提供的答案十分有趣,并有助于我们回答最后一个重要的问题:公民尊严与作为人权之基础的人的尊严之间存在何种联系?

联邦最高法院首先通过指出取消国籍所可能带来的苦难而将尊严与公民身份的剥夺联系在一起。首席大法官沃伦就曾说过,剥夺一个人的公民身份,意味着"个体在组织化社会中之地位的完全丧失":

> 它使个人丧失的是有几个世纪之久的政治存在形式。此

---

[34]   *Furman v. Georgia* 408 U. S. 238 (1972),p. 271,279(布伦南大法官的协同意见书)。

[35]   康德(Kant):《道德形而上学》(*The Metaphysics of Morals*),第 580 页 (6:463)。

项惩罚剥夺了他在这个国家和国际政治共同体中的公民地位。在这个国家的允许之下，他或许仍可生活在其中，但是其所处的地位变成一件偶然的事情。……它使个人处在日益增加的恐惧和忧虑的命运之下。他不知道会有怎样的歧视措施等待着他，他不知道会有怎样的禁令向他发布，他不知道自己在故土上的生活会在何时出于何种原因而终结……他没有国籍，这在一个由诸多民主国家组成的国际社会中是件不幸的事情。

正是基于这一点，首席大法官沃伦同意下级法院首席法官克拉克（Charles E. Clark）的意见："即便我们应该处罚那些人，人之尊严的美国观念也不允许让他们成为完全'没有国籍'的人——即便他们确实会有某个容身之地，面对国内的掠夺者和国外的压迫者，他们也不可能处于公平的境地。"[36]

所有这一切都是对的，也是很重要的：创制此种使人处于脆弱境地的惩罚与尊重人之尊严的要求不相符合。但是我们对这个段落的解读，还有必要结合同一时期美国所发生的关于没有国籍对于人权意味着什么的讨论。汉娜·阿伦特（Hannah Arendt）的观点是最杰出的。她说，无国籍人宛如置身于法律的边缘，他必将频繁地触犯法律，事实上他必将处在直接受警察权力而非法治的支配之下（按照法治的预设，违反法律是例外而非常规）。[37] 她还说，

---

[36] 首席大法官沃伦所引，参见 *Trop v. Dulles*，356 U. S. 86 (1958)，at. 101n。

[37] 汉娜·阿伦特（Hannah Arendt）：《极权主义的起源》（*The Origins of Totalitarianism*，New York：Harcourt Brace Jovanovich）1973 年版，第287—288 页。

人们可能会想,这些人的情况至少还会受到人权的保护;但事实表明,没有了国籍,便没有了国家法律制度的承认和护佑,人权也将变得一文不值:

> 人权……因为被认为独立于所有政府,所以被定义成"固有的"权利;但事实表明,人权一旦失去了自己的政府,便将大大缩水,既没有当局保护它们,也没有制度保障它们。[38]

吊诡的是,人权只对属于某个国家的公民来说,才是有用的:

> 公民权利——不同国家公民所拥有的各种各样的权利——被认为包含着人的永久性权利,并通过有形的法律详加说明,而这些权利本身被认为独立于公民身份和国籍。所有人都是某种政治共同体中的公民,如果他们国家的法律没有达到人权的要求,那么他们想必会努力去改变这些法律,在民主国家可以通过立法程序,在专制国家则可以通过革命行动。[39]

但是,如果一个人不是一个共同体中的公民,那他就没有可立足的法律体制去为人权鼓而呼。既然丧失国民权利无异于丧失人权,结论就很快变得一清二楚:最重要的权利是拥有权利的权利,

---

[38]　汉娜·阿伦特(Hannah Arendt):《极权主义的起源》(*The Origins of Totalitarianism*,New York:Harcourt Brace Jovanovich)1973年版,第268页。

[39]　同上书,第293页。

成为一个有组织的共同体中的一员的权利,只有在共同体中,他的权利主张才是有用的。

毫无疑问,阿伦特对人权的悲观态度有点夸大其词。但是,她在人权与公民权利之间所画出的连线是重要的。伟大的人权宣言和公约将权利与人的尊严紧紧地联系在一起,这一联系似乎令纯粹有关公民身份的权利黯然失色。但事实表明,无论在实践中还是在理论上,人权除非在每个国家被整合进保障公民地位的法律构造中,否则通常是易受侵犯的。[40] 因此,真实的情况是,公民的尊严是人的尊严所必然相伴随的。探索公民尊严的轮廓也将是我们关于人类的尊严理论所必不可少的一部分。

四、权利与责任

亚里士多德有一句名言:作为一个好公民,他应该既懂得如何施行统治,又懂得如何接受统治。[41] 公民需要知道如何担任政治职务,譬如,他要知道怎样做陪审员或立法会成员(在现代民主国家,他要知道怎样做选民或代表);同时,公民还需要知道如何接受他人的决定,并据此行动,譬如,他应该服从法律,即便该法律的制定是其所不赞同的,或者他应该接受法院的判决,即便该判决是有利于另一方当事人的。按照这一理论,公民的美德包含服从和谦恭的品格。

40　譬如,参见《公民权利和政治权利国际公约》的序言和第 2 条。

41　亚里士多德(Aristotle):《政治学》(*Politics*,Penguin Books)1981 年版,第 181 页(第 3 卷,第 4 章,1277a25)。

今日,美德虽然不同于尊严,但是人的尊严概念被导入现代法律和政治话语后,显然,它既能够作为权利和自由的基础,也能够作为义务和责任的基础。人的尊严概念当然要求每个人尊重他人的尊严,我说的意思还不限于此;像权利这样的解放性概念都会产生那种依存性的义务。我的意思是,尊严还会产生特定的责任,这些责任是每个被认为拥有尊严的人所应该承担的。尊严并不完全是一个解放性概念。⁴² 康德将人的尊严与人自身的特定义务联系在一起:其不仅指作为尊严根基的道德能力之核心的义务感,而且指与"我们所具有的人性尊严"有关的自尊自立的义务。⁴³ 在关于人之尊严的现代法律论辩中,我们还能听到同样的论调。有论者指出,每个人对其自身的人之尊严负有特定的责任,据此可对特定的自由主张提出异议——不得为了金钱而贬损自己,譬如,卖淫或各种有损人格的表演。⁴⁴

事实上,公民身份的尊严说明可能牵涉的义务和责任不仅仅

---

42   对此问题的一个讨论,参见斯特凡妮·埃内特-沃谢(Stephanie Hennette-Vauchez):《人的尊严? 当代尊严法哲学中的古代法律概念之残余》("A Human Dignitas? Remnants of the Ancient Legal Concept in Contemporary Dignity Jurisprudence"),载《国际宪法杂志》(*International Journal of Constitutional Law*)第 9 卷(2011 年),第 32 页。

43   康德(Kant):《道德形而上学》(*The Metaphysics of Morals*),第 558—559 页(6:436)。

44   譬如,参见南非有关卖淫的一个判例:*State v. Jordan and others*(CCT31/01)[2002]ZACC22,萨克斯(Sachs)和奥里根(O'Regan)两位大法官在协同意见书中对尊严的讨论,第 77—84 节。另请参见法国非常有名的"投掷侏儒案":Commune de Morsang-sur-Orge, CE, Ass., 27 Octobre 1995, Rec. Lebon 372,电子文本可获自 http://www.conseil-etat. fr/fr/presentation-des-grands-arrets/27-octobre-1995-commune-de-morsang-sur-orge. html。

是两种,而是三种。除了(1)尊重他人的尊严之义务(此项义务是与基于权利的尊严方面相依存的),还有另外两种不同类型:一种是(2)服从法律或政治上失败结果的义务;另一种是(3)与公民身份权利的积极行使相联系的责任。

亚里士多德关于公民美德的分类说明的是(2):公民必须懂得如何接受统治。这在现代民主政体中尤其重要,因为个人和政党在一轮一轮的选举变动中,施行统治和接受统治是不断更替的。我们绝不能将政治上的失败结果与人格上的贬损或羞辱联系在一起。屈服的姿态就像服从法律或接受政治上失败的结果那样,与公民身份的尊严并非不相契合。

但是即使某人在政治上处于优势地位,责任的要素仍然存在。与公民身份相联系的权利和权力,之所以为某人所拥有,并非为了其自身利益,而是为了共同福祉,这就对如何行使这些权利和权力提出了特定要求。这就是我所说的(3):与公民身份权利的积极行使有关的责任。在其他文章中,我曾主张很多权利最好被理解为责任权利:受托并行使社会或政治制度中特定的重要责任的权利。[45] 譬如,父母亲的权利,最好如此来理解;特殊职务基于尊严的等级观念而产生的很多与角色相关的权利,也是如此。因此在我看来,与公民身份的尊严有关的政治权利也是如此。尊严之所以与公民身份密切相关,部分原因在于我们尊重公民个体超越其自身利益而关注政策、法律以及为全体利益殚精竭虑的责任能

---

[45]　杰里米·沃尔德伦(Jeremy Waldron):《尊严、权利与责任》("Dignity, Rights, and Responsibilities"),载《亚利桑那州法律杂志》(*Arizona State Law Journal*)第 43 卷(2011 年),第 1107 页。

力。公民身份是一种尊严,因为其拥有者深受信任:他们能够履行这一职责。

五、契约论上的尊重

我已多次提及公民身份与民主之间的紧密联系。我猜想,一个人在绝对君主制国家也可以成为公民;但是,亚里士多德正确地指出:"我们对公民的定义最好被应用于民主制国家。"[46]即便公民投出的一张选票就像投入大海的一个水滴那样,他仍然能够感受到某种力量,因为他会想到,在这个政体中,只有像我这样的公民所投的选票才能决定最终的结果。

但是公民身份的尊严有比这更深层次的内涵,而且对公民积极行使职责所需能力的尊重之外,还有更深层次的内涵。选举或其他政治参与形式的民主机制背后,存在着若干层次的尊重。公民身份的地位所具有的尊严,既非普选权所能概括,也非宪政民主体制保障的权利和提供的保护所能穷尽。公民的尊严在于,它是政治和法律组织存在的目的之一,并且这些组织通过他——和其他无数公民——运用理性能力而得以维持。公民和臣民是不同的,我们区分二者,旨在强调公民不只是自在自为的国家之怜悯对象,国家出于保护公民的目的,需要受到特定的限制,并履行特定的义务。国家应该被看作一个公民聚合体,它由公民们自己所创造,并且为了他们全体的利益,一起维持着这个集体。因此,每个

46　亚里士多德(Aristotle):《政治学》(Politics),第170页(第3卷,第1章,1275b5)。

公民都应该被看作创造国家的奠基者,是参与建国之社会契约过程的一分子。

当然,这些观念都是虚构的。实际上公民比臣民好不到哪里去。国家是一个拥有独立权力的实体,直接面对着脆弱的可怜臣民。臣民非但不能成为某个社会契约的签署人,而且在国家政治结构和法律的塑造过程中,事实上也是起不到多大作用的。看起来,我们所能够做的,最多就是减轻这种无助感,一方面要求国家为臣民提供一点点保护,另一方面要求国家给予臣民一丁点政治权力,并称之为“公民权”。然而我们对公民尊严的追求,意味着我们可以用另一种眼光来看待。正如在过去的时代,我们赋予了君主神圣而又崇高的地位,即使我们全都知道,国王实际上也是人,与其他人没有什么不同;今日,我们为普通臣民造就了一个尊严的光环。她应该受到赞颂,获得敬重,被赋予权力,并得到回应,就好像这是她的国家那样(当然,也是其他人的)。

为了使统治者拥有高贵的地位,我们过去会讲君权神授的故事;同样,为了使公民拥有高贵的地位,我们会和自己讲社会契约的故事。当然在这两种情形之下,我们都知道我们正在运用虚构的手法,不过为了探寻我们认为应该获得的尊重之轮廓,虚构可能是最好的方式。[47] 此处采取的策略类似于康德的假想式契约论:尽管原初契约仅仅是理性的一种理念,但是它具有现实性,它在实践上必然要求立法者只制定原初契约中可能达成共识的法律。[48]

---

[47] 另请参见约翰·罗尔斯(John Rawls):《正义论》(*A Theory of Justice*,Oxford University Press)1992 年版,第 12 页承认了这一点。

[48] 康德:《论俗语》(“On the Common Saying”),第 296—297 页(8:297)。

不过,这里有一个不同点:康德运用这个手段主要将其当作检验立法是否具有正当性的(消极)标准。我运用这个手段则还为了确定国家对臣民所应采取的整体态度。尊重作为一个公民的她,意味着给予她的尊重,应该与国家宪法和法律的创制者所应获得的尊重一样。她的关切应该获得回应,她的问题不应被置之不理,她的观点应该同其他人一样获得尊重。不管她的实际政治权力有多少,她对这些问题是有发言权的。

照此理解,公民身份的尊严不只是康德所谓"某部法律是否与正义相符的试金石",而且还涉及公开透明和不受蒙骗的问题。政体运作所依赖的原则应该是公开的;政体运作不应建立在公民普遍受到蒙骗,或某个公民群体受到蒙骗,对政体的运作方式存在误解的基础之上。社会契约观念又一次能够给予我们一个有益的想象:宪法和法律架构必须保证政体运作的公开性,每个公民都能够获得政体运作的知识,这就好像她是建立这个宪法和法律架构的人民中的一分子,并且她的关切是政体在持续运作中所应追求的。[49]

这一想象也是虚构的,毫无问题,在真实的世界里,宪法和法律架构的知识和理解是因人而异的。政治才干可能要求普通公民难以理解的复杂算计,并且有时可能存在特定的事项需要加以保

---

[49]　比较罗尔斯(Rawls)的《正义论》(*A Theory of Justice*)第 115 页与罗尔斯的《政治自由主义》(*Political Liberalism*,Columbia University Press,2005)第 66—71 页。另请参见杰里米·沃尔德伦(Jeremy Waldron)《自由主义的理论基础》("Theoretical Foundations of Liberalism")一文,该文收录于其文集《自由权》(*Liberal Rights*,Cambridge University press)1993 年版,第 56—58 页。

密。但普遍的原则是,一切事情都应该公开,以便受到审查和讨论,公民们可以形成他们自己的观点,这就好像政体安排和所有政治决定都是由他们做出的那样。这便是尊重公民身份的尊严之核心要义。倘若特定事项需要保密,那么应该对保密的必要性做出充分的说明;倘若公民们对政治议题的理解存在分歧,那么应该允许他们在公开的讨论中利用各自的专业优势,而不是操控这个议题。凡是做不到这一点的,都是一种侮辱——不一定是对普通人的智力的侮辱,而是对公民的尊严和权利的侮辱。

我这么说是因为,人们不时能听到政治精英对伯纳德·威廉斯(Bernard Williams)所谓"政府大院的功利主义"的共鸣之音:[50] 知道(如气候变化)真相的我们,有责任包装信息,操纵公共意见,以便产生我们想要的政治结果,因为经过我们计算,这一结果将产生最好的后果;相反,如果我们仅仅披露这些信息,而不去控制大众吸收这些信息的过程,那将是不负责任的。这样一种方法可能是有效率的,并且在后果主义的意义上是负责任的,但是它与公民身份的尊严不相符合。这就像公司的董事会操纵其股东或者大学的院长操纵其教职员工。正是这些人的地位要求其组织对信息可能受到限制或得到包装的方式施加约束。他们的尊严胜过不许他们公开而充分的讨论所可能取得的任何成果之价值。[51]

50　伯纳德·威廉斯(Bernard Williams):《伦理学与哲学的限度》(*Ethics and the Limits of Philosophy*,Cambridge,MA:Harvard University Press)1985 年版,第 120—122 页。

51　感谢罗伯特·基欧汉(Robert Keohane)对这些问题的讨论。(基欧汉目前是普林斯顿大学政治学教授,曾任美国政治学会主席。——译者)

群体的尊严[*]

很高兴受邀在 2007 年度"纪念本·贝纳特讲座"上发表演说。之前,我并不认识贝纳特教授。但我在阅读他所写的一些文字,特别是他发表在《开普敦大学法学学报》上一篇讨论法治的佳作后,[①]就对他作为一名法学家所做出的贡献充满了敬仰之情。今晚,能够在纪念他的讲座上探讨人的尊严问题,这是我莫大的荣幸。

一

对于南非的公民们,当然用不着我来告诉他们,尊严理念在现代人权观念中有多么重要。人的尊严是南非《宪法》的首要价值,

　　[*] 本文系纽约大学法学院"公法与法理研究"工作论文(2008 年 11 月),曾于 2007 年 7 月 23 日在开普敦大学 2007 年度"纪念本·贝纳特(Ben Beinart)讲座"上宣读,后发表于 2008 年《开普敦大学法学学报》(*Acta Juridica*),第 66—90 页。作者感谢劳里·阿克曼(Laurie Ackermann)、亚瑟·查斯卡尔森(Arthur Chaskalson)、德鲁西拉·康奈尔(Drucilla Cornell)、丹尼斯·戴维斯(Dennis Davis)、大卫·戴岑豪斯(David Dyzenhaus)、弗兰克·米歇尔曼(Frank Michelman)、艾伦·伍德(Allen Wood)等人在演讲后的讨论环节所作的有益评论。
　　[①] 本·贝纳特(Ben Beinart):《法治》("The Rule of Law"),载 1962 年《开普敦大学法学学报》(*Acta Juridica*),第 99 页起。——译者

并且与平等和自由一起,共同构成南非《权利法案》的基础。[1] 很多国际人权法文件也宣称尊严是其基础。《联合国宪章》告诉我们,成立联合国就是出于"对人类尊严和价值的信仰",同样,《公民权利和政治权利国际公约》的基础被认为是"人类的固有尊严",该《公约》中所载的各项权利都可从中推导出来。[2] 这就意味着,如果你想要理解人权,最好从理解人的尊严入手。尊严含义是权利含义的关键。

二

我这么说也许是过于简单了。有些人觉得尊严话语并不重要,而仅仅视之为一种修辞。"尊严"是一个听起来很美的词汇,在人权修辞中运用这一词汇并非没有理由,但这一词汇实际上并不传递任何特定的内容。60 年前,伯特伦·莫里斯(Bertram Morris)评论说:"很少有一个词汇能像'人的尊严'那样,容易获得人们的认同,从而使深入的分析毫无益处。"[3]

1　1996 年《南非共和国宪法》第 1 条:"南非共和国是一个拥有主权的民主国家,其建立在下述价值观念之上:(1)人的尊严、实现平等及促进人权和自由";第 7 条第 1款:"本《权利法案》是南非民主的基石。它庄严记载着我们国家所有人都拥有的权利,并申明人的尊严、平等和自由的民主价值";第 10 条:"每一个人都拥有内在的尊严,以及有权要求其尊严获得尊重和保护。"

2　《联合国宪章》序言;《公民权利和政治权利国际公约》序言。

3　莫里斯(Morris):《人的尊严》("The dignity of man"),载《伦理学》(*Ethics*)第57 卷(1946 年),第 57 页。

我知道很多人——主要是分析哲学家[4]——曾对"尊严"概念表示怀疑。在他们看来,"尊严"概念对于丰富人权理念来说,实际上不具有任何意义,或者即便具有某种意义,也可以用一个更简单、更平实的词汇将这种意义更清晰地呈现出来。他们说,你只要告诉我们哪些权利是我们所应该拥有的,并对每一种权利给予清晰而又直截了当的解释;但是,诉诸尊严权(right to dignity)这一含混不清而又无所不包的"超级权利"概念——其他所有权利都从中衍生而出——就不仅仅是多余的,而且有可能是一种令人困惑的幻想。

我通常不支持这类解构性的分析。但在这里,我觉得不能无视该分析,它迫使我们进一步澄清"尊严"的含义,并探究其对于人权的特殊意义。因为有一个关于尊严的重要问题需要我们回答,这个问题就是尊严与个人主义人权观之间的关系。

叶礼庭(Michael Ignatieff)曾在其"坦纳讲座"上说道,尊严与个人是分不开的,"我们无法回避尊严概念所蕴含的个人主义"。[5]他所说的是否正确?这是我想要问的。从一开始,人权话语就被

---

4 尽管对尊严概念的猛烈抨击,其实是来自一个心理学家,而非分析哲学家,参见斯蒂芬·平克(Stephen Pinker):《尊严之愚昧》("The Stupidity of Dignity"),载《新共和》(*New Republic*)2008 年 5 月 28 日。比较温和而又细致一些的批评,参见克里斯托弗·麦克拉登(Christopher McCrudden):《人的尊严与人权的司法解释》("Human dignity and judicial interpretation of human rights"),载《欧洲国际法杂志》(*European Journal of International Law*)第 19 卷(2008 年),第 655 页。

5 叶礼庭(Michael Ignatieff):《作为政治和偶像崇拜的人权》(*Human Rights as Politics and Idolatry*,Princeton University Press)2001 年版,第 166 页。

批评是个人主义的,并且是毫无益处的。[6] 有些人则抵制人权的个人主义界说,并竭力将诸如文化权利、语言权利以及全体人民的自决权等群体权利话语引入到人权话语当中。这是一场艰难的斗争,因为人权传统中确实存在着倾向于个人权利的某种偏见。但是主张群体权利的观点层出不穷,持续不断。在我看来,值得探究的一个问题是,尊严概念的引入是否必然强化(或更有助于)个人主义权利观念? 举例而言,《南非宪法》对尊严的反复强调,是否使得该宪章偏离了其初衷,而成为个人主义色彩更浓厚的一个文件。这是个有趣的问题,因为《南非宪法》的特殊之处,就在于其早已将群体权利和个人权利一并写入其中。[7] 但是,《南非宪法》的这一特色是否因其反复声明人的尊严是所有权利的基础而有所削弱? 有关尊严的词藻是否使得承认或赞同群体权利、社群权利和人民权利更加困难或不太可信呢?

这就是我在本次讲座中所要探讨的问题(这并不是一个解构性的议题),这也正是我认为值得对尊严概念的意义和内涵提出一些难题的原因。

6　有关讨论参见杰里米·沃尔德伦(Jeremy Waldron)编:《高跷上的胡说八道:边沁、伯克与马克思论人权》(*Nonsense upon Stilts: Bentham, Burke and Marx on the Rights of Man*, Routledge)1988 年版。

7　参见 1996 年《南非共和国宪法》第 235 条:"本宪法所规定的南非全体人民的自决权,在该权利的范围内,并不排除对共和国内某个具有共同文化和语言传统的地域社群的自决权观念的承认,或者以其他方式通过国家立法予以决定。"另见第 30—31 条(关于文化和语言权利)。

三

　　说到尊严概念,常有一种混淆,对此,我不会作过多讨论。我们有时使用尊严概念来描述特定权利的内容,而不是权利的基础。我们说人们拥有尊严权,而不是说权利以尊严为基础。在过去几年的美国,(令我们惭愧的是)我们不得不关注我们国家是否违背了《日内瓦公约》总则第 3 条,此条关于如何对待被拘留人员,其禁止"对个人尊严的损害",包括禁止"羞辱和有辱人格的待遇"。总则第 3 条表达了一项尊严权,即不被侮辱和羞辱的权利。

　　但我主要想讨论的是作为一项基础性权利的人之尊严——如我所说,"人的固有尊严"应该是其他权利从中推导出来的基础。那么,什么是基础性尊严? 它指什么? 当我们说人具有固有的尊严,以及讨论权利问题离不开对尊严的重视时,究竟是什么意思?

　　对此,怀疑论者可能会提出两点意见。首先,他可能会说,对于这些问题,我们很有可能永远得不到一个简单明确的答案,而只能给出人是如何宝贵、如何有价值等大而化之的说辞,这些陈词滥调仅仅重复了一个命题,即人有某某权利,对其不能做某些事情,但却无法提供什么理由。其次,他可能会说,关于"尊严"含义的这些问题,即便我们得到了确切的答案,这些答案也可能是各不相同的,因为给出这些答案的哲学家们对尊严概念有不同的理解。对尊严的运用,没有两种是相同的。因此,在怀疑论者看来,"尊严"仅仅是理论家贴在其赞同的权利理论上的一个标签,而不是一个具有普遍含义的概念,在其所使用的语境中能够获得大家的认同。

　　怀疑论者说,如果你与一个康德主义者——坚持康德哲学传统的那些人——交谈,你就会得到一个康德式的尊严概念,其蕴含了每个人本身就是目的,具有不可替代、不可交易的价值这一观念,其与康德的下述命题尤其相关:一个人的价值是无价的,不可能有替代之物,不能与世上的任何东西相交换。这是一个基础性理念。

　　但是,如果你看一看德沃金(Dworkin)晚近出版的新书——《民主在这里是可能的吗?》("这里"的意思是指美国)——你就会了解到一个类似自我决定原则的尊严概念,即每个人对自己的生活该怎么过都负有特殊的责任。[8]

　　因此,究竟是哪一个尊严概念呢?自我决定的原则还是不可替代的价值?既然"尊严"概念在使用中如此模糊不清,德沃金主义者口中说出的"尊严"是这个意思,而从康德主义者口中说出的"尊严"是另一个意思,那么我们就索性抛弃尊严概念,让康德直接说人自身的目的,让德沃金直接说人对自己的生活所负的特殊责任,或许就不会那么令人困惑了。

四

　　但我的建议是:将尊严与另一个截然不同的概念联系起来,而莫怕引发更大的困惑。为了弄清尊严的含义,我查过《牛津英

　　8　罗纳德·德沃金(Ronald Dworkin):《民主在这里是可能的吗?》(*Is Democracy Possible Here?*,Princeton:Princeton University Press)2006 年版,第 10 页。

语词典》，[9] 有两点发现。首先，词典对于消除尊严概念的模糊性没有多大用处，因为词典里列举了许多种含义，并且也没有明确告诉我们这些含义之间的优先顺序。我发现"尊严"概念在占星学里有一个用法，其含义是指："一颗行星的状况，在这个状况下，这颗行星会因其在黄道十二宫图中的位置或与其他行星的关系而提升其影响力。"我还发现"尊严"也是（基督教意义上的）教会组织所使用的一个专业术语。

但是，无论如何，《词典》毫不含糊且十分坚定地告诉了我们另一点：尊严与等级之间存在着古老的联系。[10] 尊严有时被认为等同于贵族、高的等级或高的职位。《词典》引用了 1399 年剥夺理查二世王权的一条法律：

你已被褫夺王位和治权及其附随的一切尊严（Dignite）和

9　此处所有词典参考均来自在线《牛津英语词典》（*Oxford English Dictionary*），http://dictionary. oed. com/cgi/entry/50063966? single＝1&query-type＝word&queryword＝dignity&first＝1 &max-to-show＝10。

10　特雷莎・伊格莱西亚斯（Teresa Iglesias）：《基本真理与个人尊严》（"Bedrock Truths and the Dignity of the Individual"），载《逻各斯：天主教思想与文化杂志》（*Logos：A Journal of Catholic Thought and Culture*）第 4 卷（2001 年），第 114 页起，在第 120—121 页（写道："尊严是罗马政治社会生活中的一个核心概念，其与荣誉的含义有着密切的联系。政治职务是有尊严的，因此担任政治职务的人，如元老或皇帝，也是有尊严的。在罗马，荣誉和尊严如此受重视，以至于有人不惜通过发动战争来维护。譬如，据说恺撒曾为了维护尊严而发动了内战。与尊严有关的职位或等级具有履行该等级应有义务的责任。因此，'注重礼仪'被认为是得体的高贵行为，人们期待担任该职务者如此行为。……罗马的尊严含义对于判断人们在法律面前的不同地位发挥了一定的作用。在罗马法里，并没有同样罪行受同样惩罚的原则，每个人在法律面前是不平等的。惩罚会根据每个人的尊严或等级来限定、衡量或确定。"

荣誉。(1399 Rolls Parl. Ⅲ. 424/1)

《词典》也引用了埃德蒙德·伯克(Edmund Burke)在 1790 年代早期对法国皇室和贵族所受迫害的哀叹：

> 我没能看见一个伟大王国的尊严，并且其一切美德，也同其尊严一道，被关进牢里，或被流放，却少有人感受到巨大的痛楚。(1793 Burke Corr., 1844 年版第 4 卷，第 149 页)

在这个意义上，尊严是一个等级性很强的概念。主教的尊严不同于国王的尊严；伯爵的尊严既不同于男爵的尊严，也不同于公爵的尊严。就官职的尊严而言，法官的尊严不同于国务卿的尊严。本·贝纳特，作为一名罗马法教师，必定知道"dignitas"这一拉丁术语并不是我们今日所使用的具有平等主义色彩的概念，而毋宁是一个带有阶层性质的等级化色彩浓厚的概念。法律面前人人平等的思想，在我开头所提到的贝纳特论法治的文章中是一个核心论点，但它对罗马共和国的达官贵族来说，必定是令人厌恶的，因为它会冒犯到他们所拥有的特殊尊严。

因此，我们不难得出结论：尊严与等级之间存在着古老联系。而且，古时的尊严概念通常指向较高的等级：除非有意嘲讽，没有人会说农民的尊严、临时工的尊严或奴隶的尊严。有人可能会说公民的尊严，但公民身份本身就是一个当时很多人无法获得的级别。

在我看来，尊严与等级之间的联系，即便在人权语境中，也是一个特别令人振奋的想法。当我们谈论人的内在尊严、作为人权基础的尊严以及地位卑微的可怜之人也应该拥有与生俱来的神圣权利时，我们是以一种看似矛盾的反向方式表达了这一想法。因为，当我们基于人的尊严赋予人们权利时，我们实际上是由于人们拥有某种高级的地位才令他们拥有那些权利。

我知道，这个想法对于人权话语来说，似乎是令人沮丧的。权利语言具有平等主义的性质，倾向于否定人类天生具有某种等级并因此享有特殊的尊严，就像公爵或主教所拥有的尊严那样。（譬如，在美国，我们将《独立宣言》开篇中的权利话语和《美国宪法》"合众国不得授予贵族爵位"的规定联系在一起。）[11] 在尊严与等级之间画上等号，似乎背离了人权精神。贵族制理论所允许的区别对待，正是人权精神所拒斥的。贵族制所产生的歧视和差别对待的环境，贵族制所包含的等级制或种姓制的要素，正是人权精神所特别想要否定的。

虽然这一"尊严"观看似令人沮丧，但我觉得它对于权利的平等主义话语的价值比我们所能看到的多很多。在这方面，我深受我的一位前同事格雷戈里·弗拉斯托斯（Gregory Vlastos）的若干观点的启发。他是加州大学伯克利分校的一位伟大的古典学家。他在一篇没有得到充分重视的题为《正义与平等》[12]的文章里写道，出于对权利的尊重，我们组建了只有一个等级的等级制社会，我们所有人都处在这个（非常高的）等级之中。[13] 人权的平等主义

---

11   《美国宪法》第 1 条第 9 款第 8 项。

12   该文收录于笔者所编论文集《权利理论》(*Theories of Rights*, 1984) 一书中。

13   同上书，第 54 页。

并不是将我们拉低至同一等级,而是将我们拉高至同一等级。[14]
每个男人都是公爵,每个女人都是女王,每个人都有权获得尊重和
关怀。就如贵族有权得到尊重那样,或者就如对国王的身体或人
格的侵犯被视为对神明的亵渎,每个人的人格和身体都是神圣不
受侵犯的。

我的观点是,确实发生过对尊严价值的"重估",正如弗里德里
希·尼采使用这个术语所想要表达的意思那样——因此,今日的
普通人受益于最初与等级和分层相联系的观念。[15] 其实,价值的
"重估",在一些浪漫主义诗歌对人性的精彩反讽中就已经有所体
现,威廉·华兹华斯(William Wordsworth)在《紫杉树下的长椅
上》(*At the Yew Tree Seat*)悟道:"真正的尊严是与其孤独相伴随
的,在默默沉思的时刻,其……仍旧能够以谦卑之心尊崇自我。"或
者,最显而易见的是,罗伯特·彭斯(Robert Burns)赞颂平等和友
爱的诗歌——《不管怎样人是有尊严的人》(*A Man's a Man For
A' That*):

> 别看君王能赐爵封号,侯爵公爵,没完没了;
>
> 只要正气在身,信义在胸,管他皇权龙袍!
>
> 什么尊荣显贵,管他这么着,还是那么着;

14　另请参见詹姆斯·惠特曼(James Whitman):《人的尊严在欧洲和美国》
("Human Dignity in Europe and the United States"),载 G. 诺尔蒂(G. Nolte)编:《欧美
宪政》(*Europe and US Constitutionalism*, New York：Cambridge University Press)
2005 年版,第 95 页。

15　参见弗里德里希·尼采(Friedrich Nietzsche):《超越善与恶》(*Beyond Good
and Evil*, R. J. Hollingdale trans.)2003 年版,第 46 节与第 203 节。

做人高风亮节,有尊严和自豪,比爵位什么的更崇高。

　　我们暂不论诗歌,接着思考本体论上的一个观点:我们在谈论人的尊严时(与只属于特定阶级的尊严概念相反),虽然是在等级意义上说尊严,但并不是在某一些人高于另一些人的等级意义上说尊严。我们可能是在大自然存在物的链条中谈论人类总体上所处的等级。《牛津英语词典》引用了理查德·胡克(Richard Hooker)在其著作《教会组织法》(*Ecclesiastical Polity*)中的话:石头"在自然的等级地位上低于植物"[16]。的确,按照如此排序,我们不难推断,在等级地位上,植物低于动物,动物低于人类,人类则低于天使,而所有这一切当然都低于上帝。天主教的尊严学说仍旧运用了全人类在大自然存在物的链条中处于特殊等级的这一思想,认为人类不同于那些低等存在物,我们每个人是按照上帝的形象创造的,正因为这一事实,我们每个人都拥有特殊的尊严。

　　天地万物的这种等级秩序,会给我们一个惊人的启示:在每一等级的创造物之内,一切都是平等的。这已成为阐发人类平等的诸种理论中最为重要的观点。因此,譬如约翰·洛克(John Locke)在《政府论》(下篇)一开始就写道:

　　　　显而易见,同一种类和同一等级的创造物,⋯⋯生来就享有同等的优势地位⋯⋯相互之间也应该是平等关系,而不应

　　16　《牛津英语词典》引用如下:"1594 HOOKER Eccl. Pol. 1. vi. (1611) 12 石头虽然在自然的等级地位上低于植物。"

该是从属或隶属关系，……我们既然生来就具有相同的能力，在同一个自然社会中共享一切，就不能认为我们之间有任何这种从属关系，使我们有权彼此毁灭对方，好像我们生来就是为了彼此利用，就如同低等级的创造物生来是供我们利用一样。[17]

此处的等级思想清晰地表达了一种具有扩张性的平等主义立场。人与人之间从根本上说是平等的，因为在根本意义上否定平等，意味着将某些人贬低至动物的级别，或者将某些人提升至天使的级别。因此，当我们在级别意义上说人的尊严时，我们所说的级别是一种高级别，它包含非常重要的特权和责任。不过，我们所有人都处在这一高级别，因而相互之间都是平等的，我们所有人都拥有相同的价值、权利和责任。我坚信，在人权话语中，尊严这一基础性概念正是旨在传递这些思想。

五

确实，以上所述是饶有趣味的。但这难道不是让尊严概念变得更加令人困惑？到目前为止，除了康德的不可替代（不可交易）之价值的尊严观和德沃金的自我决定尊严观，我们又提出了第三种尊严观，即尊严乃是经重估的高贵等级。由此，我们拥有了三种

---

[17] 约翰·洛克（John Locke）：《政府论》（*Two Treatises of Government*，ed. Peter Laslett，Cambridge：Cambridge University Press）1998 年版，第 2 章第 4 节和第 6 节（着重号为笔者所加）。

不同的尊严含义:不可替代的价值、自我决定以及经重估的等级。在尊严概念的含混不清方面,我们似乎陷入了更为糟糕的境地。

是否真的如此? 有时候,一个含混不清的术语,在我们看来其所具有的各种不同观念在逻辑和性质上如此相异,以至于不应当将这些观念看作同一层面上的,否则就会错误地认为我们所孜孜以求的这个术语的确切含义无法包容这些观念。有时候,我们可能会说,就其含义而言,这些截然不同的观念彼此之间并不是相互排斥的,而恰恰是相互补充的。

我们做个类比,有的人说"民主"是指"人民统治",也有人说民主是指"政治平等",众所周知,约瑟夫·熊彼特将民主含义压缩为一种选举政府的"程序方法"和一项确保政府稳定的政治制度,即通过制度化的方式为社会精英提供定期的权力竞争机会,从而确保政府权力交接有序进行。[18] 现在,我们完全可以将民主的这三种含义看作民主概念的三种互不相容的定义,并因此抱怨民主概念含混不清。但是我们首先应该思考一下,所谓互不相容的三种民主定义,是否可以被视为相互联系和相互补充的三种民主观念,从而被整合成为一个多层次的民主概念:民主是政治精英之间定期展开权力竞争的一项制度,其建立在政治平等的基础之上,最终是为了让人民大众对政府的统治在总体上获得实质性的控制。这样我们就将三种含义整合进了一个统一而复杂的定义当中。

因此,我们也可以这样处理人的尊严概念。作为一个基础性概

18　　约瑟夫·熊彼特(Joseph Schumpeter):《资本主义、社会主义与民主》(*Capitalism, Socialism and Democracy*)1950 年版,第 269 页以下。

念,人的尊严意味着每个人都处在一个非常高贵的等级当中,与此相关,每个人的身体都是神圣不受侵犯的,每个人都对自己享有控制权,每个人都对自己的命运拥有决定权,这些价值和权利如此重要,以至于不能跟其他任何东西相交换。我们所正在讨论的三种定义,在逻辑和性质上是截然不同的,但却是相互补充的,共同构成了人的尊严这一复杂概念。尊严的等级观向我们展示的是尊严的本体论基础,康德的尊严理论告诉我们的是尊严所涉价值在价值论上的地位,德沃金的尊严理念则向我们指出了我们应当给予特殊保护并加以珍视的权利。这样一来,针对那些从事解构性分析的批评家们,我们可以指出,你们将人的尊严解读成一个含混不清的概念是相当肤浅的,实际上这恰恰表明这个概念具有丰富的含义。换言之,其包含多个层面相互补充的含义。由此,我们反败为胜。

六

那就是我心中所想的尊严概念,接下来我将用此概念来回答下述问题:尊严是否可以成为某些群体的属性。

《南非宪法》第 10 条说:每一个都"拥有内在的尊严",每一个都"有权要求其尊严获得尊重和保护。"每一个什么?每一个个体——每一个男人、女人和孩子——当然没有疑问,但是否也指家庭、人民、社群等这样的人类群体呢?群体是否也拥有尊严?[19] 我

---

19 《南非宪法》还设法在第 8 条中规定基本权利既可适用于自然人也可适用于法人:"依照权利的性质及法人的性质,法人在一定范围内享有《权利法案》中的权利。"

前面所提出的具有丰富含义的尊严概念能否应用于群体呢？即便能应用于群体，在以权利为中心的话语中，当我们谈论群体的基本尊严和其个体成员的基本尊严时，是否会遭遇困境？这些说法在逻辑上是不矛盾的吗？尊严是否可能在这两个层面都是基本的？

七

作为一个语言使用问题——在我看来就是一个逻辑问题——毫无疑问，尊严概念可以用于群体和集体，事实也是如此。

我常常听到人们谈论某种职业的尊严或某个机构的尊严。我还曾将自己的一本书取名为《立法的尊严》。[20] 我们也经常谈论某个社区的尊严。在我做"纪念本·贝纳特讲座"演讲的那一天，我参观了开普敦"第六区博物院"①，其以鲜活的历史告诉人们社区的宝贵和不可替代性。[21] 社区一旦被毁，不管政府如何努力，都无法再恢复它。确实，我们不仅将尊严概念用于个人，有时还将其用于规模更大的团体。人们常说民族的尊严。1913 年，《美国国际

---

[20]　杰里米·沃尔德伦（Jeremy Waldron）:《立法的尊严》(*The Dignity of Legislation*, Cambridge University Press)1999 年版。

①　第六区形成于 19 世纪中叶，当时该社区聚集了各个阶层的人，包括被释放的奴隶、商人、手工业者、工人、移民和艺术家，因此呈现出多元的文化。1901 年，黑人居民首先被驱逐出第六区；1966 年，该区被宣布为白人社区，其他有色人种也遭到了驱逐。1994 年南非举行首次不分种族的普选，曼德拉当选总统，该年年底第六区博物馆正式建立，旨在记录、重现第六区的历史以及被迫搬迁的整个过程，并借此历史和共同记忆重塑该社区。——译者

[21]　参见 http://www.districtsix.co.za/frames.htm。

法杂志》的"社论"表扬了新任美国国务卿威廉·詹宁斯·布赖恩（William Jennings Bryan），因为他鼓励拉丁美洲各民族"不断发展，并在世界民族之林中享有作为独立国家所拥有的地位、尊严和骄傲"。[22] 所有民族国家都拥有平等的主权，就如同所有个体拥有至上的尊严或等级，差别仅仅在于主权是群体意义上的权利。罗纳德·德沃金的作为自我决定的尊严概念——其蕴含着每个人对于自己的生活都负有特殊的责任这一原则——也能轻而易举地应用于群体层面。我们经常把自我决定视为主权国家的首要特权，[23]事实上，《南非宪法》明确将自我决定的价值赋予了包括民族在内的群体。所以，第 235 条告诉我们：

> 南非人民作为一个集体所享有的自我决定权，并不排斥……在共和国某区域内拥有共同文化和语言传统的社群经国家立法机关决定所享有的自我决定权。[24]

因此，康德的不可替代的尊严概念可应用于群体，我所提出的

22　《社论》（"Editorial Comment"），载《美国国际法杂志》（*The American Journal of International Law*）第 7 卷（1913 年），第 329 页起，在第 334 页。

23　《公民权利和政治权利国际公约》第 1 条告诉我们"所有人民都拥有自我决定的权利"，并接着说："他们凭借这种权利自由地决定他们的政治地位"。另请参见 1981 年非洲统一组织通过的《非洲人权和民族权利宪章》第 19 条："一切民族均属平等，它们理应受到同样的尊敬，拥有同样的权利。一个民族受另一个民族统治是毫无根据的"；以及第 20 条："一切民族均拥有生存权。它们均享有无可非议的和不可剥夺的自我决定权。它们应自由地决定其政治地位，并按照它们自由选择的政策谋求其经济和社会的发展。"

24　1996 年《南非共和宪法》第 235 条。

平等级别的尊严概念也可应用于群体,德沃金的自我决定的尊严概念同样可应用于群体。那么,尊严概念应用于群体的困境在哪里呢?

八

第一个困境是,我们应用于群体的尊严概念可能不是一个基础性概念。当我们用尊严来描述某个机构、民族或自治团体时,会有各种各样的理解,即此种描述不一定要被理解成该群体或团体拥有基础性尊严和基本权利。因为如果需要我们解释一个机构或民族的尊严之含义时,我们完全可以从该团体有助于促进生活在其中的个人之幸福、权利和尊严角度予以回答。换言之,当我们谈及民族国家的尊严或某某机构或社群的尊严时,我们未必就是在使用基础性的尊严概念,或认为该群体具有内在的尊严。如果我们的政治哲学使民族国家的价值在于促进其个体成员的幸福和权利——自由主义政治哲学就是如此——那么群体的尊严必定是衍生出来的,而非内在的。我并不想要贬低任何群体,而仅仅是想说,即便一个群体被赋予了十分重要的价值,也有可能在作进一步说明之后发现,叶礼庭所提出的下述观点依然是有道理的:尊严从根本上说关乎个体(无论是男人、女人,还是儿童)的地位。[25] 一个群体的尊严——尽管这么说——可能取决于它如何服务于个体的尊严。

25　参见本文前引注 5 所伴随的正文。

而且,我们一旦接受从服务角度解释群体尊严的理论(我称之为"服务理论")[26]——认为群体的尊严完全来自群体对个体所提供的服务——那么,被认为具有尊严的诸群体是否应该被视作具有平等的尊严,就成为一个完全开放性的问题。譬如,依《南非共和国宪法》第 235 条的规定,南非共和国内某些地方团体所享有的尊严,肯定不应等同于南非共和国本身的尊严。但在某些语境中,将团体的服务性尊严与平等联系起来,就可能很重要。1913 年,当《美国国际法杂志》的编辑们谈及拉丁美洲各民族"在世界民族之林中享有作为独立国家所拥有的地位、尊严和骄傲"时,[27]他们大概是想说,至少在国际法上,每个主权国家都享有平等的主权尊严。可见,是否要求平等的尊严,得看具体情况,不能一概而论。

九

还有另一类困境。如果我们过于重视诸如国家或民族之类群体的尊严,就会进入让人头痛的价值领域。

我举一个美国的例子。我以前一位哥伦比亚大学法学院的同事杰拉尔德·纽曼(Gerald Neuman)曾发表《美国宪法上人的尊

---

26 "服务理论"(service-account)这个说法,笔者借用自约瑟夫·拉兹的权威的"服务观念"(service-conception)。参见约瑟夫·拉兹(Joseph Raz):《自由的道德》(*The Morality of Freedom*)1986 年版,第 56 页以下;氏著:《权威问题:重访服务性权威观》("The Problem of Authority: Revisiting the Service Conception"),载《明尼苏达法律评论》(*Minnesota Law Review*)第 90 卷(2006 年),第 1003 页起。

27 参见本文前引注 22 伴随的正文。

严》一文，[28]该文引用了苏特（Souter）大法官在 1999 年"阿尔登诉缅因州案"[29]中一个非常有影响力的不同意见。在这个涉及州主权豁免学说的案件中，联邦最高法院支持各州享有免于其公民起诉的主权豁免学说，并运用了州尊严的理念来解释和捍卫这个学说。撰写了法院多数意见的肯尼迪（Kennedy）大法官这样说道：

> 我们宪法所建立的联邦制维持了各州的主权地位……各州保留了国家主权的核心部分，包括国家主权所具有的内在尊严和基本属性……设计并采纳我们联邦制的那一代美国人，已认识到免于私人诉讼的豁免对于主权尊严的重要性。[30]

这段提及尊严的话激起了苏特大法官强烈的反对。他说，多数意见试图依据"豁免权背后所欲保护的国家尊严及国家所应得到的尊重"来立论，恰恰反映了多数意见的软弱无力。苏特大法官首先援引了威廉·布莱克斯通（William Blackstone）的《英国法释义》，揭示主权豁免在传统上源自君主的帝王尊严。布莱克斯通称之为"皇家尊严"。

28　杰拉尔德·纽曼（Gerald Neuman）《美国宪法上人的尊严》（"Human Dignity in United States Constitutional Law"），载 D. 西蒙（D. Simon）、M. 魏斯（M. Weiss）编：《论个人的自主性：西米蒂斯教授纪念文集》（*Zur Autonomie des Individuums：Liber Amicorum Spiros Simitis*）2000 年版，第 249 页。

29　*Alden v. Maine*，527 U. S. 706 (1999).

30　同上，第 714 页。

> 法律……赋予国王……伟大而又超然的本性；人民借此
> 得以认识到其至上性，并因此给予崇高的敬意，这能够使其更
> 容易地开展统治事务。这就是我所理解的皇家尊严……[31]

苏特大法官进而带着怀疑的口吻问道，我们是否真的想要运
用这个理念来把握美国民主的联邦制结构中各州所应得到的
尊重？

> 其对共和［政府］观念的敌意如此之大，以至于很难想
> 象还有更甚者。共和观念正是建立在其公民对政府的正确
> 理解之上，即政府并不是高高在上的，而是属于他们的，政
> 府的行为如同公民自己的行为，也受法律的支配。美国政
> 府免于私人诉讼的豁免权，其正当性无论如何都不会是
> 尊严。[32]

此处值得我们深思，特别是在我们所探讨的尊严与等级之间
的联系方面。将尊严归属于一个群体——在本案中就是一个
州——看起来就像将超然的特殊地位赋予其主权，就如同君主因
主权而处在一个高级的地位，其不仅在法律之上，也在所有臣民之

---

[31]　威廉姆·布莱克斯通（William Blackstone）：《英国法释义》（*Commentaries on the Laws of England*），第 1 卷，第 7 章，第 428 页，电子文本可获自 www. yale. edu/ lawweb/avalon/blackstone/bklch7. htm. 苏特大法官在"阿尔登诉缅因州案"中的引用，参见 *Alden v. Maine*，527 U. S. 706（1999），第 802 页。

[32]　同上，第 802—803 页。

上。这会对公民个体的平等尊严造成怎样的影响呢？苏特大法官在"阿尔登诉缅因州案"中所发表的不同意见是对我们的有益提醒，即在我们接纳群体的尊严理念之前，需要探究其可能会对个人尊严产生的影响。在我看来，这对于涉及群体尊严的任何话语都是有道理的。我们可以非常顺口地谈论人民的尊严以及个人的尊严，但是仅仅将二者并置是不够的。不难想象，人民的尊严可能产生与个人的平等尊严不相符合的个人之价值或地位观。人权理论通过对等级尊严观的重估而消除的等级理念，可能从后门再次溜进来。这就是群体尊严理念的危险之所在。

我说这一危险可能产生，而在"阿尔登诉缅因州案"中的确产生了这一危险。联邦最高法院正是基于群体尊严的学说，认定约翰·阿尔登针对州政府提出的诉愿是不恰当的，因而予以驳回。[33]但是，情形并非总是如此。可能存在将尊严归属于群体的其他形式——或者可能将尊严归属于其他种类的群体——此时并不必然导致作为该群体特权身份之组成部分的不平等的分级制度和等级制度从后门再次溜进来。有些人可能希望我对群体的尊严予以彻底的批判，无论是否会激怒这些人，我确实认为群体的尊严有两面

33　在"阿尔登诉缅因州案"中，争议涉及缅因州一位监视缓刑犯的警官，其认为州政府违反1938年的《公平劳动标准法》（它是一部联邦法律）中的加班费条款，因此提起诉讼。美国联邦最高法院认定，州政府不能因为联邦政府而成为其自己法院的被告，除非经其自己同意，所以诉讼不能成立。

性,因而想一并予以探讨。我认为,当我们面对那些比民族或国家更加自然或主要不是通过建构而形成的群体时,对于"尊严"作为该群体的固有特征,我们就会认为危险性较小。

十一

有时,人们谈论的不是国家尊严而是人民尊严。人权倡导者说,个人当然具有尊严,但是整体的人民也有尊严,此处人民不仅仅指个体之集合。天主教无疑相当重视个人生活的尊严,但是其教义仍然谨慎地表述为"倘若……不尊重个人和人民的尊严,世界和平就无法企及"[34]。

一些最明显的例子与原住民的权利有关。人们经常说,原住民作为人民享有尊严,要求得到更好的对待,因为他们曾遭受不幸,受到了殖民地或白人政权的非人待遇。这样的要求,是与原住民的个体成员也享有尊严的主张联系在一起的,但并不会因为后面的主张而变得多余。因此,譬如《联合国原住民权利宣言草案》告诉我们:"原住民族个人和人民在尊严和权利方面与其他民族个人和人民是一样自由和平等的。"[35]世界银行对原住人民所实施的政策则表述为:其宗旨在于确保"发展过程充分尊重原住人民的尊

34　《天主教教理:普及权威本》(*Catechism of the Catholic Church：Popular and Definitive Edition*, Continuum International Publishing Group)2000 年版,第 495 页(§ 2304),着重号为笔者所加。

35　《联合国原住民权利宣言》(*United Nations Draft Declaration on the Rights of Indigenous People*),1994 年 5 月,"附件",着重号为笔者所加。

严、人权、经济和文化"[36]。我们甚至听到乔治·布什(George W.
Bush)总统在 2003 年的广播讲话中说到"非洲人民有权享有自由
和尊严的生活"[37]——尽管对于布什总统而言,我们永远无法知
晓:他是否特意将尊严与"人民"而非"个人"联在一起,即作为一种
政治哲学的表达,还是在他总统任上修辞语言经常出错的其中一
个而已。

所以,让我们进一步思考人民的尊严——它不是国家的尊严,
而是前政治意义上的民族尊严,或者种族尊严,甚至人种尊严(如
果人种概念还有意义的话)。当我们说到这些主体的尊严、基础性
尊严和平等尊严时,究竟是什么意思?

十二

然而,我们同样会遭遇一个问题,即这一尊严的属性在多大程
度上是基础性的。当我们说某个群体享有尊严,常常是因为:将尊
严归属于该群体,对于我们确定其成员在各种情形中的地位有重
要影响。譬如,主张群体 G 享有尊严,其实是主张 G 内各成员享
有尊严,不得降低或贬损个体成员所享有的崇高而又平等的地位。

这个问题在涉及种族时最为明显,特别是在像南非这样的有

36　《世界银行操作手册》(*World Bank Operational Manual*),Op. 4. 10(2005 年 7 月):
"原住民",电子文本可获自 *http∶//wbln0018. worldbank. org/Institutional/Manuals/
OpManual. nsf/B52929624EB2A3538525672E00775F66/0F7D6F3F04DD703985256
72C007D08ED?OpenDocument*(最后访问时间为 2007 年 8 月 7 日),着重号为笔者所加。

37　乔治·布什总统的"总统广播讲话"(2003 年 7 月 12 日),电子文本可获自
www. whitehouse. gov/news/releases/2003/07/20030712-1. html。

着种族主义历史的国家。面对那段不堪回首的历史,有些学者试图否定种族的客观实在性。普林斯顿大学哲学家安东尼·阿皮亚(Anthony Appiah)就是这么做的:客观上讲,阿皮亚说道,不存在种族或种族性群体这类东西。[38] 但另有一些学者,至少承认种族群体的现象或社会实在性,并指出,正确的做法是主张每个种族群体都拥有尊严且平等地拥有尊严。[39] 既没有优等种族,也没有劣等种族;人类每一特殊的血统都拥有其自己的平等尊严。并且这一平等尊严的实现,必然要求任何人都不得因其从属于特定的种族或民族群体而遭受个体尊严上的贬低。

在我看来,这种思想在南非判例法中一直相当重要。我所记得的这类判例中就包括"雨果诉南非共和国总统案"[40]和"财政部长诉范·希尔登案"[41]。在涉及性别歧视的"雨果案"中,南非宪法法院认定:"我们新的宪政民主秩序之初衷就在于,建立一个所有人不管其从属于哪个群体,具有何种成员身份,都将平等地享有尊严和获得尊重的社会。"[42]该法院还指出,这一尊严观念是禁止给

38   K. 安东尼·阿皮亚(K. Anthony Appiah):《种族、文化、身份:被误解的联系》("Race,Culture,Identity:Misunderstood Connections",载 K. 安东尼·阿皮亚(K. Anthony Appiah)、A. 古特曼(A. Gutmann):《肤色意识:种族的政治道德》(*Color Conscious:The Political Morality of Race*)1998 年版,第 30 页。

39   譬如,参见伊恩·F. 哈尼·洛佩兹(Ian F. Haney Lopez):《种族的社会建构:有关幻觉、编造和选择的一些看法》("The Social Construction of Race:Some Observations on Illusion,Fabrication,and Choice"),载《哈佛民权─公民自由法律评论》(*Harvard Civil Rights-Civil Liberties Law Review*)第 29 卷(1994 年),第 1 页起,在第 17—20 页。

40   *President of the Republic of South Africa v. Hugo*,1997(4)SA 1(CC).

41   *Minister of Finance v. Van Heerden*,2004(6)SA 121(CC).

42   *President of the Republic of South Africa v. Hugo*,1997(4)SA(CC)1,para. 92,引自戈德斯通(Goldstone)大法官。

予不公正的差别对待之原则的核心内容。在"范·希尔登案"中，宪法法院对此做出了更加清晰的阐释：

> 人的尊严因不公对待而受伤害……不公对待往往基于一个假设，即不受欢迎的群体不配享有尊严。我们的历史充分表明，这类歧视经常建立在不受欢迎的群体乃劣等群体的假设之上。这是对不受欢迎的群体的人之尊严的侵犯。镌刻在我们宪法上的平等，不能容忍将其他民众视为"二等公民，贬低他们，没有充分理由就把他们视作能力较弱的人，或者侵犯人的基本尊严的其他情形"。[43]

我认为，这是一种极为重要的思想，它告诉了我们一种关于个体尊严与群体地位之间相互联系的清晰观念。为了论述方便，我将把这一关于群体尊严的非歧视观念简称为"'雨果案'尊严观"（Hugo-dignity）。

但值得我们引起注意的是，"'雨果案'尊严观"主要是一种消极的理念。正如"雨果案"判决书中的那句话所揭示的，它主要是为了防止群体属性的界定对个人尊严的影响，而不是从正面谈论群体的尊严。"'雨果案'尊严观"并不包含群体本身就应该拥有尊严的任何观念，而只是要求群体特征不影响个人所享有的平等的基本尊严。说到底，"'雨果案'尊严观"即便应用于群体，依然是一种个人主义的理念。按照叶礼庭所理解的那样，从根本上说，它最

---

[43]　*Minister of Finance v. Van Heerden*, 2004（6）SA 121（CC），para. 116.

终面向的依然是个人所享有的平等的基本尊严。[44]

<h1 style="text-align:center">十三</h1>

所以,我这个分析性还原论者倾向于认为,"雨果案"意义上的群体尊严其实根本不是一种群体尊严观。我还能想象到有人会说,"雨果案"中所提及的群体其实根本不是一个明显的群体,而只是拥有共同特征的一批人或一堆人,如男人或女人、黑人或白人。当我们主张这些人的特征不应被用来贬损个人的尊严时,根本不涉及真正的群体。换言之,肯定不涉及诸如社群之类实体意义上的群体。

但是在其他情形中,那种还原论可能会得出无比肤浅的认识。譬如,有一种错误的观点认为,与种族主义或者民族歧视甚至性别和性倾向歧视做斗争,最终其实仅仅是我们这个社会如何看待某些个体特征的问题。

从另一侧面,也就是从种族主义视角来看,除非(譬如)将印第安人、阿拉伯人或非洲人在整体上看作不受欢迎的群体或社群,否则是不可能产生某种偏见形式的。我对种族主义心态并没有特别的研究,但是我相信,它并不只是针对个体特征所产生的一种心理。在美国,还残存着种族主义话语,其标志就是,我们会听到白人政治家有时将非裔美国人称作"这些民族",甚至面对非裔美国人听众时也将他们称作"你们民族"。有些美国人可能还记得,罗

　·44　参见本文前引注 5 所伴随的正文。

斯·佩罗(Ross Perot)在 1992 年竞选总统期间因演讲用词不当所
产生的重大消极影响。他在给"全国有色人种协会"所作的一次演
讲中,将非裔美国人称作"你们民族"。[45] 观众席中立即有人打断
了他的演讲,因为非裔美国人明白那个词汇究竟是什么意思。我
想说的是,就偏见而言,存在一个集体维度,偏见不仅仅是某个共
同体所持有的一项公共遗产(尽管这也没错),而且还具有指向共
同体的意味:偏见是作为共同体的某一人类群体对作为共同体的
另一人类群体的蔑视。而且,我的观点也并非不利于跟共同体层
面的偏见做斗争,因为相较于"雨果案"意义上的群体尊严观,我的
群体尊严观更强而有力,坚持认为群体的平等尊严积极回应了基
于种族因素贬损个人的行为。

　　将这一分析方法应用于性别歧视可能会稍难一些,因为性别
歧视经常是某人关于其自己群体应该如何组织起来,女性在其中
又该处于何种地位的看法,而非某一群体对其他群体所持的见解。
但是我们当然能够想象到,这一群体分析方法可更积极地应用于
针对同性恋的歧视,因为这种歧视既包括对个体特征的不公拒斥,
又包括对譬如男同性恋群体的反感厌恶。

　　总而言之,我是想说,如果有人认为,我们不需要反复着重强
调群体的平等价值和尊严就可以战胜这些形形色色的偏见,那最
终会是一个无比幼稚的想法。倘若贬损某一个体的尊严完全出于
或部分出于对该个体所属群体的蔑视,那么只要声称或重申该群

　　45　约翰·W.马什克(John W. Mashek):《佩罗因为说"你们民族"的话而疏远了
全国有色人种协会的听众》("Perot Alienates NAACP Audience with 'You People'
Remark"),载《波士顿环球报》(The Boston Globe)1992 年 7 月 12 日,第 10 页。

体作为一个集体所享有的平等的基本尊严,也许就可以战胜或成功抗击这种偏见。

十四

在人权研究者当中,有些学者可能会提出,倘若我们超越"雨果案"意义上的群体尊严概念或者我在前文曾提及的群体服务观念,[46]那么我们就走过头了。群体的价值就在于其所服务的个体,除此之外,其本身是没有价值的。叶礼庭按此思路说道:

> 群体权利的最终目的和正当基础,并不是保护群体本身,而是保护组成群体的个人。……权利语言不能被理解成或翻译成非个人主义的社群主义结构。权利语言以道德上的个人主义为预设前提,若不以此为预设前提,其将变得毫无意义。[47]

叶礼庭承认,为了保护个人权利,群体权利有时是必要的,[48]但其停留在此处,不再往前走了。

但是又一次,我想谨慎地再往前走一步。我们无法排除群体或集体本身拥有价值的可能性。我们不敢肯定,叶礼庭的群体观或我称之为群体的服务观在任何情况下都是正确的;相反,就群体价值和个人价值的实际关系而言,其有可能是误入歧途或毫无助

46　参见本文前引注 26 所伴随的正文。

47　叶礼庭(Michael Ignatieff),本文前引注 5,在该书第 67 页。

48　同上。

益的。简单地将群体视为个人之工具，可能忽视了个人价值可部分通过群体价值构造而成的事实。价值并不是一个容易解析的对象，我们应该尽可能地以开放的精神从事这方面的研究。

我的这些想法，长期以来受益于约瑟夫·拉兹（Joseph Raz）的作品，尤其是《自由的道德》一书中论权利的章节，它告诉我们，即便在对自由主义有着很深信念的背景中，也不排除其他可能性。拉兹已向我们解释，对个人自主的自由信念为什么也可能蕴含着重要的群体价值和公共价值。[49] 对于尊严来说，也可能同样如此。

在某些自由主义圈子里，只要你斥责各种形式的群体价值或群体权利，就很容易赢得掌声。但是，如我早先所说，我在本次讲座中所主张的，恰恰是可能令人恼怒的两点论："一方面……"和"另一方面……"。我既不愿意加入叶礼庭的阵营，对群体价值嗤之以鼻，或对尊严与个人主义道德哲学之间的联系赞不绝口；[50] 也无法全心全意地认同群体尊严的理念。

我的真实想法是这样的。我们无法在逻辑上否定群体的内在尊严观或群体权利观，我们不应基于自由主义教条千方百计地否定这种观念。确实，我们通过民族尊严所想要表达的所有观念，也许可以通过分析上的不懈努力，最终被化约为特定共同体对于维护其个体成员的尊严所做出的巨大贡献之解说。但是，作为共同体的一个民族也有可能——因为其文化、身份和使命——具有内在的重要性，这种重要性依赖于其所具有的共同善，而非其对于个

49　　参见拉兹（Raz）:《自由的道德》（*Morality of Freedom*），本文前引注 26，第 198 页以下。

50　　参见本文前引注 7 和前引注 49 所伴随的正文。

体成员分别具有的或累积而成的善。[51] 即便群体从根本上说无非就是由个体所组成的团体,但是群体本身也有可能包含着具有内在重要性的东西。倘若确实存在这样的东西,我们就应该尽心尽力地对它做出最好的说明,而从事这项工作却不使用尊严之类的术语是不可能的。

不仅如此,而且倘若不使用群体尊严话语确实无法对某种群体的重要性给予恰当的说明,那么我们就必须承认和面对群体尊严话语所可能产生的危险。我们知道群体尊严话语有可能被滥用。但是这一事实不足以令我们一概弃之不用,毕竟还存在着适合使用群体尊严话语的场合。这一事实仅仅告诉我们,对群体尊严的界定必须慎之又慎。道德实在论者会说,准确地描绘道德现象并不能保证其不具有危害性。即便那些非道德实在论者——譬如,基于实用主义而非形而上学的考量来描绘价值的论者——也无法保证实用主义考量就全然不会产生不利后果。虽然群体尊严话语可能危及某些重要价值,但是我们也可能从这种话语中收获一些重要的东西。无论如何,当我们在特定场合因对有关价值要素的理解而接纳群体的内在尊严理念时,我们既要通晓以此方式描述事物的理由,也要对此描述所可能产生的风险和危险保持清醒的认识。

51　另请参见笔者所撰《共同善能够成为人权吗?》("Can Communal Goods be Human Rights?")一文中的讨论,载杰里米·沃尔德伦(Jeremy Waldron):《自由权:论文集(1981—1991)》(*Liberal Rights: Collected Papers 1981-1991*,Cambridge:Cambridge University Press)1993 年版,第 339 页起,在第 356—357 页。

十五

因此，我们需要考虑两组理由。我在前面早已说过，我们之所以要认真对待群体尊严，在严格意义上，并不一定是为了感激群体对于个体幸福所做的贡献，或者为了支持非歧视论。无论是群体的服务性尊严，还是"雨果案"意义上的群体尊严，都不必被认为是基础性尊严或内在尊严。不过，正如我们通过探讨"雨果案"意义上的尊严所表明的那样，认真对待群体尊严的真正理由可能在于，我们只有通过更深层次的分析才能战胜扎根于深层次集体层面的歧视和种族主义，这就要求我们积极主张（譬如）种族群体享有平等的内在尊严。

然而除此之外，还有一两个经常用来强调群体尊严或群体权利之重要性但实际上并不充分的理由。为了维护诸如宗教自由之类的权利，并不一定需要借助于群体尊严话语。即便教徒们祷告的方式是群体性的，以及他们的——通常作为宗教社区的——教堂或清真寺就像他们的个人信念一样重要，我们仍然可以用传统的个人主义观念来说明这一切，正如我们可以用个人政治权利的理论框架来说明政党和集体自决的重要性。

同样，为了给社会和经济权利（其与公民和政治权利相对，公民和政治权利被认为当然能够建立在传统个人主义观念基础之上）奠定基础，也不是如某些学者所想的那样，必须依赖于群体尊严。[52] 事

---

[52]　参见 J. 菲茨帕特里克（J. Fitzpatrick）、R. C. 斯莱（R. C. Slye）："南非共和国诉格鲁特布姆"（"Republic of South Africa v. Grootboom"），载《美国国际法杂志》（*American Journal of International Law*）第 97 卷（2003 年），第 669 页起，在第 678 页。

实上,社会和经济权利也能建立在个人主义观念基础之上。尽管他们可能对群体团结的观念青睐有加,但团结主要是群众个体间利他主义的问题,与群体成员中需要帮助的个体密切相关,而非彰显作为一个集体的群体之价值。为了维护利他主义的义务感,并不一定需要群体尊严话语。[53] 植根于个人尊严的个人权利观,足以维护人们相互之间所拥有的义务感。正如霍菲尔德所说,义务与权利相伴而生,对一方的肯定也就是对另一方的肯定。[54]

所有这些都不是谈论群体尊严的充分理由。如果我们想要谈论群体的内在尊严,就应该出于正当的理由,即群体本身存在某种价值,或者对人类群体生活经验存在某种无法用其他方式表达的关切。

另一方面,事情并不总是那么简单。我所举出的关于社会经济权利和宗教权利的例子,可能还有群体之间相互歧视的维度,因而仍处在我于本文前一节所提出的考量范围之内。非常重要的一种情形是宗教迫害,即特定个体受迫害是因为其信仰,因为其被视为宗教团体的一员,因为其生活方式与主流社会的生活方式格格不入。还有一种情形,在饥荒或困难时期,一些人在经济上没有得到照顾,是因为让"他们这种人"自生自灭算了的想法。[55] 当出现这些情形时,我们完全可以说这些群体的尊严处于危险之中,对此说法

---

53 譬如参见玛丽·A. 格伦顿(Mary A. Glendon):《权利话语:政治语言的贫困》(*Rights-Talk: The Impoverishment of Political Discourse*)1991 年版,第 76 页以下。

54 韦斯利·N. 霍菲尔德(Wesley N. Hohfeld):《司法推理中应用的基本法律概念》(*Fundamental Legal Conceptions as Applied in Judicial Reasoning*, ed. W. W. Cook, Yale University Press)1964 年版。

55 譬如参见阿马蒂亚·森(Amartya Sen):《贫困与饥荒:论权利与剥夺》(*Poverty and Famines: An Essay on Entitlement and Deprivation*)1981 年版。

加以拒绝的人,即便出于分析性的理由,其道德感也是极其淡薄的。

而且,即便讨论的是个人权利和义务,群体也可能被卷入这些议题当中,以至于要求获得如同最初受到影响的个人之尊严所要求获得的那般尊重。譬如,在某些情形中,我们与之战斗的不正义主要是个体层面的不正义,但群体尊严话语可以成为向担负起记住不正义历史之责任并对此有所作为的群体表达敬意的一种方式。一个群体中的某些男女,可能遭受了饥饿、迫害或谋杀,而受害者所属的这个群体已担负起记住这些事件的任务。在这种情况下,将尊严赋予曾受到不公正对待的该群体,可以成为向记忆之实质和责任表达敬意的一种方式。我们可以说,在这些场合,尊严的主要问题是对受害者个体的尊严之侵犯。但是如果有人拒不承认群体尊严也间接地蕴含在其中,那么就再次显示了其道德感的淡薄。

十六

我说过,我们对于为什么赋予群体内在的尊严以及这么做的风险和危险是什么都应有清楚的认识。我们接下来探讨这么做究竟有什么风险和危险。

我曾讨论过在其他语境中群体尊严所面临的一些困境。[56] 这里所讨论的是在尊严语境中(即在信奉尊严的语境中)群体尊严所

---

[56] 杰里米·沃尔德伦(Jeremy Waldron):《认真对待群体权利》("Taking group rights carefully"),载 G. 胡斯克罗夫特(G. Huscroft)与 P. 里什沃思(P. Rishworth)编:《权利讼争:来自国内法与国际法视角》(*Litigating Rights: Perspectives from Domestic and International Law*)2002 年版,第 203 页。

面临的特别显著的一类困境,并将以此结束本文。

在我们所讨论的各种群体中,有一些是自然群体或准自然群体,如种族群体或人种谱系。有一些是集合群体,譬如说妇女群体,指所有妇女的集合,它与其说是自然群体,不如说是人为的集合。还有一些纯粹是人为的群体,如国家或其他机构。而且很多群体是被组织起来的,并通过组织表达自己,如社区、文化和宗教团体。我们将聚焦于诸如社区、文化和宗教团体之类有组织的群体以及诸如国家和机构之类的人为群体。

说这样一些群体是"被组织起来的",意味着这些群体往往包含各种角色、等级和阶层。社区不一定具有平等主义色彩,国家则很少具有平等主义色彩,并且如苏珊·穆勒·奥金(Susan Moller Okin)所说,文化经常将特定角色——重要的角色,但未必是授予权力的角色——分配给妇女。[57] 群体权利经常受到的一个批评

---

[57] 已故政治理论家苏珊·穆勒·奥金(Susan Moller Okin)是一位新西兰人,其在一篇雄辩的论文中提出:"个人的性生活及生育方面是多数文化集中关注的领域……宗教群体或文化群体往往特别关注'人法'——有关结婚、离婚、儿童监护、家庭财产分割和管理及继承的法律。因此,捍卫'文化实践',对女性生活的影响通常远远大于对男性生活的影响,因为女性将更多时间和精力投入到了维护个人的家庭生活和生育方面。显然,家庭制度不仅仅是与文化有所关联,而且是多数当代文化所主要关心的领域。毕竟,家庭是文化的实践和保存之地以及传递给年轻人的场所。反过来,家庭中责任和权力的分配,对于那些能够参与并影响更具有公共性的文化生活领域的人有着重大影响,有关公私生活的规章制度正是在这种公共文化生活中得以建立起来。"苏珊·穆勒·奥金(Susan Moller Okin):《文化多元论对女性有害吗》("Is Multiculturalism Bad for Women?"),电子文本可获自 www. bostonreview. net/BR22.5/okin. html。奥金的观点还可以在其同名著作奥金(S. M. Okin):《多元文化论对女性有害吗?》(Is Multiculturalism Bad for Women?,1999)以及更早一些的论文如《女性主义与文化多元论:一些冲突》("Feminism and multiculturalism: Some tensions", Ethics, Vol. 108, 1998, p. 661)中找到。

是,群体权利就如一匹特洛伊木马,有可能偷偷地将不平等重新引入包容的自由主义法理学之核心。正如我所理解的那样,这一危险在尊严语境中特别明显。

大家应该还记得我在一开始说过的话。与人权相关联的作为价值的尊严,很大程度上是重估与不平等和等级制相关联的价值的结果。古时候,"尊严"一词经常被用来表达下述思想:人有不同种类,分属不同等级,并被赋予不同价值(不同层级的内在价值)。我们现在使用"尊严"一词时完全抛弃了那样的想法,但吊诡的是,我们在使用"尊严"一词时仍然坚持人可以处在高级地位的想法,只不过我们现在认为所有人都处在这一高级地位,而不仅仅局限于一小部分人。[58] 基于平等主义理念对尊严价值的重估是一项非凡的成就,它虽然放弃了尊严的多重等级观念,但在平等中保留了尊严的高级价值观念。这是一个美妙而又富有挑战性的想法。

但是,这里有一个困扰我的想法:被赋予了尊严的群体在其内在结构中并不总是具有平等主义色彩;相反,群体经常根据等级观念组织起来,而这种等级观念恰恰是平等主义通过对尊严的价值重估想要克服的。尽管这绝不是一个必然真理,但却是一个普遍真理。因此,我们如果将尊严赋予群体,就有可能是在支持和强化平等主义尊严话语想要超越的等级和特权结构,就有可能摧毁把尊严与人权联系在一起的价值重估之成就,就有可能重新激活我们曾在价值上予以否定的等级制。

毕竟,结构、等级和不平等并非抽象的存在,而是群体生活的组

58　　参见本文第四部分,前引注 9—17 所伴随的正文。

成部分。促使尊严与个人尊严联系在一起的价值重估,其实是对群体、社会和文化的重估。这是一次激进的价值重估,并因此可能冒犯到了群体,群体的等级制度和观念也通过这种方式得到了改造。既然关于个人尊严的价值重估可以被理解为对群体尊严的冒犯,那么对群体尊严的强调同样可以被理解为对价值重估的平等主义事业的打击。群体可能认为,对于其尊严来说至关重要的一件事情就是:其成员——公爵和平民、婆罗门和贱民、丈夫和妻子——的尊严应该根据塑造了群体身份的规则、角色和阶层来加以确定。

如我在前面所说,与不同等级联系在一起的尊严观,转变成赋予所有人同样高的等级的尊严观,这一关于个人尊严的价值重估过程,在人之尊严的现代观念史中是一场极其重要的大规模运动。但它也是一场持续发生的极其脆弱的运动,并且很容易发生逆转。运动发生逆转的一种非常明显的方式就是,把群体尊严与维护构成其身份的等级和阶层联系在一起,并且主张要保护如此理解的群体尊严,以免个人尊严层面激进的价值重估对其造成冒犯。所以,这就是群体尊严话语的危险。它有可能摧毁促使个人尊严与人权联系在一起的价值重估之成就。[59]

---

[59] 一些人权学者认识到了这一挑战。譬如,参见 R. 霍华德(R. Howard):《尊严、社群与人权》("Dignity, Community and Human Rights"),载 A. A. 安纳伊姆(A. A. An-Na'im)编:《跨文化视角下的人权》(*Human Rights in Cross-Cultural Perspective*)1992 年版,第 81 页起,在第 83 页(写道):"尊严并不是个人对抗社会的一个主张;譬如,尊严并不是某人仅仅因其为人而值得尊重的一个主张。尊严毋宁是其出生时或融入社群时所赋予之物,是随其特定地位产生之物,或者在遵循其社会之价值、习俗和规范的成人生活中逐渐累积取得之物。"霍华德的观点实际上放弃了与尊严相联系的价值重估事业,并重新将尊严一词带回群体和社群所界定的等级和阶层及差序化价值和品质之旧有含义。她说,人权完全是一个不同的理念,将人权与尊严话语混在一起,对于我们并没有什么好处。

　　但是,它不一定这么做。首先,以此种尊严话语声称拥有平等尊严的各类群体中,至少有一些群体其内部并无此种差序结构。其次,有一些群体,如种族群体,几乎没有什么组织结构。再次,一些有组织的群体,其组织结构已按照平等的规范建立起来,因而与个人尊严的价值重估运动相一致,并不会受到价值重估运动的威胁。

　　而且,即便是通过不平等方式组织起来的群体,只要我们更审慎一点,对我们如何使用"群体尊严"一词作细致区分,也就能够避免我所谈论的危险。我并不是说,我们应该将群体分为两种类型,一种是接受自由平等之根本原则的群体,另一种是不接受自由平等之根本原则的群体,进而只承认前一种群体的尊严。这是自由主义哲学家经常采取的策略:只有自由的群体才拥有尊严。[60] 但这是偷懒的自命不凡的做法,会有层出不穷的问题。这不是我要提出的群体尊严理论。群体尊严只限于自由群体的想法忽视了下述事实:群体尊严概念中所包含的我们所珍视的一些理念,即便对于其组织和实践并不自由的群体,实际上仍然是有意义的。

----

　　[60]　譬如,参见威尔·金里卡(Will Kymlicka)与钱德兰·库卡瑟斯(Chandran Kukathas)之间的对话:库卡瑟斯(Kukathas):《存在文化权利吗?》("Are there any cultural rights?"),载《政治理论》(*Political Theory*)第 20 卷(1992 年),第 105 页;金里卡(Kymlicka):《少数民族文化权利:对库卡瑟斯的回应》("The Rights of Minority Cultures: Reply to Kukathas"),载《政治理论》(*Political Theory*)第 20 卷(1992 年),第 140 页;库卡瑟斯(Kukathas):《再论文化权利:对金里卡的反驳》("Cultural Rights Again: A Rejoinder to Kymlicka"),载《政治理论》(*Political Theory*)第 20 卷(1992 年),第 674 页。

我来解释一下我所说的意思。尽管一个群体可以是不自由的群体，但是对该群体的偏见在人类事务中仍然可能造成重大伤害。有一种非常错误的做法是，对于一个不自由的群体，断然否定其拥有我所说的"雨果案"意义上的尊严，譬如说，由于一个群体以违背个人尊严的方式对待其自己成员，因而外人就完全可以歧视这个群体的成员，理由是这个群体已经丧失了尊严。在我看来，这种情形正发生在世界各地的穆斯林群体身上。患有伊斯兰恐惧症的自由主义者自认为在宗教、着装规范等事情上有权歧视穆斯林，他们说，因为这些群体不自由的实践使它们丧失了群体尊严。所以，他们强迫年轻妇女除去头巾，穿上迷你裙，因为他们（自由主义者）否认伊斯兰社群所持关于端庄的信仰及其实践与尊严有任何联系。自以为是的自由主义者之所以认为他们有权使穆斯林蒙上污名，正是因为在他们看来，穆斯林群体无权拥有自由群体所拥有的尊严。

那当然不是我说我们应该更审慎地使用群体尊严概念时所想要表达的意思；相反，我建议我们应该区分两个问题：群体的尊严是一回事，基于我们对个人尊严的信念来评价该群体则是另一回事。这是两个不同的问题，并且第二个问题不应该被视为第一个问题的前提条件。即使我们因某个群体侵犯个人尊严而批评这个群体，我们仍然可以认为尊重该群体的尊严是重要的。譬如，我们可能仍然想要主张，与基督教群体和犹太人群体一样，伊斯兰宗教群体也有权获得同样的尊重，即便我们希望伊斯兰宗教群体以更平等的方式组织起来。值得我们谨记的是，我们西方也曾有过这样的经历：多年来，由于天主教会组织呈现出令人反感的阶层化色

彩,因此对天主教群体的歧视就被认为是可以接受的;或者,由于
苏联的政党组织形式呈现出我们所不喜欢的"独裁"色彩,因此,对
苏共的歧视就被认为是可以接受的。为了避免出现这种情况,我
们应该将群体尊严与我们根据尊严理念对其组织结构的批评区分
开来。

　　或者,我们想一想我们常说的民族国家的主权尊严。一个国
家并不会因为其统治者当前的专制统治而丧失控制其自己命运的
权利。即便我们基于尊严理念只能十分负面地评价一个国家对待
其公民的方式,该国之尊严仍然对我们提出要求,限定我们外人所
能做的事情。[61]

　　当然,如果群体尊严的捍卫者坚持把令人反感的文化或政治
结构视为群体身份的本质特征,那么我们就很难或不可能将这两
个问题区分开来。如果专制的神职人员结构是天主教会的关键特
征,[62]如果妇女的从属地位是伊斯兰教的核心要义,如果穆加贝的
独裁统治被认为是津巴布韦人民的内在要求,那么我们就无法将
我所提出的两个问题区分开来。

　　但是,至少通过对最后这些例子的反思,我们应该确信:根据
群体当前的政治或文化结构来界定群体身份——更不用说群体的

---

　　[61]　对人道主义干涉的讨论,参见 M. 沃尔泽(M. Walzer)《政治性思考:政治理论
文集》(*Thinking Politically*:*Essays in Political Theory*,ed. D. Miller)2007 年版,第
234 页。

　　[62]　约翰·洛克(John Locke)曾以天主教是引导性的为由与此展开斗争。参见杰
里米·沃尔德伦(Jeremy Waldron)《上帝、洛克与平等:洛克政治思想的基督教基础》
(*God*,*Locke and Equality*:*Christian Foundations of Locke's Political Thought*)2003
年版,第 220—223 页。

所有成员——是错误的。身份政治的所有表现形式都是令人唾弃的，不管是强调个人身份的政治，还是强调群体身份的本质主义政治。身份认同，倾向于将各种观念包裹在一起，从而使我们难以看到问题的不同性质并将不同问题区分开来——譬如个人尊严问题和群体身份问题，我所做的分析则努力将这两个问题区分开来。请注意，我不是说这两个问题毫无关联。二者间有着诸多重要而又清晰的联系。但是身份认同的主张总是倾向于遮蔽而非阐明这些联系，用令人炫目的有机统一教义代替复杂的预测。因此简单地说，我所主张的是不含身份认同的群体尊严概念。

十七

在群体尊严的问题上，我并没有简单地站在否定论或赞同论的某一方。我不愿意如同众多自由主义政治哲学家那样，说："是的，尊严当然仅仅指个人意义上的权利，毫无疑问，尊严是一个很好的东西。"他们这么说的时候，并没有对尊严的含义作深入思考；他们非常乐意使用尊严概念，但是当他们说群体不能拥有尊严时，在我看来，那仅仅是他们敌视群体权利的一个反映，而不是对尊严概念本身作认真思考的结果。

另一方面，我并没有说我们应该毫无保留地拥抱群体尊严话语。我认为，谈论群体的内在尊严不仅是可能的，而且有时还是必要的。譬如，当我们需要表达某类道德关怀的所有细微差别时就是如此。我们必须非常谨慎，因为它把我们带到了一个危险而又棘手的领地。但是，我们无法像强硬派自由主义者用极华丽的词藻所说的那样,完全否定群体尊严话语。

　　我想要努力表明,这不仅仅是个人主义者与其反对者之间对一个浮夸而又壮丽的词汇的争夺,我们必须超越这种印象。"人的尊严"一词蕴含着一种复杂且富有挑战性的意思:冲破世界上所存在的人和人之间以及人民和人民之间的各种等级阶层。我相信,仔细思索尊严的这层含义,有助于我们认识到群体尊严可能具有的意义。当然,我们也只有通过对其含义的仔细思索,才能发现和应对群体尊严话语中所隐藏的危险。

法律如何保护尊严*

一、享有尊严的法定权利

法律保护尊严最显著的方式，就是宣告并实施禁止减损或冒犯人之尊严的具体规定。其中有些规定是明言的，如《日内瓦公约》总则第 3 条规定，禁止"损害个人尊严"。另有一些规定是隐含着的，如《公民权利和政治权利国际公约》第 7 条和《欧洲人权公约》第 3 条的规定，其通过禁止贬损人格的方式保护尊严。①

这些条文究竟意味着什么？对此问题，我已花费不少笔墨。[1]在本文中，我将讨论法律对尊严的保护不那么显著的方式。此种

---

* 本文系纽约大学法学院"公法与法理研究"工作论文（2011 年 12 月）。作者曾在剑桥大学 2011 年度"大卫·威廉姆斯讲座"（Sir David Williams Lecture）上宣讲，后发表于《剑桥法律杂志》（Cambridge Law Journal）第 1 期（2012 年）。

① 其中，第 7 条规定："任何人均不得被施以酷刑，或被施以残忍的、不人道的或侮辱性的待遇或刑罚。特别是对任何人均不得未经其自由同意而施以医药或科学试验。"第 3 条规定："任何人均不得被施以酷刑，亦不得被施以非人道的或有损人格的惩罚或待遇。"——译者

1 参见杰里米·沃尔德伦（Jeremy Waldron）：《残忍、不人道和有辱人格的待遇：言词本身》（"Cruel, Inhuman, and Degrading Treatment: The Words Themselves"），载《加拿大法律与法理学杂志》（*Canadian Journal of Law and Jurisprudence*）第 23 卷（2010 年），第 269—286 页。另见氏著：《酷刑、恐怖活动与权衡取舍》（*Torture, Terror, and Trade-Offs*）2010 年版，第 9 章。

保护方式虽不那么显著,但却是更深层次的,更具有普遍性,且与法律的性质有着更密切的联系。因为当我们想到《欧洲人权公约》第3条或《日内瓦公约》总则第3条时,我们可能会觉得尊严受到这些条文的保护只是一种偶然情况。也许,任何有价值的人权法案或人权宪章,都应该确认人的尊严是值得保护的;但是众所周知,在实在法层面,很多权利法案遗漏了本应囊括的东西。譬如,《美国宪法》就没有提及尊严,如果说尊严理念在美国宪法教义学中有一席之地的话,那也是通过法官造法的形式引入的。举例而言,尊严理念对第8条修正案的宪法教义学就有一定的影响。[2] 而这也是历史的偶然,不用说其在时代潮流的冲击之下是相当脆弱的。因此,我们的问题是,法律与尊严之间是否存在并非这般偶然的联系?

二、作为权利基础的尊严

有些法学家提出,人的尊严不仅应作为一项人权得到法律的保护,它本身也是人权的一个根据,甚至说,人的尊严是人权的唯一根据。《公民权利和政治权利国际公约》在序言开篇就指出,本《公约》所确认的权利"源自人的固有尊严"。一些哲学家也表达了

2　参见 *Trop v. Dulles*,356 U. S. 86,100,1958。该案判决讨论了尊严对第8条修正案的影响。以及参见 *Furman v. Georgia*,408 U. S. 238,1972;*Gregg v. Georgia*,428 US 153,1976。这两个案件判决讨论了尊严对死刑判例的影响。

同样的观点。[3] 即便这并非试图表明尊严与法律之间的联系,但肯定试图表明尊严与以人权保障为核心的法律部门之间存在着全方位的联系。

另有一些学者则(带着怀疑态度)指出,"尊严"只是我们讨论人权时所使用的一个响亮的词汇,因此,人权法领域充斥着这一词汇并不偶然。克里斯托弗·麦克拉登在最近的一篇文章中评论道,尊严经常是人权讨论"达不成一致意见时的一根救命稻草",当人们想要其所说的听上去很有道理,但并不确定应该怎么说的时候,就使用这一词汇。[4] 这一观点可能过于悲观了,但它确实提醒我们注意,"尊严"可能已经成为一个不堪重负的概念。一个运用广泛的术语往往面临着沦为陈词滥调的危险,因此当我们探寻"尊严"与法律的普遍联系时必须注意,我们不应将眼光停留在修辞性的豪言壮语上。

三、"尊严"的含义

那么当我谈及"尊严"时,其含义指什么? 我们在法律中探寻

3　参见雅克·马里旦(Jacques Maritain):《人权与自然法》(*The Rights of Man and Natural Law*,New York:Gordian Press)1971 年版,第 65 页;詹姆斯·格里芬:《论人权》(*On Human Rights*,Oxford:Oxford University Press)2008 年版,第 5—6、21—22 页。

4　克里斯托弗·麦克拉登(Christopher McCrudden):《人的尊严与人权的司法解释》("Human dignity and judicial interpretation of human rights"),载《欧洲国际法杂志》(*European Journal of International Law*)第 19 卷(2008 年),第 655 页。

的"*尊严*"是指什么？在我看来，尊严是一种地位概念：[5] 尊严所涉及的是一个人在社会中以及与他人交往中所处的位置（也许是正式的法律资格，也许是较不正式的道德资格）。因此，当我探究法律确认、维护、保护或提升人之尊严的各种方式时，我所使用的尊严一词，其含义大致如下：

　　尊严是一个人所享有的地位。假如一个人被认为能够理解适用于其自身的规范和理由，并能据此控制和调整自身的行为，那么我们就可以推测其拥有尊严。其拥有尊严，是因为一个预设，即其有能力和资格为其自己的行为（以及调整其行为和组织其生活的方式）提供解释，他人也应对其解释予以关注。其拥有尊严，最后还意味着拥有实现其自主能力的必要手段，借此，其可要求作为我们人类中的一员被认真对待，并与他人的生活、态度和行为以及一般社会生活相协调。

　　通常，具有这些能力的存在者所拥有的法律地位，区别于不具有这些能力的存在者（如非人类的动物）所拥有的法律地位。但是人们在权力的运用上总是无所顾忌，其中一个例子就是，特定人群即使具有这些能力，但有时也被看作低人一等。换言之，他们所具有的这些能力，被认为是不重要的，并且对于统治他们的方式而言，也没有任何意义。由于存在这样的可能性，尊严只能作为一个规范

　　5　关于地位概念，参见 R. H. 格雷夫森（R. H. Graveson）：《普通法上的地位》（*Status in the Common Law*，London：Athlone Press）1953 年版。

性概念发挥作用：尊严是一个关于特定地位的规范性概念，它要求将特定地位授予所有人，并在统治他们的方式上，也应慎重对待。

我不是在规定尊严的含义。我只是认为，我所给出的定义很大程度上涵盖了我们日常用语中"尊严"一词所具有的含义。但是该定义是有争议的，还存在着其他不同的界说。我使用"尊严"一词时，将其看作一个地位概念而非价值概念（如康德在《道德形而上学的奠基》中所使用的那样，尊严被看作一种无比珍贵的、不可转让的价值）。在《道德形而上学的奠基》出版十二年之后，康德又出版《道德形而上学》一书。在他这部晚期作品的第二部分"德性论"中，康德再次论及尊严，在这里他更多地将尊严说成是地位问题：他谈到，一个人可以"要求"所有其他人给予其作为一个人所应有的尊重，这一尊重不再仅仅是他运用自己的道德能力所激发出来的（《实践理性批判》里曾有所论述的）无上敬畏，而是在可靠的平等基础之上给予他人的真正承认。换言之，他在行为时也将他人考虑在内，将他人看作最终的目的之一。在康德的这一讨论中，并未摒弃尊严所包含的绝对价值观念，但更多地是按照地位观念来阐述尊严的。

我的尊严概念并非正好涵盖"尊严"在法律中的所有含义。禁止贬损人格和冒犯个人尊严的规定，有时用于维护成年人自我呈现（self-presentation）所需的（自我照顾、满足基本生理需要的）基本利益，以及避免各种形式的羞辱对此利益的侵害。[6] 这一尊严

6　参见沃尔德伦（Waldron）：《不人道和有辱人格的待遇》（"Inhuman and Degrading Treatment"）。

观与我的尊严观具有同源性,二者都把人看作能够自我控制的存在物。因此,《欧洲人权公约》的判例中有一项教义:让戴着镣铐的罪犯或犯罪嫌疑人游街行走是有损人格的(除非这些人对自己或他人构成了明显且即刻的危险)。[7] 该教义的背后有一个理念:人是能够自我控制的。他们不仅仅是必须被拴住的野蛮动物。他们也不应该这样被示众。

就如何以符合道德的方式对待人类而言,还存在着诸多与尊严不具有直接联系的方面。譬如,我认为,尊重和维系人类生活是我们的基本义务,尽管它很重要,但其实与尊严没有直接联系。人类生活的高贵或神圣,其实并不是一个基于尊严论的观念。我知道,在罗马天主教文献和生物伦理学文献中,人类尊严确实用来表示人类生活的特殊价值或神圣性。[8] 在我看来,这个说法的问题不在于其浓厚的神学基础,而在于它生硬地将"尊严"这个术语用在了完全可以使用"价值"或"神圣价值"的地方。不过,尊严的此种用法与我所主张的用法之间究竟存在何种间接的联系,并非三言两语所能说清楚,而须另文探究,在此就不赘述了。[9]

当你听到我对尊严的界定时,应该很容易领会法律具有提升

---

7   比较 *Tekin v. Turkey*(2001) 31 E. H. R. R 4。

8   譬如,参见帕特里克·李(Patrick Lee)、罗伯特·乔治(Robert George):《人之尊严的本质与基础》("The Nature and Basis of Human Dignity"),载《法理》(*Ratio Juris*)第 21 卷(2008 年),第 173—193 页。

9   关于其中一些联系,笔者也曾有所讨论,参见拙作:"上帝的形象:权利、理性与秩序"("The Image of God: Rights, Reason, and Order"),载约翰·威特(John Witte)、弗兰克·亚历山大(Frank Alexander)编:《基督教与人权:一个导论》(*Christianity and Human Rights: an Introduction*,Cambridge: Cambridge University Press)2010 年版,第 10 章。

尊严的内在特性这层意思。你之所以会有这样的印象，是因为我举例解释说，一个人有权在（譬如）一个公开的审判庭上为自己发声，并要求审判者认真倾听自己的观点，事实上，在做出任何一个（与其利益攸关的）公共决定前，都有权要求其观点被考虑在内。毫无疑问，我所说的是一个法律上的理念，并且不难证明，这一理念并不是偶然出现的。也就是说，它不是因为立法者决意提升尊严（如《日内瓦公约》总则第 3 条的制定者决意提升尊严那样）才出现的。尊严看起来明显与听审、正当程序和诉权的法理念勾连在一起。本文余下部分的主要目标就是阐发和彰显这些联系。

四、尊严与权利的形式：哈特、 费因伯格和德沃金

到目前为止，我们已做了初步的探索。本讲座一开始，我们思考了将尊严看作一项特定权利的观念。接着，我们又思考了将尊严看作各项人权之基础的（通常在国际人权基本文件的序言中得到表达的）观念。尊严与权利之间可能存在的第三种联系是，权利的形式与结构本身就传递出权利享有者拥有尊严的观念。

这一观念因哈特提出来的权利的“选择论”或“意志论”而为我们所熟知。[10] 在一篇发表于 1955 年的论文中，哈特指出，某人享有

10　参见 H. L. A. 哈特（H. L. A. Hart）：《是否存在自然权利？》（"Are There Any Natural Rights?"），载《哲学评论》（*Philosophical Review*）第 64 卷（1955 年），第 175—191 页。此文收录于杰里米·沃尔德伦（Jeremy Waldron）编：《权利理论》（*Theories of Rights*，New York：Oxford University Press）1984 年版，第 3 章。

一项法律权利或道德权利,不仅仅意味着此人成为法律或道德所
关怀的对象。他不赞同权利的"利益论"或"受益论"。他倾向于将
权利的享有者描述成有权决定他人(在某方面)的义务应该是什么
的人:

　　　　Y处于这样一种道德地位,他有权依自己的选择决定X
　　应该如何行为,并因此限制X的选择自由。正是基于这一事
　　实,而非他受益的事实,我们可以恰如其分地说他享有一项
　　权利。[11]

　　Y(权利享有者)可以针对X提出某种要求,对此要求,X必须
予以重视,也许这就是他的尊严之所在。尽管哈特最初是针对自
然权利提出这一论点的,但他(至少一度)认为,这一论点也适用于
法律权利。[12]类似的观点,可见之于费因伯格论作为主张的权利
的文章:拥有一项法律上的权利,就是权利人有资格在我们面前提
出自己的主张,并要求我们予以考虑,这意味着权利人获得了承
认,从而拥有尊严。[13]既然权利在法律中无所不在,那么对权利人

---

　　[11]　参见 H. L. A. 哈特(H. L. A. Hart):《是否存在自然权利?》("Are There Any
Natural Rights?"),载《哲学评论》(*Philosophical Review*)第 64 卷(1955 年),第 180 页。

　　[12]　但是参见 H. L. A. 哈特(H. L. A. Hart):《边沁论法律权利》("Bentham on
Legal Rights"),载 A. W. B. 辛普森(A. W. B. Simpson)编:《牛津法理学文选》(*Oxford
Essays in Jurisprudence*,Oxford:Clarendon Press)1973 年版,第 7 章,开始从这一立场
撤退。

　　[13]　乔尔·费因伯格(Joel Feinberg):《权利的本质与价值》("The Nature and
Value of Rights"),载《价值探索杂志》(*Journal of Value Inquiry*)第 4 卷(1970 年),第
243—260 页。

提出主张的资格的承认和尊重，也就成为法律对尊严的保护无所不在的方面。

　　人们有时会说，我们可以想象一套不包含权利的法律。如果那是指我们可以想象一套不包含这里所讨论的任何要素的法律，那么这种说法就是错误的。即便哈特关于权利的观点总体上是错误的，法律创设和尊重具有哈特的选择论所描述的权利属性的地位，依然是非常典型的（而非仅仅是偶然的）；譬如，法律允许潜在的原告决定是否追究某一违背规范者的责任，这是对他们的承认，以彰显他们的尊严。倘若德沃金于多年前在《认真对待权利》一书中提出的基本"权利论"是正确的，那种说法的谬误就更显然了。[14]德沃金认为，任何人提出法律上的某种诉求，都是运用权利的语言和语气，以有权做某事的方式，而非恳求或劝说做某事的方式提出的。（无论是正式的人权案件，还是普通诉讼，比如说侵权或合同案件，莫不如此。）法律案件中的一方当事人不会说，被告或另一方当事人应当向其支付一笔钱，因为这是一个非常好的主意。他不可能这样提出自己的要求；相反，他是基于其享有的权利提出要求的。并且，法律通过承认他提出要求的这一资格，而赋予他作为一个权利享有者所拥有的尊严。所以，这一点是值得我们牢记在心的。

　　不过，我认为，尊严与法律之间可能还存在着比这更直接的联系，值得我们进一步探究。即便德沃金的权利论与此并不相关，或

　　14　罗纳德·德沃金（Ronald Dworkin）：《认真对待权利》（*Taking Rights Seriously*，Cambridge：Harvard University Press）1977年版。

把我们带到了法理学上的死胡同,尊严与法律的理念之间是否依然存在着概念上的联系呢?

五、富勒与自我实施的尊严

郎·富勒在《法律的道德性》一书——该书以他在 1963 年耶鲁大学法学院所做的(属于"威廉·斯托尔斯讲座"系列的)几次讲座为基础——中,提出了非常有名的他称之为法律的内在道德的理论,即法律的一般性、法不溯及既往、法律的清晰性、法律的稳定性、法律的无矛盾性等形式原则获得遵守,乃是基本的立法技艺。[15]

法律实证主义哲学家们(始于哈特),对于富勒将这些内在原则称作"道德",表示很困惑。[16] 在我看来,这个困惑是狡黠的,我曾在发表于 2008 年《纽约大学法律评论》上的一篇文章中讨论过这一点。[17] 富勒将这些内在原则称作"道德",是因为他认为这些原则具有内在的道德意义。这不仅因为他认为遵守这些原则可以

---

15 朗·富勒(Lon Fuller):《法律的道德性》(*The Morality of Law*,New Haven:Yale University Press)1964 年版,特别是第 2 章。

16 譬如,参见 H. L. A. 哈特(H. L. A. Hart):《朗·富勒〈法律的道德性〉书评》("Book Review of Lon Fuller, *The Morality of Law*"),载《哈佛大学法律评论》(*Harvard Law Review*)第 78 卷(1965 年),第 1281 页起,在第 1284 页。

17 杰里米·沃尔德伦(Jeremy Waldron):《实证主义与合法性:哈特对富勒模棱两可的回应》("Positivism and Legality:Hart's Equivocal Response to Fuller"),载《纽约大学法律评论》(*NYU Law Review*)第 83 卷(2008 年),第 1135 页起,特别是第 1154—1156 页。

使不正义之事更加难为——他对此确实是坚信不疑的，[18] 而且还因为他认为遵守他所识别的这些原则本身就体现了对人之尊严的尊重。富勒在《法律的道德性》一书中这样说道：

> 要开展使人的行为服从于规则之治的事业，必然需要信奉这样一种观念，即：人是或者能够变成一个负责的理性行动主体，能够理解和遵循规则，并且能够对自己的过错负责。对法律的内在道德之原则的每一次偏离，都是对作为负责的理性行动主体的人之尊严的冒犯。根据未公开的或溯及既往的法律来判断他的行为，或者命令他做不可能的事情，这些都是在向他表明：你完全无视他的自我决定的能力。[19]

这段话并非陈词滥调。富勒在这里指向了法律中非常特殊的一个维度——通常表现为亨利·哈特和艾伯特·萨克斯在《法律程序》一书中所说的"自我实施"（self-application）[20]，即：人们能够将官方公布的规范适用于自己的行为，而非坐等国家强制介入。

18　朗·富勒（Lon Fuller）：《实证主义与对法律的忠诚——对哈特教授的回应》（"Positivism and Fidelity to Law—A Reply to Professor Hart"），载《哈佛大学法律评论》（*Harvard Law Review*）第 71 卷（1958 年），第 630 页起，在第 636—637 页及第 644—645 页。

19　朗·富勒（Lon Fuller）：《法律的道德性》（*The Morality of Law*），第 162 页。（此处译文参考了郑戈的中译本，商务印书馆 2005 年版，第 188—189 页。——译者）

20　关于"自我实施"的理念，参见亨利·M. 哈特（Henry M. Hart）与艾伯特·萨克斯（Albert Sacks）：《法律程序：法律创制与实施中的基本问题》（*The Legal Process：Basic Problems in the Making and Application of Law*，Westbury NY：Foundation Press）1994 年版，第 120—121 页。

自我实施是法律体系运行中十分重要的特征。法律体系通过利用而非抑制普通人类个体的理性能力来运行。法律体系的运行依赖于人们的实践认识能力、自我控制能力、自我监督以及根据自己所掌握和理解的有关规范调整自己的行为的能力。

即便当一般规范的自我实施不再可行，而需要制度性的决定时——这或者是因为规范的实施发生了争议，或者是因为规范的实施内在地要求由官方作决定——法律上最终发布的特定命令依然期待人们的自我实施。譬如，期待私法诉讼中败诉的被告自己主动支付判决所确定的损害赔偿金，很少出现必须由执行官强制拿走其财产的情形。我并不想否定法律在根本上所具有的强制性（对此，我将在下文作更多的探讨）。但是，即便在强制要素十分突出的刑事案件中，我们也能经常看到设定某个期限允许罪犯投案自首的例子。当然，他如果不投案自首，将被竭力追捕，直至抓获归案。无论如何，法律总是尽一切可能地寻找各种方式，以便其一般规范和数量众多的具体判决得到人们的主动实施。

这一切都使得依法治理非常不同于（比如说）用驱牛棒驱赶牛群或用牧羊犬看管羊群。依法治理也非常不同于通过一声喝令吓阻某种行为。在我看来，对自我实施的广泛强调，是法律的特性，它使法律截然区别于主要靠操纵、恐吓或类似电击的行为运作的统治体系。正如富勒所认识到的那样，它代表了法律对人类个体尊严的坚定承诺。约瑟夫·拉兹在最初发表于 1977 年关于法治的著名论文中也表达了类似想法，他首先将法治与法律的行为指引特征联系起来，进而将法治与尊严理念联系在一起：

　　　　如果法律应该尊重人的尊严，那么遵循法治就是必要的。

尊重人的尊严,意味着把人看作有能力计划和安排自己未来的个体。因此,尊重人们的尊严,就必须尊重他们的自主性,尊重他们控制自己的未来的权利。[21]

其他法律实证主义者似乎不大愿意去探讨法律对人的尊严的承诺意味着什么。耶鲁大学法学院的朱尔斯·科尔曼煞费苦心地争辩说,法律的行为指引功能并非必然表达了一种尊严价值。他竭力将诸议题分离开来:

> 法律确实是能够实现某些迷人理想的东西。有关法律的这一事实并非必然是我们的法律概念的一部分。……如果有人迷恋自主和尊严的道德理想,那么他就能够看到我的分析要素是如何构成(法律)这个有能力包容这些理想的东西,而其他的治理形式无此能力。……但是自主(和)尊严……丝毫未进入我所提供的分析当中……这些理想外在于法律的概念;法律恰巧成为能够很好地服务于这些理想的东西。服务于这些理想的能力,在纯粹形而上学的意义上,是法律的一种内在可能性。这对于法律的分析该如何展开没有任何意义。[22]

科尔曼强调并非一项实践的每一种可能性都是其概念的一部

[21] 约瑟夫·拉兹(Joseph Raz):《法治及其美德》("The Rule of Law and its Virtue"),收录于《法律的权威:法律与道德论文集》(*The Authority of Law: Essays on Law and Morality*,Oxford: Oxford University Press)1979年版,第221页。

[22] 朱尔斯·科尔曼(Jules Coleman):《原则的实践》(*The Practice of Principle*,Oxford: Oxford University Press)2001年版,第194—195页,另见第205—206页。

分,这无疑是正确的。我不妨用几个类比加以说明。宗教具有煽动杀人激情的可能性,但这无论如何都不是宗教的特性。另外的例子较难理解。贯彻政治平等的原则是我们的民主概念的一部分。但是通过协助政权的和平更替来减少暴力,是否也是我们的民主概念的一部分呢？约瑟夫·熊彼特认为是的,但另有学者认为,这只是有关民主的一个事实,而非观念上的真理。[23] 我们很难理解,一个人怎么会做出这样的判断。它当然是有关民主的一个显著事实。同样,法律对尊严的承诺——通过自我实施的运用——也是有关法律的一个显著事实。我猜想,反驳性的意见是,选择具有这一特性的法律治理方法（而不是其他治理方法）,可能仅仅是为了有效治理,而并不必然表示对人的尊严有丝毫的道德信念。就其本身而言,这可能是一个合理的观点。但是在接下来的几个部分,当我们考虑到法律保护尊严的其他方式时,我们可能就难以容忍科尔曼的观点了。我们不难猜测,否认法律概念与诸如尊严之类的价值之间存在任何联系,更多地是出于一种教条主义的愿望,而非真正洞见到社会控制的行为指引（action-guiding）模式区别于纯粹基于奖惩的行为诱导（behavior-eliciting）模式的特殊性质。

　　另有一个观点。人们倾向于认为,只有当法律是确定的时候,即只有当法律以清晰规则的形式呈现出来的时候,法律才能发挥行为指引的作用。但值得注意的是,法律经常以标准的形式呈现

　　[23]　约瑟夫·熊彼特（Joseph Schumpeter）:《资本主义、社会主义和民主》(*Capitalism, Socialism and Democracy*, New York: Routledge)2006 年版,第 22 章。

出来,譬如侵权责任法中合理注意的标准。法律程序论认为,只有当这些标准的不确定性通过官方的阐释消除之后,法律才能自我实施。[24] 但是在人类生活的很多领域,法律实际上是在未经此类明确阐释的情况下运作的。这显示了对个人有能力思考和处理标准适用问题的信念,但并不保证适用于类似情况一定会获得相同的结论。[25]

我认为,法律的这一特性同样预设了对人的尊严的承诺。法律假设普通人能够将规范适用于他们自己的行为,并将此作为治理的轴心。普通人能够像官员一样行事:确认一项规范,理解它对其行为的意义,做出一个决定,并依该决定而行事。

六、程序

法律保护被治者尊严的第二种方式表现为:在官方有必要对他们做出一个决定时,也就是当自我实施是不可行或不可取的时候,或者在规范的实施中产生了争议因而需要由官方来解决的时候,法律为他们提供了参加诉讼或听审的机会。[26]

24　参见亨利·M. 哈特(Henry M. Hart)与艾伯特·萨克斯(Albert Sacks):《法律程序》(*The Legal Process*),第 150—152 页。

25　参见杰里米·沃尔德伦(Jeremy Waldron):《模糊性与行为指引》("Vagueness and the Guidance of Action"),载马默(Marmor)与索姆斯(Soames)编:《法律语言的哲学基础》(*Philosophical Foundations of Language in the Law*, Oxford:Oxford University Press)2011 年版,第 58 页。

26　这部分内容大多来自杰里米·沃尔德伦(Jeremy Waldron):《法律的概念与法治》("The Concept and the Rule of Law"),载《乔治亚大学法律评论》(*Georgia Law Review*)第 43 卷(2008 年),第 1 页起。

　　法律制度不仅仅是一套被官方承认并适用于个案的一般性规范。我们之所以称法制（*law*）是一种治理模式，是因为官方以一种特殊的方式适用法律。法律是通过法院（*courts*）而适用的，这里所谓的法院，我指的是一套机制，它致力于解决以全社会的名义创制的规范和指令应用于个案时所产生的争议，并且争议是通过听审的方式解决的，听审活动通过严密的程序组织起来，以确保中立的审判庭在审查双方证据和听取双方辩论后公正有效地决定特定人的权利和义务。

　　显然，现代实证主义法学对法律概念的解释很少论及法院。哈特在《法律的概念》中，将法律理解为一级规则（primary rules）与二级规则（secondary rules）的结合。其中，一级行为规则的创制、修改、适用和实施的方式，是由二级规则所控制的。当他引入一级规则的概念时，他确实谈到从"前法制社会"到"法制社会"的转变过程中"裁判规则"出现了：他说这些"二级规则授权某些个人，就特定情形下一项一级规则是否被违反，做出权威性的决定"。[27] 但是，哈特的这个解释仅仅从职能角度对相关机构作了界说："对一项一级规则是否被违反……做出……权威性的决定。"至于这一职能的履行须经何种独特的程序，他丝毫没有讨论。[28] 因此，没有任何听审程序的仅有一方当事人参与诉讼的星座法院，符

---

[27]　　H. L. A. 哈特（H. L. A. Hart）：《法律的概念》（*The Concept of Law*，Oxford：Oxford University Press）1994 年修订版，第 96 页。

[28]　　哈特承认，次级规则当然有必要规定这些机构运行的程序（同上书，第 97 页）。但是他似乎认为，不同的社会可以有不同的规定，并且法律的概念中无任何要素约束这一规定。

合哈特的界说；澳大利亚那里不讲正当程序的所谓"袋鼠法庭"（Kangaroo courts），以及因某人违反一项命令而做出将其处死的秘密决定的警察局长，也同样如此。在法律实证主义学说的神圣大厅外，我想大多数人会认为，听审和公正的诉讼程序及其所带来的安全保障，是我们称其为法制的制度性装置的本质特征，而非可有可无的特征。毫无疑问，它应该被认为是法治的核心要素，而非无关紧要的方面。[29]

　　当然，对于一些细节问题，我们不应当持本质主义立场。在（诸如法学研究等）一般法理学层面，法院和听审的概念必然是非常抽象的。[30] 在不同的法律制度中，所运用的听审和程序之性质是有差异的。然而，法院不仅仅是一个法律实施机构的概念。其本质理念并非单纯是功能性的：将规范适用于个案。倘若把过程、陈述、仪式、公正和论辩等要素从中抽去，即便在一般法理学层面，也将大错特错。其基本理念是程序性的：法院的运作蕴含着一种程序机制，案件的直接相关者有机会做出陈词和展示证据（证据的展示过程按照严格的以规范适用为中心的关联性规则有序地进行）。证据的展示模式可能有所不同，但是这样一种展示机会的存在是没有什么不同的。在公开的庭审中，证据一旦展示出来，另一

　　29　杰里米·沃尔德伦（Jeremy Waldron）：《法治与程序的重要性》（"The Rule of Law and the Importance of Procedure"），载詹姆斯·弗莱明（James Fleming）主编：《律法第 50 卷：抵达法治》（*Nomos 50：Getting to the Rule of Law*，New York：New York University Press）2011 年版，第 1 页。

　　30　参见马丁·夏皮罗（Martin Shapiro）：《法院：比较法上和政治学上的分析》（*Courts：A Comparative and Political Analysis*，Chicago：The University of Chicago Press）1986 年版。

方当事人就可以对之检视和质证。在这一程序的最后,双方当事人都有机会发表意见和总结陈词。在这个过程的任何阶段,双方都获得了有尊严的对待,因为毕竟法庭听取了双方意见,并且在其最终给出的判决理由中,必须以某种方式处理法庭上展示的证据以及对双方意见给予回应。[31]

　　这些特性都是抽象的,但并不是武断地抽取出来的。它们体现了一种深层次的与法制基本理念相联系的重要思想:法制这一通过法律来调控人们行为的治理模式,承认人们对于法律规范适用于自身的行为和情形,具有自己的观点或能够陈述自己的见解。将法律规范适用于人类个体,不像决定该如何处理疯狂的动物或废弃的房子,它要求适用者尊重其所面对的主体并关注其观点。因此,它体现了一种至关重要的尊严理念:尊重作为规范适用对象的人的尊严,将其视为有能力为自己辩护的存在者。

七、法律论辩

　　事实上,法庭审判不仅仅是听取双方当事人讲述发生了什么事情,而且还是一个论辩的过程。一方律师提出法律上的一个论点,另一方律师予以反驳,法官则从论辩角度对双方的论点做出成立或不成立的判断(这一判断是从法律论辩的角度做出的,因而不完全是专断的决定)。在我看来,这是法律概念的一

---

[31]　朗·富勒(Lon Fuller):"裁判的形式与限度"("The Forms and Limits of Adjudication"),载《哈佛大学法律评论》(*Harvard Law Review*)第 92 卷(1978 年),第 353 页起,在第 358 页。

部分。它构成了法律尊重人的尊严的另一个维度。下面我稍作解释。

法律出现在其治下的人们面前时，假定人们是能够理解自己的。我并不是说，人们能够理解法律所包含的每一个尺度，某个人通过确定立法者的意图或许能够做到这一点。我是说，人们能够在宏观上把握法律的"要义"，能够理解法律对某一类行为的调整如何与法律对另一类行为的调整合理地联系在一起。法院所施行的规范，看似只是一条又一条令人生厌的指令，但是法院对待它们的方式呈现出一种对体系性的追求。尽管立法和先例逐个地添加进法律中，但是律师和法官通常努力地将法律看作一个整体，他们努力运用智慧将个别立法或先例整合进一个意义结构中，使法律具有某种一致性或体系性。这当然是法典编撰和法律重述的工作原理。但它对普通当事人而言，也是一个可资利用的原理和机会。因此，当原被告面对法律中的特定指令，试图构思自己的论点时，可以利用法律追求体系性这一原理——请求法庭思考一下，某方当事人提出的观点，总体上如何符合法律的某种逻辑和精神。

因而，法律以同样的方式尊重生活在其治下的人们，认为他们是具有理性和智慧的。[32] 换言之，生活在法律治理下的人们，被认为是思想者，能够把握和理解法律治理的原理，并通过复杂的智力活动，将此原理融入他们自己有关自身的行为和目的与国家的行为和目的之间有何联系的见解中。这也是法律对人的尊严的一份献礼。

---

[32] 关于这个主题，笔者在另一篇论文中有更多的论述，参见《深思与法治》("Thoughtfulness and the Rule of Law")，载《英国科学院评论》(*British Academy Review*)第 18 期（2011 年 7 月）。

　　毫无疑问，法律对人的尊严的这份尊重是有代价的，即在一定程度上减损法律的确定性。有时，律师和法官会提出一个论点，主张法律适用于特定类型的事件或行为的结果已经包含在某个命题中，即便这个命题尚未以立法的形式明确规定，或者法院以前还没有明确表达过（直到这一刻）。他们可能这样说，这个命题既然能够有说服力地从既有的法律资料中推导出来，那么就应该被赋予法律的权威。设置法院，并要求该机构仔细听取和回应当事人按此思路提出的意见，是法制的一个典型特征。这些意见不完全是法律应该是什么的主张，如同议院大厅外对议员所做的游说一般。这些意见是理性的论辩，是关于法律是什么的相竞争的主张。当然，所提出的主张不可避免是有争议的：一方当事人会说，这样的命题无法从既有的法律中推导出来；而另一方当事人会回应说，只要我们认为法律可以比人们以往所认为的更加融贯，这一命题就可以推导出来。因此，判断这个命题是否具有法律的权威，经常是一个争论的问题。

　　换言之，法律变成了一个论辩问题。这看似可能与我们之前所讨论的法律尊重人的尊严的第一个方面不相一致，其要求法律十分信任人们，授权人们在第一线自我实施法律规范。有人可能会追问，如果法律像我前面所概述的那样具有可争议性，那么法律通过授权人们自我实施法律规范来实现对人的尊重又如何可能呢？但是正如我在对标准的扼要讨论中所说的那样，自我实施并非严格地预设法律具有确定的规则形式。相信普通人具有实践理性，可以是相信他们对于诸如何谓合理和不合理等问题具有思考的能力，而不仅仅是相信他们能够辨识一项规则并机械地将之适用于自身的行为。因此，法律对人们的信任，也可以不仅仅指相信他们能够将（诸如"合理的"等）一般道德判断适用于自身的行为，而且指相信他们能够思考和解释一整套规范与先例对于自身行为的意义，而非仅仅能够将单个的规范机械地适用于自身的行为。

法院、听审和论辩——法律的这些方面并非是可有可无的装饰，它们是法律运作的内在组成部分，它们对于法律尊重人的主体性要求而言是不可或缺的。如果说为了个人自由，我们只应重视有助于提高规则的清晰度和确定性的治理举措，而无需重视自由独立之士很可能会主张的论辩机会，那么法律与合法性的根基——尊重每个人的尊严和自由，将每个人视为具有理性能力的主体——就将受到严重减损，犹如被挖去了一半。

八、等级与平等

现在让我们转向尊严与现代法律观念之间的另外一种联系。我在 2007 年发表的一篇论文中，以及 2009 年加州大学伯克利分校的"坦纳讲座"上提出，我们应该重视古代社会尊严与等级之间的某种联系。（论文的题目为《尊严与等级》，讲座的题目为《尊严、等级与权利》）[33]

33　杰里米·沃尔德伦（Jeremy Waldron）：《尊严与等级》（"Dignity and Rank"），载《欧洲社会学杂志》（*European Journal of Sociology*）第 48 卷（2007 年），第 201 页起；以及《尊严、等级与权利》（"Dignity，Rank，and Rights"），收录于苏珊·杨（Suzan Young）主编：《坦纳人类价值讲座》（*The Tanner Lectures on Human Values*，Vol. 29，Salt Lake City：The University of Utah Press）2011 年版，第 207 页。

在古罗马,"尊严"(dignitas)一词含有因等级或职位而享有荣誉和特权并受到尊重的意思。在英国,这也是"尊严"一词的本义,正如 1399 年剥夺理查二世王权的法律写道:"你已被褫夺王位和治权及其附随的一切尊严和荣誉。"[34] 有学者认为,尊严与等级之间的这一古老联系,已被源自斯多葛学派、后又为犹太基督教所主张的人性尊严观念所取代。[35] 我并不认同这一观点。在我看来,正如我在《尊严与等级》一文中所指出的,事实的真相并不是此观念为彼观念所取代,原先的(等级)观念已不复存在,而毋宁是高级地位的普遍化,也就是处于低级地位的人逐渐被提升至高级地位从而达到普遍平等。[36]

我的想法是,人之尊严的现代观念并非清除了等级思想;相反,它蕴含着将低等级提升至高等级的平等化思想,因此,我们现在尽力地赋予每个人以前只有贵族才拥有的尊严、等级和应得的尊重。(我的这个想法来自格雷戈里·弗拉斯托斯,[37] 詹姆斯·惠特曼也曾在其著作中追寻"以前只有上层人士才能享受的待遇扩

34　1399 Rolls Parl. III. 424/1. 引自《牛津英语词典》(*Oxford English Dictionary*),检索条目:"dignity"。

35　譬如,参见特雷莎·伊格莱西亚斯(Teresa Iglesias):《基本真理与个人尊严》("Bedrock Truths and the Dignity of the Individual"),载《逻各斯:天主教思想与文化杂志》(*Logos: A Journal of Catholic Thought and Culture*)第 4 卷(2001 年),第 111 页以下。

36　参见沃尔德伦(Waldron):《尊严与等级》("Dignity and Rank"),第 215 页以下。

37　格雷戈里·弗拉斯托斯(Gregory Vlastos):《正义与平等》("Justice and Equality"),载沃尔德伦(Waldron)编:《权利理论》(*Theories of Rights*),第 41 页。

展至所有人群"的思想。³⁸）我认为,这也符合我在本文中试图通过典型的法律机构、法律程序和法律实践予以说明的地位概念。

我们不难想象一种等级森严的统治体系(当然,我们也不难在历史中找到这种统治体系)。在这种有点像法制的统治体系中,上等人被认为有能力充分地参与其中,因此他们有权自己实施规范,他们的证词举足轻重,他们有资格享受精密程序的保障等。如果对他们采取强制措施,也会采取一种非常尊重他们的方式,而截然不同于对其他社会阶层的人采取的方式,对后者往往更加残酷。甚至对上等人执行死刑,也会有一套特殊的贵族式死刑执行方法,譬如对贵族采取斩首的方法,对平民则采取绞刑的方法。^①　往极端上说,甚至可能有一个种姓或阶级,其成员完全处于受强制的境地:对待他们或他们所说的,不会给予一丁点信任;即便他们出现在听审程序中,也是戴着镣铐的;他们的证词若要被采信,必须经受酷刑的考验;他们既没有资格为自己的主张做辩护或决定要不要做辩护,也没有资格在法庭上作陈述或要求听审者认真对待。

38　詹姆斯·惠特曼(James Whitman):《人的尊严在欧洲和美国》("Human Dignity in Europe and the United States"),载 G. 诺尔蒂(G. Nolte)编:《欧美宪政》(*Europe and US Constitutionalism*, Strasbourg: Council of Europe Press)2005 年版,第 95 页。作者于第 97 页指出:"在欧洲大陆,'人的尊严'的核心思想是,旧时那些下等人所受的待遇不再具有可接受性……正如我们今天在欧洲大陆所发现的,'人的尊严'是通过地位提升的方式表现出来的,即通过将以前只有上层人士才能享受的待遇扩展至所有人群的方式表现出来。"另见氏著:《严厉的司法》(*Harsh Justice*, Oxford: Oxford University Press)2003 年版。

①　据历史记载,英国国王查理一世、法国国王路易十六都死于断头台上。与西方文化不同,按照中国传统,身体发肤,受之父母,保持尸体的完整性才被认为更有尊严,因此,死刑中绞刑比斩刑更有尊严,更多地适用于王公贵族等拥有身份特权者。——译者

他们没有在法院提起诉讼的权利，或者他们只有处在他人的庇护下才能提起诉讼；正如我们有时所说，他们不是"自权人"（*sui juris*）。奴隶社会就是这样的，并且历史上还有很多其他我们所熟悉但却令人反感的社会，它们逐渐发展出类似的差别对待形式，区分（如果你愿意这么说）贵族的法律尊严、平民（common man）的法律尊严、女人的法律尊严以及奴隶、农奴或隶农的法律尊严。在我看来，所有这一切严格的地位等级区分已被废弃（尽管在许多角落还留有一些遗风），是我们现代法律观念的内在组成部分。这一平等化的过程是一个向上提升的平等化过程，这是我认为它是一个尊严问题的原因所在。

我们来思考一个案件。1606 年，一辆载着拉特兰郡伯爵夫人伊莎贝尔的马车遭到一群法警的拦截，他们的行动依据是一项指称伊莎贝尔欠债 1000 英镑未还的执行令。

　　　　齐普赛街上的涉案法警伙同他人来到伯爵夫人所在车厢，向她出示执行令后，就按住她的身体和她说，夫人，你被逮捕了，因为你被［债权人］起诉了，于是他们强迫车夫将本案中的伯爵夫人带到沃德大街的监狱，她在那里被监禁了七八天，直到她偿还所欠债款后才被释放。[39]

星座法院认定，"法警抓捕伯爵夫人……是违法的，本案中的伯爵夫人被非法拘禁了"，因此"针对［债权人］、法警和其他同伙做

---

[39] 　*Isabel*, *Countess of Rutland's Case*(1606) 6 Co. Rep. 52 b, 77 E. R. 332, 336.

出了一个严厉的判决"。法院引用了一句古老的法谚,大意是:"法律对待贵族和平民是有差别的。"[40]法院指出,无论是因血统而成为女伯爵,还是因婚姻而成为伯爵夫人,她们都不得因欠债或侵犯财产权而被抓捕,因为,虽然就其性别而言,她们无权成为国会中的议员,但她们是王国中的贵族,她们有权获得同级贵族的审判。法院接着说道:在这类案子中,她们为什么不应被抓捕,有两个方面的原因。第一个方面是考虑到她们的尊严;第二个方面是因为法律推定她们拥有足够多的地产和房产,这些财产足以抵偿她们的债务。[41] 鉴于贵族拥有财富这一推定,对伊莎贝尔的抓捕,在法律上不可能被证明是正当的,虽然在当时,一个平民因欠债被抓可能是正当的。

但是今天,至少法院所说的第一个方面的论点已适用于所有债务人:任何人不得因债务而被抓捕,任何人都不得因债务被拘留或监禁。我们已经发展出每个人或多或少享有普遍地位——普遍的法律尊严——的法律体系,而以往,法律上的这种待遇仅仅局限于贵族阶层,只为上层人士才所享有。

诚然,我们仍可以用"法律体系"这一术语来描述一个等级森严的社会,如前面所说的那样,这个社会只有某些社会成员享有法律尊严,是"自权人",另有一些社会成员则不享有法律尊严,不是"自权人"。但是,当我们将古希腊的雅典、19 世纪的英国或实行种族隔离的南非描述成"民主政体"时就有点过了:这些政体确实

40　同上,第 333 页。

41　同上。

包含民主理念——通过普通民众的参与来治理而非寡头精英的统治——的某些成分，但是，未能将民主理念扩展至社会中的所有普通民众；相反，绝大多数人口，像妇女、奴隶、非白种人等都被排斥在外。这些政体拥有的是一种初始的民主（proto-democracy），而非真正的民主。与此类似，我倾向于说，当今的法律体系或法制理念包含一个预设：在法制社会中，每个人都被认为是"自权人"，都拥有完全的法律尊严。法律尊严上的差别对待非常严重的社会，可能是一种原始性的法制社会，但是我们不应称之为真正的法制社会。

九、尊严与代理制度

显然，认为我们所有人都能平等地获得法律，都能平等地参与法律诉讼，并且都能享受到法律对人的信任所带来的好处，这样的想法是有些虚幻的。普通人大都不从事易于熟知法律的工作；多数法律，技术性很强，且令人生畏，需要学习多年才能掌握。而且这种情况正变得越来越糟糕，正如著名的马克斯·韦伯曾经指出的，法律专业化的趋势将愈演愈烈。[42] 另外，法律在某些领域还经常排斥或贬低某些人，优待有钱有权有势者，如此等等。

这些话说得都很有道理。因此，我们有必要将平等的法律尊严限定在规范层面，它是一个规范性的特征，而非纯粹描述性的特征。即便它被想象成人类固有尊严这一客观道德事实的反映，考

---

[42]　马克斯·韦伯（Max Weber）：《经济与社会》（*Economy and Society*, ed. Guenther Roth and Claus Wittich, Berkeley: University of California Press）1978 年版，第 894—895 页。

虑到人的脆弱性、不诚信和堕落性等人类构造特征,法律上的地
位——平等的法律尊严——仍应被理解成一个建构性的人类技
艺。而且正如我一开始就说,这一技艺是规范性的技艺,就与所有
规范一样,其荣耀常常来自被违反。即使在最好的情况下,它也必
须面对人与人之间事实上的不平等,运用各种实践和技巧创造法
律面前人与人之间大致的、人为的地位平等。

我们所运用的主要技巧就是法律上的代理制度这一技艺。基
于艾兰·多纳根(Alan Donagan)的某些哲学洞见,戴维·鲁本已
经就这一方面提出了很有说服力的解释。[43] 请原谅我大段地引用
鲁本教授的话,但是他准确地说出了我想要表达的观点。他针对
诉讼当事人为什么应该拥有专业的代理人这一问题说道:

多年来,最令我心悦诚服的答案,植根于已故哲学家艾
兰·多纳根所提出的一项原则:"一个人无论过去被证明是多
么不值得信任,如果我们在严肃的问题上不把他或她的证词
看作值得信任的,甚至一刻也不给予重视,那么我们就没有尊
重他或她作为人所应享有的尊严。"从这一原则中,我们马上
可推论出:诉讼当事人需要有机会讲述他们的案件事实,并主
张他们对法律的理解。如果诉讼制度完全不给当事人这样的

43　戴维·鲁本(David Luban):《法律伦理与人类尊严》(*Legal Ethics and
Human Dignity*, Cambridge: Cambridge University Press)2007 年版;氏著:《作为人类
尊严捍卫者的律师(律师何时不是在忙于侵害人类尊严)》["Lawyers as Upholders of
Human Dignity (When They Aren't Busy Assaulting It)"],载《伊利诺伊大学法律评
论》(*University of Illinois Law Review*)第 3 期(2005 年),第 815 页以下。

机会,甚至拒绝考虑当事人对这个案件的看法,这实际上是不把她说的案件事实当一回事,对她的看法完全不屑一顾。一旦我们承认人的尊严要求诉讼当事人被倾听,辩护人的正当性也就不言而喻了。有些人可能不善于公开演讲。有些人可能口齿不清,文化水平不高,甚至精神错乱或纯粹是痴呆。有些人可能不懂法律,因此没有能力提出其对法律的解释。有些人因为不懂法律,可能会忽视对于自己一方来说非常关键的事实,而去关注那些对于案件来说并不重要的事实或对自己不利的部分事实。有些人可能没有能力运用基本的程序性权利,譬如对辩方提出的诱导性问题表示反对。有些人说话太刺耳,令人无法忍受;有些人说话太含糊,令人难以理解。有些人可能只会说方言,或在这方面无法用英语来表达。所有这些都不重要。人的尊严并不取决于他是愚笨的还是聪慧的。因此,需要辩护人。正如不会说英文的人需要翻译人员,法律上不会说话的人应该拥有"代言人"(mouthpiece)——这一词是再恰当不过了。因此,多纳根的主张,通过两个步骤将获得律师辩护的权利与人的尊严联系在了一起:首先,人的尊严要求诉讼当事人被倾听;其次,没有代理律师,诉讼当事人无法被倾听。[44]

　　44　鲁本(Luban):《作为人类尊严捍卫者的律师》("Lawyers as Upholders of Human Dignity"),第819页,引自艾兰·多纳根(Alan Donagan):《抗辩制中的法律实践之证成》("Justifying Legal Practice in the Adversary System"),载戴维·鲁本(David Luban)编:《好律师:律师的作用和律师的伦理》(*The Good Lawyer: Lawyers' Roles and Lawyers' Ethics*,Lanham, MD: Rowman & Littlefield Publishers)1983年版,第130页。

　　我在第六、第七和第八部分所作的阐述,尤其是关于程序和论辩的阐述,看起来是非常理想化和乌托邦的。但是当我们意识到法律并没有置我们于不顾,全然要求我们依靠自己的禀赋时,我所说的看起来就没有那么乌托邦了。法律致力于创造其所追求的平等的法律尊严。

十、有尊严的强制

　　你们当中有些人可能会抱怨说,我把法律描绘得过于"美好"了,法律从根本上来说是受权力支配的,具有暴力性和强制性,我围绕尊严的所有论述,都掩盖了法律的这个特征。[45] 法律取人性命,毁其一生;法律出手狠毒,坏人声誉;法律把人送进牢房,令其终身不得再见天日。这些并非法律的离经叛道之举,而是法律的典型做法。因此,有些人可能会反问道:就此而言,法律何来尊严?

　　在《法律的道德性》中,朗·富勒似乎表示,我们不得不在以强制为核心的法律定义与我所正在解释的以尊严为核心的法律定义之间作抉择。[46] 在我看来,这是不对的。正是因为法律具有强制

---

　　[45]　譬如,参见奥斯丁·萨拉特(Austin Sarat)、托马斯·卡恩斯(Thomas Kearns):《遗忘之旅:迈向暴力法理学》("A Journey through Forgetting:Toward a Jurisprudence of Violence"),载奥斯丁·萨拉特(Austin Sarat)、托马斯·卡恩斯(Thomas Kearns)主编:《法律的命运》(*The Fate of Law*,Ann Arbor:University of Michigan Press)1993 年版。在他们看来,法律总是暴力性质的,法律最重要的特征就是按自身意志驰骋于"痛苦和死亡的领域"[这一短语来自罗伯特·科弗(Robert Cover),参见科弗(Cover):《暴力与言词》("Violence and the Word"),载《耶鲁法律杂志》(*Yale Law Journal*)第 95 卷(1986 年),第 1601 页。]。

　　[46]　富勒(Fuller):《法律的道德性》(*The Morality of Law*),第 108 页。

性,正是因为法律的通货从根本上来说是生与死、繁荣与毁灭、自由与禁锢,法律对尊严的内在承诺才如此重要。当富勒说"与暴力最密切相关的法律部门,也正是我们使其与形式性、仪式性和庄严的正当程序联系最紧密的法律部门"[47],他实际上已认识到了这一点。法制是一种统治模式;统治就是权力的运用。但是法制之所以令人向往,正是因为它要求权力必须通过这些程序的管道,通过这些形式和机制的引导,即便这会使权力的运用更加困难,甚至有时要求它从已击败的地方撤退。[48]

以上只是对反问的一个总体性回答。接下来我们还可以给出一些详细的回应。法律的强制性特征表现在很多方面:(1)法律将其规范表述为绝对的不容讨价还价的命令。(2)法律承诺在关键时刻会采取行动,以确保其命令得到遵守,其要求得到兑现。(3)法律施加惩罚。(4)法律有权违背人们的意愿采取扣押措施,法律有时还会运用武力牢牢地控制人们的行为。这四点是难以否认的。但是,在每一种情形下,法院运用其权力的方式都带有强烈的尊严色彩。

(1)就法律之命令的施行而言,我早已(在第五部分)提及自我实施的重要性。凡是人们有可能自觉守法的地方,法律总是翘首以待。当然,这并不是说,我们完全是自由的,永远不会受到强制;但是,这确实为人类监督自己并将规范适用于自己的行为这一显著的

---

47 富勒(Fuller):《法律的道德性》(*The Morality of Law*),第 109 页。

48 参见汤普森(E. P. Thompson):《辉格党人与偷猎者:黑脸人法的起源》(*Whigs and Hunters: The Origin of the Black Act*, Harmondsworth: Penguin)1976 年版,第 265 页。

人类品质留出了空间。这并不是法律的一个诡计；即便法律的强制要素挥之不去，其所蕴含的也是一个真正尊重人的强制模式。

（2）马克斯·韦伯说过一句非常有名的话：尽管"武力的运用既不是唯一的，也不是最经常运用的实施手段"，但是"武力的威胁以及必要时武力的实际运用，仍然是政治组织所特有的实施手段，并且当其他实施手段不奏效时，它是政治组织所能诉诸的最后手段"。[49] 但是，如果我们据此推断说法律为实现其目的是不择手段的，那就错了。譬如，当今世界所有法律体系都禁止运用酷刑。我曾在其他文章中指出，现代法律谨守这一点，表明其信奉一个更普遍的人道原则：

> 法律在运行中并非无情，法律并非野蛮；法律不是依靠令人无助的恐惧和恐怖或摧毁人的意志来施行统治。法律即便是暴力性的或强制性的，也不是通过毁损人的尊严和主体能力来实现自己；相反，法律实现自己的方式体现了对其治下的人的尊重。[50]

人们可能会因为害怕法律制裁而不去做某些事情；人们有时会受到法律手段或法律授权的官员的强迫，而不得不违背自己的

---

[49]　韦伯（Weber）：《经济与社会》（*Economy and Society*），第 54 页。

[50]　这段话改编自杰里米·沃尔德伦（Jeremy Waldron）：《酷刑与实在法：白宫的法理学》（"Torture and Positive Law: Jurisprudence for the White House"），载《哥伦比亚大学法律评论》（*Columbia Law Review*）第 105 卷（2005 年），第 1681 页起，在第 1726 页。该文收录于沃尔德伦（Waldron）：《酷刑、恐怖活动与权衡取舍》（*Torture，Terror and Trade-Offs*）。

意愿去做一些本不想做的事情,或去某个本不想去的地方。但是即便在这些场合,他们也不是像牛一样受驱使,像马一样受驯服,像不会说话的动物一样受鞭笞。相反,在法律的精神与对人的尊严的尊重之间存在着持续性的联系:即便在极端情形下,即便在法律的强制性特征表现得最为明显而法律的调整对象最容易受到伤害的情形下,法律也尊重人的尊严。

没有人否认法律具有强制性。但是强制性可以表现为多种形式,并非所有的强制性都表现为如野蛮地摧毁人的意志,或使人退化至婴儿状态。在这种情形下,满足生理上的基本需求成为首要的事情,人的理性思考能力几乎丧失殆尽,而这正是酷刑的目的。日常法律制裁和激励的强制力并不是这样运作;同样,人身控制和监禁的法律强制力也不是这样运作。譬如,一名被控犯有严重罪行的被告,不管其是否乐意,都要被带到法庭上,当他被判有罪时就要接受惩罚。他肯定是不喜欢该惩罚的,而且如果有可能,他会尽量避免受到该惩罚。在这些情形下,毫无疑问,他处在强制力的支配之下,他是受到强制的。但是在这些情形下,强制力的运作并不像实施酷刑那样,旨在使他成为一个瑟瑟发抖的"处在令人发指的极度恐惧中的"可怜之物。[51] 如果某件事情不通过酷刑是做不了的,那么法律通常就认为不能做这件事情。

(3) 法律确实对人施加惩罚,但同样,我们所实施的惩罚模式,并不旨在摧毁受罚者的尊严。这也是本文开篇就已指出的若

---

[51]　汉娜·阿伦特(Hannah Arendt):《极权主义的起源》(*The Origins of Totalitarianism*, New York: Harcourt Brace Jovanovich)1973 年版,第 441 页。

干明显体现人之尊严的条款所追求的。如《公民权利和政治权利国际公约》第7条和《欧洲人权公约》第3条针对惩罚提出了一项要求,即所施加的惩罚应该是人所能承受的——也就是一个人在不丧失基本机能的前提下所能承受的。一个人在牢狱中接受法律的严惩时,应该能够保持直立,应该能够生活自理。甚至走向刑场,也应该是一个人所能做到的;而且这些条款蕴含着对死刑的一个要求,即死刑的执行方式应该能够让死刑犯作为人类的一员活到最后,直到他们的生命被终止的那一刻为止。[52]

(4)即便当行为受到法律的严格控制时(譬如处在监禁中时),也存在一个预设,认为人们会根据命令直立行走,而非丧失了自我驱动的能力,只能被拖着走。并且命令是以他们能够理解的方式给出的,而不是像纳粹党徒一样朝着他们吼叫。这些事情看起来似乎是无关紧要的。我有一些狠心肠的同事,他们可能会说,如果一个人就要被枪毙了,谁还会在乎他是怎么从牢房到刑场的?如果一个人在监狱中处在严密的控制下,谁还会在乎他是否被拖着进出法庭,或者在旅途中是否被允许行走?谁还会在乎强制性的命令是以怎样的声调发出的?他们可能会说,这些仅仅是情感问题。我们一旦丧失了消极自由,其余的都是细枝末节的问题。但是,我不这样认为。一方面是因为所涉及的个人确实非常在意这些事情,不管一些法律学者对此多么不屑一顾;另一方面,我们从有关人格贬损的案例法中了解到,像这样一些细枝末节的问题

---

[52] 这可能是"死囚等待现象"被视为不人道的一个原因,参见 *Pratt v. Attorney General of Jamaica* [1994] 2 A. C. 1(英国枢密院针对牙买加的判决)。

有时确实非常重要,而且在羁押监禁的极端场合,这些细枝末节的问题对于人的尊严变得越发重要。很久以来,尊严就与身体姿态联系在一起:挺直腰杆被认为是一种道德风骨。[53] 我们也认为,在这些"鸡毛蒜皮的"小事上对尊严的不重视,可能预示着更加严重的人格冒犯:在恐怖主义战争之初,关塔那摩基地的在押人员并不是走着进出审讯室,而是被置于手推车上,像稻草人一样被推来推去,这难道是个偶然事件吗?那些在监狱控制方面是个狠角色的人,在刑讯逼供方面也往往是个狠角色。

十一、愿望与现实

前文所讲的"有尊严的强制"这一点提醒我们注意,许多自称为法律体系的权力体系在这方面经常有这种或那种缺陷。尊严的训导是一种规范性的训导,并且它也是一种高成本和高要求的训导。它一方面呈现为一种愿望,另一方面又表现为针对我们缺陷的一种批评——我们的缺陷有时近似对人的尊严这一理念的彻底背叛。再加上任何实际存在的法律体系都不得不处理自身历史的重负,因为其历史并不总是尊重人的尊严的,因此我们可以看到我在本文中所给出的描述是多么复杂和具有争议性。

---

[53] 关于人之尊严的"道德矫形术"(moral orthopedics),我想到一些追随恩斯特·布洛赫(Ernst Bloch)的马克思主义者经常所说的"直立行走"。参见扬·罗伯特·布洛赫(Jan Robert Bloch)、卡佩斯·鲁宾(Caspers Rubin):《我们如何能理解直立步态中的弯曲?》("How Can We Understand the Bends in the Upright Gait?"),载《新德国批判》(New German Critique)第 45 卷(1988 年),第 9—10 页。另请参见奥雷尔·柯尔奈(Aurel Kolnai)在其《尊严》("Dignity")一文中的解释,该文刊载于《哲学》(Philosophy)第 51 卷(1976 年),第 253—254 页。

　　美国就有很多例子能够说明这一点。美国背负着奴隶制和种族主义的历史,这对美国法的影响特别大:譬如,众所周知,第13条修正案废除了奴隶制,但它并不是普遍地或无条件地废除奴隶制,而是在囚犯待遇方面做了一个保留。[54] 批评者已指出,在对待囚犯的尊严方面,相较于比如说西欧国家的刑法体系,美国仍然是个例外。[55] 并且,在我所讲的尊严的其他一些方面也同样如此。在美国的法庭上,如果被告特别不听话,法官有时会动用电击手段,让他们保持安静和不乱动。[56] 囚犯被电动驱牛棒"驱使"的报道此起彼伏。[57] 我们的监狱条件事实上是很恐怖的,虽然官方没

---

[54]　美国宪法第13条修正案:"在合众国境内受合众国管辖的任何地方,奴隶制和强制劳役都不得存在,但用以处罚已被依法判刑的人,不在此限。"(着重号为笔者所加)

[55]　惠特曼(Whitman)已指出,美国历史讲述了一个与欧洲的尊严法学发展史截然不同的故事[参见惠特曼(Whitman):《人的尊严在欧洲和美国》("Human Dignity in Europe and the United States"),前引文;以及惠特曼(Whitman):《严厉的司法》(*Harsh Justice*),前引书。]。另请参见尼古拉·莱西(Nicola Lacey):《囚徒困境:当代民主国家的政治经济与刑事处罚》(*The Prisoners' Dilemma*:*Political Economy and Punishment in Contemporary Democracies*,Cambridge:Cambridge University Press)2008年版,第30—40页。

[56]　譬如,参见哈里特·蒋(Harriet Chiang):《大法官限制法庭上使用晕眩带》("Justices Limit Stun Belts in Court"),载《旧金山纪事报》(*San Francisco Chronicle*)2002年8月23日,A7版;以及威廉·格莱博森(William Glaberson):《电击约束装置的使用激起了残忍对待囚犯的指控》("Electric Restraint's Use Stirs Charges of Cruelty to Inmates"),载《纽约时报》(*New York Times*)1999年6月8日,A1版。

[57]　譬如,参见《被送至德州的37名囚犯诉密苏里州》("37 Prisoners Sent to Texas Sue Missouri"),载(密苏里州)《圣路易斯邮报》(*St. Louis Post-Dispatch*)1997年9月18日,B3版:"密苏里州的囚犯声称在德州的监狱里遭受虐待,因此起诉其家乡州政府以及负责管理监狱的官员,监狱视频显示囚犯明显被打且受到了电击枪的电击";以及迈克·布奇科(Mike Bucsko)、罗伯特·德沃夏克(Robert Dvorchak):《法律诉讼揭示了充满暴力的种族主义监狱》("Lawsuits Describe Racist Prison Rife with Brutality"),载《匹兹堡邮报》(*Pittsburgh Post-Gazette*)1998年4月26日,B1版。

有批准或授权这么做，但这是众所周知的。我们还知道检察官们
（他们总以为自己代表正义的一方并以此为豪）在辩诉交易的过程
中，常常随意利用被告对监狱中的残酷处境的恐惧心理。有些人
也会说，死刑的运用代表了我们制度中所剩余的野蛮成分，这说明
美国在遵循我所阐述的那些原则方面是有局限性的，尽管如前文
所指出，在我看来，一切都取决于施行的方式。近年来，我们也看
到美国在很多重要方面都有偏离尊严理想的倾向：譬如，其在关塔
那摩基地试图建立法律上不受审查的羁押形式，并且最近还动用
了酷刑。美国的其他例子，以及来自（法国、英国、俄罗斯、以色列
等）其他国家的例子，可以说数不胜数。这些都未能达到我在本文
中所提出的法律品性。

法律体系是一种规范性秩序。这既有明示的成分，也有默示
的成分。就明示方面而言，法律承诺自己将遵循特定规范：法律公
开地说出自己将予以支持和执行的规则和标准。在现实中，其中
有些规则和标准，法律确实给予了支持和执行，但在某些方面，也
有一些规则和标准，法律没有给予支持和执行。譬如，法律说国家
应该给史密斯（Smith）支付一笔养老金或补偿金，但史密斯没有获
得这笔养老金或补偿金。法律体系中明确规定的内容，给我们提
供了一个非常简明的评价基础，我们据此可以说，在某某场合法律
体系并未达到其自身的标准。

当一个规范性的承诺隐含在统治体系的制度和传统中时，法
律所提供给我们的是一个不太简明的评价基础。但是，我相信这
里也存在一个非常类似的逻辑。在我看来，对尊严的承诺蕴含在
我们的法律实践和制度当中。也就是说，它可以被看作内在于我

们的法律实践和制度当中,即便我们有时未能实现这一承诺。我们的实践不时地传递着一种承诺,[58]并且,就像在日常道德生活中那样,我们不应该错误地认为,发现真实承诺的唯一方式就是去看这些承诺在多大程度上得到了兑现。法律可能真心实意地承诺尊重尊严,但是在很多方面可能未能兑现这一承诺。价值和原则可以渗透到制度的组织、实践和程序当中,即便制度有时未能兑现这些价值和原则。在这些情形中,如果只是简单地嘲讽制度的承诺,或者忽视其作为制度缺陷的批评基础所具有的批判力,那就太不明智了。

当然,就现代法律而言,有趣的是其对尊严的承诺,同时通过我们所描述的两种方式包含在制度当中。在我们的法律实践和制度的内部组织中,法律对尊严的承诺是内在的和固有的,但同时它也表现在法律已经明确承诺予以支持和执行的规则和标准中(如《日内瓦公约》、《公民权利和政治权利国际公约》第7条或《欧洲人权公约》第3条)。这两种承诺相互补充和强化。就法律的理想而言,这并非不同寻常。我们可以作一个类比:虽然《美国宪法》第1条第9款明确规定,"不得通过褫夺公权的法案或溯及既往的法

58　参见杰里米·沃尔德伦(Jeremy Waldron):《法律允诺正义吗?》("Does Law Promise Justice?"),载《乔治亚州立大学法律评论》(*Georgia State University Law Review*)第17卷(2001年),第759页起,在第760—761页。关于正义的类似论证,参见菲利普·塞尔兹尼克(Philip Selznick):《道德共和国:社会理论与群体允诺》(*The Moral Commonwealth : Social Theory and the Promise of Community*, Berkeley: University of California Press)1992年版,第443页;约翰·加德纳(John Gardner):《正义的美德与法律的特征》("The Virtue of Justice and the Character of Law"),载《当前法律难题》(*Current Legal Problems*)第53卷(2000年),第1页起。

律",但是很多人都会说,这是法治本身的定义性特征,我们无需借助于实证宪法条文就知道溯及既往的法律是令人厌恶的。不管怎样,我们都知道这一规范。但它既是一个明确的标准,同时又是一条隐含的原则,二者结合在一起,说明这一规范思想在我们的法律实践和制度中是充沛和富足的。而且如果我们认为,《美国宪法》第 1 条第 9 款是个特殊的条款,因此推断法律对可预期性的承诺只是偶然的,那就大错特错了;同样,如果我们认为,《公民权利和政治权利国际公约》或《日内瓦公约》是特殊之物,因此推断法律对尊严之保障的承诺只是偶然的,那也是大错特错的。在法律的组织和筋骨中(在法律的规范性和程序性特征中),包含着对尊严的内在承诺,我们不能一方面声称尊严是一种不容讨价还价的价值,另一方面却待价而沽,趁机将之抛售一空。

尊严是人权的基础吗？[*]

一、基础与探究

本文将从学理上审视"人的尊严是人权的基础"这一命题。我们不难在重要国际人权公约的序言中见到这样的命题；同样，学者们就人权主题发表高见时，也经常运用这一命题。这一命题之所以值得审视，出于以下几个理由：首先是考虑到最近几年有关尊严的哲学研究日益复兴；[1]其次，因为人们对人权的分歧持续不

＊ 本文系纽约大学法学院"公法与法理研究"工作论文（2013 年 1 月），后收录于《人权的哲学基础》（*Philosophical Foundations of Human Rights*，Rowan Cruft，eds. S. Matthew Liao and Massimo Renzo，Oxford University Press）2015 年版，第 117—137 页。

1 譬如参见：杰里米·沃尔德伦（Jeremy Waldron）：《尊严与等级》（"Dignity and Rank"），载《欧洲社会学杂志》（*European Journal of Sociology*）第 48 卷（2007 年），第 210 页；迈克尔·罗森（Michael Rosen）：《尊严：历史和意义》（*Dignity：Its History and Meaning*，Cambridge：Harvard University Press）2012 年版；乔治·卡提卜（George Kateb）：《人的尊严》（*Human Dignity*，Harvard University Press）2011 年版；克里斯托弗·麦克拉登（Christopher McCrudden）：《人的尊严与人权的司法解释》（"Human dignity and judicial interpretation of human rights"），载《欧洲国际法杂志》（*European Journal of International Law*）第 19 卷（2008 年），第 655 页。另请参见由 39 篇论文构成的很厚一册的论文集，这些文章均来自近期牛津大学组织召开的有关人之尊严的一个学术会议，即克里斯托弗·麦克拉登（Christopher McCrudden）主编的《理解人的尊严》（*Understanding Human Dignity*，Oxford University Press）2013 年版。

断,所以任何能够帮助我们解决这些分歧的命题都值得我们审视一番;再次,如果有关尊严的主张是作为一个基础性命题提出来的,那么其他同样主张具有这一基础性地位的价值或原则(如功利原则)将受到挑战;[2]最后(也是促使我们走上不同道路的一个原因),为我们的政治理想提供基础的那种理念已经受到了质疑,因此为了证明(或反驳)某个基础性命题而去探究尊严虽有一定价值,但产生的问题更多。[3]

　　在此,需要事先声明,我从事此项探究,并不是为了败坏"尊严"这一概念的名声,而是为了澄清尊严概念在人权理论中的作用。在本文接下来的几个部分,我可能会说一些看似批判性甚至藐视性的话,但是诋毁与权利相联系的尊严理念并不是本文的目的。这是因为,即便最后表明,按照严格的理解,这一基础主义命题无法成立,但是通过其他方式,尊严概念在我们对人权的理解中仍然发挥着重要作用。批判性地检视这一基础主义命题,可能会揭示其中的某些作用,这可以说是此项探究的一个额外收获。

二、国际人权基本文件

　　《公民权利和政治权利国际公约》在序言中告诉我们,公约中所包含的权利"源自人的固有尊严"。《经济、社会和文化权利国际

　　2　乔治·弗莱彻(George Fletcher):《作为宪法价值的人之尊严》("Human Dignity as a Constitutional Value"),载《西安大略大学法律评论》(*University of Western Ontario Law Review*)第22卷(1984年),第178页。

　　3　譬如,参见理查德·罗蒂(Richard Rorty):《偶然、反讽与团结》(*Contingency, Irony and Solidarity*,Cambridge University Press)1989年版,第44—45页及第52—57页。

公约》在序言中也说了同样的话。但是，这两个公约同时还宣称：
"对人类家庭所有成员的固有尊严及其平等的和不移的权利的承
认，乃是世界自由、正义与和平的基础。"这一句话似乎意味着尊严
与权利是两个并行的原则。在《世界人权宣言》中，我们也能见到
这一句话，但是并没有见到前一句话与之相伴，如同人权两大公约
一样，同时声称权利源于尊严。

　　这些细微的差异为什么重要？声称"权利源自人的固有尊严"
的第一句话，看起来明显是一个基础主义命题。这句话听起来似
乎意味着，人权的所有意义，就在于保护和促进人的尊严，因此，探
寻我们拥有哪些权利的最佳方式，就是思考人的固有尊严具有什
么内涵，为了保护和促进尊严的这些内涵，哪些人权是必不可少
的。与此不同，第二句话将权利和尊严视为两种并行的理念，而非
此源于彼的渊源关系：《世界人权宣言》第 1 条又印证了这一点，其
规定："人人生而自由，在尊严和权利上一律平等。"

　　也许，对这些序言文字的逻辑和细节花费太多的精力是不明
智的。它们只是文件序言中的修辞性文字，它们在哲学上经不起
严格的推敲；它们很可能仅仅反映了政治上的妥协；[4] 至少从学理
上看，它们并非总是协调一致的。但是如果说我们不应该重视这
些文字表述，那么就不应该重视这两种表述中的任何一种；我们没
有理由厚此薄彼，仅仅因为其中一种表述不符合我们现在所持有
的理念——而非国际人权公约中所明确表达的理念——尊严是权

─────────────

　　4　参见约翰内斯·莫辛克(Johannes Morsink)：《世界人权宣言：起源、起草与意
图》(*The Universal Declaration of Human Rights：Origins，Drafting and Intent*，
University of Pennsylvania Press)1999 年版，第 281 页以下。

利的基础,就置之不理。

三、权利内容与权利基础

让我们继续从事纯粹文本上的分析,我们会有趣地发现,两大人权公约似乎也都把尊严表述为特定权利内容的一部分。《公民权利和政治权利国际公约》第10条第1款规定:"所有被剥夺自由的人应给予……尊重其固有的人格尊严的待遇。"(这类似于国际人道法上要求保护被拘留的人员,特别是避免对其"个人尊严的损害"。)[5] 尊严同样包含在经济社会权利的某些特定要求中。《经济、社会及文化权利国际公约》第13条第1款确认人人有受教育的权利,并规定:"教育应鼓励人的个性和尊严的充分发展。"《世界人权宣言》第23条第3款则宣告:"每一个工作的人,有权享受公正与合适的报酬,保证使他本人和家属有一个符合人的尊严的生活条件。"这些有关尊严的特定权利主张,与尊严是所有人权的一般基础这一观点相一致吗?

有些学者认为二者是相矛盾的。[6] 另有一些人则推断说,"尊

5　《日内瓦公约》总则第3条(*Geneva Conventions*, Common Article Ⅲ)。

6　路易斯·罗伯托·巴罗佐(Luis Roberto Barroso):《无所不在:当代法律和跨国话语中的人之尊严》("Here, There, and Everywhere: Human Dignity in Contemporary Law and in the Transnational Discourse"),载《波士顿学院国际法与比较法评论》(*Boston College International and Comparative Law Review*)第35卷(2012年),第331页起,在第357页:"然而,倘若使人的尊严本身成为一项权利,那就会产生矛盾,因为人的尊严被认为是所有真正的基本权利的基础,并且,至少基本权利的部分核心内容来源于人的尊严。"

严"在不同的语境中会有不同的意思。[7] 但在我看来，他们都搞错了。我们假设，尊严是我们权利的基础，而特定权利主张的作用就在于指出尊严在（言论、信仰、隐私、医保等）特定领域的要求。在这些特定领域，尊严要求某某权利（譬如信仰自由或免于酷刑的自由）可能是众所周知的，因此我们就直接说某某权利就行了，而不必再提及尊严。在其他领域，可能还没有广为接受的基准，因此我们就只能援引尊严作为所提要求的标准：如《世界人权宣言》所强调的那样："报酬应保证……有一个符合人的尊严的生活条件。"我们不具体说报酬所应达到的水平，而仅仅援引尊严作为衡量报酬水平的方法。

同样，在一组普遍以尊严为基础的权利中，其中有一些权利要求可能或多或少地直接与作为基础的尊严相关。譬如禁止"贬损人格"的要求：此类要求所针对的是那些最直接和最明显侵犯人的尊严的方式，如故意地把人看作低人一等。我们可以做一个类比。在大多数法律体系中，司法人员拥有某种尊严；彰显和维护这种尊严，可以说是法官所拥有的诸多权利的基础。他们在公务活动中拥有身着法袍的权利，并且如《波兰宪法》所规定的那样，他们有权获得"与其职务尊严相当的报酬"[8]。除此之外，他们在法庭上拥有其尊严不受直接冒犯的权利，这是藐视法庭罪等法律规则的基础。我们不可否认，这一权利或多或少与法官的尊严直接相关，但

7　罗森（Rosen）:《尊严：历史和意义》(*Dignity: Its History and Meaning*)，第59—60页。

8　《波兰宪法》第178条第2款。

是我们据此并不能排除司法尊严是法官所有权利的基础这一可能性。禁止藐视法庭的法律规则,毫无疑问与司法尊严直接相关,然而它并不是司法尊严的全部。对于人的尊严来说,也与此类似。我们也许能够区分出一般意义上的人之尊严与或多或少直接明确地保护人之尊严的特定权利。正如我们所见,其中有些特定的权利是积极的,另有一些则是消极的。这两种保护都是很重要的,然而它们不是人的尊严的全部。尊严有时还作为判断正确对待与否的标准而出现,尽管在一些场合是显而易见的,在另一些场合则是隐而不显的。因此,有关尊严的特定权利主张,与尊严是所有人权的一般基础,二者间并不存在矛盾,我们也没有必要为了避免出现矛盾在不同语境中赋予"人的尊严"不同的含义。

四、基础的多元

一方面,尊严可能是这些权利的基础,却不是另一些权利的基础,我们不应忽视这种可能性。众所周知,人权是以清单的形式呈现在我们面前的,而不是呈现为一个统一的理论,[9]并且,人权清单鼓励我们(尽管不是要求我们)对权利作多元主义的思考。也许,我们应该说,权利是各种各样的,权利的基础也是各种各样的:

9　对列举式方面的若干反思,参见约翰・罗尔斯(John Rawls):《政治自由主义》(*Political Liberalism*,Columbia University Press)1986 年版,第 292 页;杰里米・沃尔德伦(Jeremy Waldron):《社会经济权利与正义理论》("Socio-economic Rights and Theories of Justice"),载《圣地亚哥法律评论》(*San Diego Law Review*)第 48 卷(2011 年),第 773 页起,在第 793 页。

言论自由有某种基础，给予被拘留者人道待遇则有另一种基础；受教育的权利也有自己的基础，如此等等。[10]

有人可能提出抗议：既然所有这些权利都是作为人权而出现的，那么它们就必定是通过一个关于何者被视为人权的单一理论在基础层面得到了统一，难道不是吗？也许是这样，但是将一组权利界定为人权，可能仅仅意味着，这些权利的背后都有一个普遍的基础，因此它们被恰当地赋予了所有人。这可能意味着，每一种人权都建立在有关人性的某种事实的基础之上。但是人性具有多个面相，权利 R_1 可能是基于（所有人都具有的）性质 C，权利 R_2 可能是基于（所有人都具有的）性质 D，权利 R_3 可能是基于（所有人都具有的）性质 E。这些权利都被视为人权，但是不一定需要一个将 C、D 和 E 整合在一起的单一人性理论（或人的尊严理论）。

毕竟尊严是重要的，并不意味着其他基础性价值就不重要了。尊严确实很重要，但我们不能因此就断言，尊严是一项至高无上的价值，相形之下，其他可能具有基础作用的任何价值，都将黯然失色。有些权利可能直接基于自由或自治，而无需考虑其在有关尊严的分析中所处的地位。有些权利可能基于平等和社会正义。有些权利甚至可能间接地基于功利。[11]

尊严并没有出现在美国成文宪法中，但它有时在《美国宪法》的解释中被运用。同样，尊严作为一种宪法学说，也只能用于对某

10　我们也不应该排除一种可能性，即我们所认为的同一种权利可能具有多重基础或多种基础性要素。

11　有人可能会错误地认为：因为权利的王牌逻辑似乎取代了直接的功利计算，所以功利主义思想在权利理论中没有任何作用。

些权利的解释。尊严对于第 8 条修正案禁止施加残忍和非常的刑罚似乎特别重要；[12]但是，我们不会指望譬如在有关第 3 条修正案（士兵不得驻扎在其住宅的权利）的解释中见到尊严被援用。即便当尊严被用来解释第 2 条修正案（持枪权）的宪法问题时，其援用也可能是带有强烈的感情色彩和倾向性，斯卡利亚（Scalia）大法官针对自由派大法官们的回应就是如此——在自由派大法官看来，只有那些保障"人格、尊严等诸如此类基本方面"的权利，才能被并入第 14 条修正案（针对各州）的"自由"之含义中。[13] 更一般地说，当我们解读《权利法案》时，可能不会有某些权利全都源自一个基础的印象。权利的历史丝毫未能表明它们源自一个基础。权利是随着时间的推移逐渐加入权利的清单、法案或宪章中的，这就像第 13 条修正案、第 14 条修正案、第 15 条修正案和第 19 条修正案，它们在不同的背景下添加进美国的权利清单当中，因此，制定最初的权利清单的动机考虑，完全有可能不同于后来推动其他一些权利加入清单的动机考虑。当然，宪法修正案中的很多非权利条款也是一条一条地添加进宪法的，并没有特别考虑任何理论上的一致性，如禁酒令条款、参议院选举条款、征收所得税合法条款、行使选举权最低年龄降至 18 周岁的条款等等。宪法修正案中所列举的诸权利，也完全有可能具有其独特的性质。我实际上并不是在主张这种多元主义的方法，但它可能是为什么有些权利较之于其他

12　参见 *Trop v. Dulles* 356 U. S. 86，100（1958）："第 8 条修正案背后的基本观念就是人的尊严"。

13　*McDonald v. Chicago* 130 S. Ct. 3020，3051 and 3055（2011），斯卡利亚大法官的协同意见书。

权利与尊严似乎有着更紧密的联系的一个原因,我不认为我们能够排除这样一种可能性。

五、定义的困难

尊严是人权的基础这一理念可能存在的困境,还来自于另一个方面。也许,"人的尊严"这一词汇太含混了,以至于无法承担任何基础性的作用。

令人尊敬的人权法学家奥斯卡·沙赫特曾评论道:在引用"人的尊严"的任何一部人权宪章中,都没有给出一个明确的定义。"其内在的含义任由人们根据自己的直觉去理解",而这对于充当基础性作用的一个概念而言,是难以令人满意的:"倘若对其含义不能通过相当清晰的一般理念予以把握,我们就无法轻易地界定其对于有关行为的规范意义。"[14]克里斯托弗·麦克拉登曾指出,不对人的尊严做出定义,并非公约起草者疏忽所致。"尊严"写进伟大的人权公约之序言,并不是想传递任何特定的含义,而仅仅是因为起草者想要使序言听起来具有哲学意味,但如何表述又无法达成一致意见,因此选择这一含混的概念填充进去。[15]

在人权领域外,"尊严"概念也因其含义模糊而饱受批评。斯

---

[14]　奥斯卡·沙赫特(Oscar Schachter):《人的尊严:一个规范性概念》("Human Dignity as a Normative Concept"),载《美国国际法杂志》(*American Journal of International Law*)第77卷(1983年),第848页起,在第849页。

[15]　麦克拉登(McCrudden):《人的尊严与人权的司法解释》("Human dignity and judicial interpretation of human rights"),第675—678页。

蒂芬·平克针对生物伦理学领域所使用的尊严概念说,它是"一个主观的毫无确定性的"概念;露丝·麦克林则指出:"这个概念绝对是含混不清的……在不澄清其含义的情况下援引这一概念,就仅仅是在使用一个标语而已。"[16]

按照某些人的说法,尊严概念的不确定性,仅仅意味着我们对尊严的阐释尚处于初级阶段:我们对尊严含义的理解还任重而道远。这与尊严作为人权的基础并非不一致,因为我们对人权的理解,就其现代含义而言,只有短短七十年,同样任重而道远。当我们说某某权利是一项人权时,这究竟意味着什么?这仅仅意味着它现在被认为是所有人都应拥有的一项权利,除了这一极简主义的观点之外,我们对于人权,仍然充满争议,没有共识存在。而且在哪些权利是人权的问题上,我们也没有取得一致意见。自然,有关权利的分歧与权利基础的不确定性密切相关。因此建构一个确定的理论,需要在两个层面同时下功夫。按此解释,尊严是权利的基础这一命题,并非为我们指出了一个明确的前提,而毋宁是当我们在努力解答权利问题时指引我们去关注尊严问题,它蕴含着一个研究思路。比方说,在解答权利限制问题并探讨形成诸如权利滥用等概念的可能性时,我们被邀请去研究最近有关人的尊严的讨论,这场讨论所关注的是人的尊严理念所包含的德性或非解放性(non-emancipatory)方面的内容,即认为每个人在其人格中所包

16　斯蒂芬·平克(Stephen Pinker):《尊严之愚昧》("The Stupidity of Dignity"),载《新共和》(*New Republic*)2008 年 5 月 28 日;露丝·麦克林(Ruth Macklin):《尊严是一个无用的概念》("Dignity Is a Useless Concept"),载《英国医学杂志》(*British Medical Journal*)第 327 卷(2003 年),第 1419 页。

含的人的尊严都具有责任的内容。[17] 我的观点是，有关尊严的责任方面的理论，目前还处于发展当中，就像责任权利的概念一样，它们才开始打下地基。[18]

　　按照另一些人的说法，定义上的困境恰恰表明，尊严实际上是一个可争议的概念，因为早已形成了各种相当确定的尊严观，尽管这些尊严观之间是相互争执的。[19] 在现代政治哲学中，不仅仅对"尊严"这个术语的使用越来越多，有关尊严的理论也越来越多。早期有基于自主道德能力的康德尊严理论，也有基于按照上帝形象创造人类之命题的天主教尊严理论，晚近则有我和其他学者所提出来的作为一种地位的尊严理论，还有罗纳德·德沃金在《刺猬的正义》一书中所提出来的尊严理论。[20] 这些相互竞争的尊严理

　　17　譬如，参见斯特凡妮·埃内特-沃谢（Stephanie Hennette-Vauchez）：《人的尊严？当代尊严法哲学中的古代法律概念之残余》（"A Human Dignitas? Remnants of the Ancient Legal Concept in Contemporary Dignity Jurisprudence"），载《国际宪法杂志》（*International Journal of Constitutional Law*）第 9 卷（2011 年），第 32 页。

　　18　杰里米·沃尔德伦（Jeremy Waldron）：《尊严、权利与责任》（"Dignity, Rights, and Responsibilities"），载《亚利桑那州法律杂志》（*Arizona State Law Journal*）第 43 卷（2011 年），第 1107 页。

　　19　关于一个可争议的概念伴随着多种相当明确的观念的想法，参见罗纳德·德沃金（Ronald Dworkin）：《认真对待权利》（*Taking Rights Seriously*，Cambridge：Harvard University Press）1977 年版，第 134—136 页。另请参见麦克拉登（McCrudden）：《人的尊严与人权的司法解释》（"Human dignity and judicial interpretation of human rights"），第 679—680 页。

　　20　伊曼努尔·康德（Immanuel Kant）：《道德形而上学的奠基》（*Groundwork of the Metaphysics of Morals*，ed. Mary Gregor，Cambridge：Cambridge University Press）1997 年版，第 42—46 页；约翰·保罗二世（Pope John Paul Ⅱ）：通谕《生命的福音》（*Evangelium Vitae*），1995 年 3 月 25 日；杰里米·沃尔德伦（Jeremy Waldron）：《尊严、等级与权利》（*Dignity, Rank, and Rights*，Oxford University Press）2012 年版；罗纳德·德沃金（Ronald Dworkin）：《刺猬正义》（*Justice for Hedgehogs*，Harvard University Press）2010 年版，第 202—214 页。

论,在对抗中发出了如此不和谐的噪音,以至于丝毫不能使我们相信权利的背后有任何共同的基础存在。至少已有一个学者指出,假如我们把尊严视为权利的基础,那么我们很可能会以不同的权利观与不同的尊严观相匹配的形式而告终。在这位学者看来,大西洋两岸宪法上的尊严与权利观,早就属于这种情况。[21]

当然,政治理论中的基础性理念(foundational ideas)作为可争议的概念(contested concepts)出现并非是第一次。有关自由含义的争议已为人所周知。[22] 民主也曾被当作本质上可争议的概念的一个典型例子而被引用,引用者正是为我们引入可争议的概念这一思想的哲学家。[23] 平等和法治也是如此,在阐述其最重要的定义性特征时会产生争议。[24] 当人们把这些价值看作基础性的价值时,如何恰当地构造这些价值就会产生更大的争议。因此,自从

---

[21]　参见内奥米·拉奥(Neomi Rao):《论宪法上尊严的运用与滥用》("On the Use and Abuse of Dignity in Constitutional Law"),载《哥伦比亚欧洲法杂志》(*Columbia Journal of European Law*)第 14 卷(2008 年),第 201 页;以及内奥米·拉奥(Neomi Rao):《宪法上尊严的三种概念》("Three Concepts of Dignity in Constitutional Law"),载《圣母大学法律评论》(*Notre Dame Law Review*)第 86 卷(2011 年),第 183 页。

[22]　以赛亚·伯林(Isaiah Berlin):《自由的两种概念》("Two Concepts of Liberty"),收录于其论文集《自由四论》(*Four Essays on Liberty*, Oxford University Press,1969)中,第 118 页。

[23]　W. B. 加利(W. B. Gallie):《本质上有争议的概念》("Essentially Contested Concepts"),载《亚里士多德学会会刊》(*Proceedings of the Aristotelian Society*)第 56 卷(1955—1956 年),第 167、168、183 页。

[24]　参见罗纳德·德沃金(Ronald Dworkin):《什么是平等?上篇与下篇》("What is Equality? I and II"),载《哲学与公共事务》(*Philosophy and Public Affairs*)第 10 卷(1981 年),第 185、第 283 页;以及杰里米·沃尔德伦(Jeremy Waldron):《(在佛罗里达州)法治是一个本质上有争议的概念吗?》["Is the Rule of Law an Essentially Contested Concept(in Florida)?"],载《法律与哲学》(*Law and Philosophy*)第 21 卷(2002 年),第 137 页。

人们认真地对待出现在那些伟大人权宪章之序言中的基础性命题时，围绕尊严的确切含义的争议越来越大也就不足为奇了。

六、人权真的需要一个基础吗？

另一方面，定义"尊严"一词的困难，迫使我们进一步思考：为了兑现对人权的承诺，我们是否真的需要一个基础性理论？有了这样一个基础，我们是变得更好了，还是更糟了？我们现在将人权与一个基础性理念联系在一起后，产生了更多的难题（我们原本能够相当清晰地理解人权），因此似乎不值得这么做。正如乔治·卡提卜（George Kateb）所指出的（尽管他实际上并不认同这一点）：

> 不管几个世纪以前的情况怎么样，当前对人权的辩护很少需要理论解释。我们为什么要大费周折地去为人权辩护，宣称人的尊严是人权的基础或部分基础，从而制造更多的麻烦呢？理论上的辩护会招致哲学上的怀疑论，这对于激发思想来说可能是有益的，但是今天很少有（尽管并非没有）理论会说，人权（用杰里米·边沁的话来说）是"站在高跷上的胡说"，人的尊严理念则增添了更多的胡说。[25]

从众多实用主义的观点来看，这种说法听起来可能是合理的。如果我们的实用主义仅仅是为了促进人权，就像人权活动家所追

25　卡提卜（Kateb）：《人的尊严》（*Human Dignity*），第 1—2 页。

求的那样，那么我们也许就应该放弃探寻人权的基础，尤其是将人权建立在尊严的基础之上的做法，是徒劳无益的。我们所应该做的是把钱送给大赦国际等机构，这就可以了。如果我们的实用主义是为了官司的胜负，就像律师所追求的那样，那么我们也不可能觉得有关尊严的基础性地位之命题会很有用。任何有关此类命题的理论都不可能产生明确而有说服力的支持特定权利主张的法律论据。律师和法官之间，对于所谓的基础性前提会产生各种分歧。他们对其性质和定义会产生分歧，他们对如何从中做出推论以及它的基本内涵是什么，肯定也会产生分歧。歧见丛生的这种状况表明，律师围绕法律权利而展开的脱离哲学基础的辩护活动并没有因此有明显的改善。

但是我们对于基础的探究，并非出于实用主义的利益考虑。有时，我们探寻基础仅仅是为了更好地理解，这里所谓"更好"，指的是"更深"，而不是"实践中更有用"。量子物理学是我们理解物质世界的基础，尽管出于实践上的各种目的，我们对于日常生活中一般物体的性质和活动，比微观世界中的粒子，有一个更清晰的把握，但是为了对物质世界有一个更深层次的理解，我们在智识上对微观世界有着极大的兴趣，因此我们仍然深入其中去探索。即便量子物理学给我们提出的问题远远多于给我们提供的答案，我们仍然坚信，提出这些问题并致力于解答这些问题，是我们理解物质世界如何真实运作的最好方式。这对于道德和政治理论中的基础主义来说，也有类似之处。即便我们对基础的探究，并无希望获得可用于评价权利主张的某种检测试剂，但是，在此探究过程中，我们所面对的问题有助于深化和丰富我们对人权的理解。我想，对一般意义上的价值研究来说，也是如此。理查德·普里默斯（Richard Primus）所说的权利研究中的"规范基础主义的复兴"，[26] 是恰如其分的。法律理论家探究基础性的问题，不仅仅是为了让那些头脑更实际的同僚拥有令人印象深刻的可用于法庭之上的论据。法律理论家对基础问题的探究，是因为从深层次和抽象角度理解我们所珍视的权利，与从浅层次和实践角度理解这些权利一样，具有内在的重要性。

当然，这并不意味着，在追求这一深层次的理解过程中，人的尊严就一定是我们所正在寻找的那种基础。尊严有可能是这一基础性探究事业上的一条死胡同。但是，我不认为仅仅因为对尊严的探索在实用主义的意义上是得不偿失的就应该予以放弃。

换言之，我们发明尊严概念的目的不是为了直接有用。它毕竟是作为伦理学和政治哲学中一个显然十分重要的理念出现的。为我们提出这一理念的道德神学、自然法理论和康德哲学的传统，我们既无法改变，也不应该忽视。有些哲学家认为，我们早已拥有诸如自主、对人的尊重等理解相当透彻的概念，尊严概念并不无多大意义。[27] 他们也许是正确的。但是除非我们确信，尊严概念对于我们理解那些其他概念，既没有深化的效果，也没有修正的作用；否则，我们放弃对尊严的探究是不明智的。[28] 既然（打个比方）

26　理查德·A. 普里姆斯（Richard A. Primus）:《美国的权利语言》(*The American Language of Rights*, Cambridge University Press)1999 年版，第 178—179 页。

27　参见露丝·麦克林（Ruth Macklin）:《尊严是一个无用的概念》("Dignity Is a Useless Concept")及斯蒂芬·平克（Stephen Pinker）:《尊严之愚昧》("The Stupidity of Dignity")。

28　麦克林和平克都没有提供任何这方面的说明，而仅仅声称援引自主和一两个以尊重为基础的医药伦理学要求就能穷尽"尊严"概念的意涵。

无法摆脱我们道德和政治哲学遗产中的尊严这个概念,探究其内涵以及它与其他道德理念的关系就成为我们义不容辞的责任。我不会谎称此处有简单的答案:学术遗产留给我们的,与其说是一个早已清晰明确的观念,不如说是一个有待解答的难题。

而且,不管我们是否乐意,一个晚近形成的传统——这次是人权宣言的传统——又使我们背负了探究有关尊严的基础性作用之命题的责任。尊严与人权之间的联系,并非我们所创造,我们只是去探究而已。这个世界(好像)信奉有关尊严与人权之间的基础性联系的命题。这些命题可能被证明是错误的、有误解的、令人困惑的,或者仅仅是修辞性的。怀疑论者的观点可能是正确的,这些命题可能仅仅是伟大人权宪章中的装饰性语句,或者是隐藏难以化解的分歧的一种伎俩。但是,我们不能预先做出这一判断。无论如何,对于那些从事哲学工作的人来说,必须去探究这些命题,除此之外,别无选择。那些好心肠的活动家们可能认为有其他更重要的事情要做,但这并不影响哲学家的任务。在劳动大分工的时代里,实用主义者早已不再关注此类命题,而是重新回到了行动的场所,但是探究诸如此类的命题,仍然是我们的工作。在探究的过程中,我们可以带有一种适度的怀疑精神(就如我在本文中所做的那样)。但是不管怎样,我们应该采取一种真诚的态度。

七、什么是基础?

本部分将围绕以下几个问题展开探究:当人们说某事物是权利的基础时,究竟指什么? 基础性的命题仅仅是象征性的吗? 这个基础性命题仅仅主张尊严的重要性吗？——譬如，宣告"人的尊严作为一项权利如此根本，以至于没有一个文明社会或法律体系会否认给予有力的保障"[29]。抑或，其真的意味着尊严可以被视为"人之平等权利从中产生的根源"？[30]

基础的理念可以从多个方面来理解。说一个概念甲是另一个概念乙的基础，是什么意思呢？在我看来，它至少有四种可能的解释。它可能指：

（1）从历史和谱系学的意义上，乙产生于甲；

（2）一个法律命题可以成为另一个法律命题的效力渊源，在这个意义上，甲是乙的渊源；

（3）从逻辑上说，乙能从甲中推导出来，无论是以演绎的方式还是借助于经验性的前提；

（4）借助于甲，能够澄清乙，或甲有助于对乙的解释。

---

[29]　这个短语取自诺曼·罗森伯格（Norman Rosenberg）：《尊严、权利和最近的法学研究》（"Dignity，Rights，and Recent Legal Scholarship"），载《美国季刊》（*American Quarterly*）第 45 卷（1993 年），第 429 页起，第 430 页。该文评论的是迈克尔·J. 迈耶（Michael J. Meyer）与 W. A. 帕伦特（W. A. Parent）所编《权利的构成：人的尊严与美国价值》（*The Constitution of Rights：Human Dignity and American Values*，NY：Cornell University Press，1992）一书。

[30]　耶霍书亚·阿里埃利（Yehoshua Arieli）：《论人的尊严和人权学说产生的必要充分条件》（"On the Necessary and Sufficient Conditions for the Emergence of the Doctrine of the Dignity of Man and his Rights"），载 D. 克雷茨默（D. Kretzmer）与 E. 克莱因（E. Klein）编：《人权话语中的尊严概念》（*The Concept of Dignity in Human Rights Discourse*，Kluwer Law International）2002 年版，第 1 页起，在第 8 页。

当我们探寻这些可能的含义(甲＝人的尊严;乙＝人权)时,也许值得指出的是,"乙"(人权)这个术语本身也可以从多个方面来理解。不仅在人权的内涵和特征上仍然存在着重大分歧,而且基础的理念可能在诸多不同层面与人权相联系。我们可以将"人权"理解为一个概念、一份权利清单,以及一种主张和运用这些权利的实践;而且,我们可以在道德或法律层面来理解这个概念、这份权利清单或这种权利实践。所以,人的尊严被认为是某事物的基础,其含义究竟为何,取决于我们是在何种意义主张它是基础性的,道德意义上还是法律意义上,把它看作道德上或法律上的一个概念、一种理论,还是一种实践。我在这些问题上似乎过于学究了,但是我不会系统地去探究所有这些情况。我希望下文讨论四种可能的选项时,读者能够清楚地知道我是在人权话语的哪个层面展开讨论的。

(一) 起源和谱系学

当人们说人权以人的尊严为基础时,有一种可能性是他们意指人权话语来源于早先存在的有关人的尊严的话语。他们的意思是,人的尊严在谱系学的意义上是基础性的,有关人的尊严的话语之盛行或权力,有助于我们从历史的角度解释我们的人权理念来自于何处。人权语言的谱系学是一个重要论题:在理念史上将人权与早期的自然权利语言联系起来后,就会产生一个饶有趣味的有待我们回答的问题——自然权利观念在很多领域中衰落或名声扫地一百多年以后(大致从 18 世纪晚期到 20 世纪中叶),为什么能够借着人的尊严这一新的标签轻而易举地得以复活。[31]

在现代人权形成之前，当然已存在人的尊严话语。但是，正如奥斯卡·沙赫特所指出的那样，人权源于尊严话语的观点是不合理的：

> 《赫尔辛基最后议定书》在第 7 条原则中宣告：所有人权和基本自由都"源自人类个体的固有尊严"。我们应该从哲学而非历史意义上去理解这一句话。从历史角度看，更正确的说法应该是反过来的。即尊严理念反映了社会历史学上的基本权利和自由观念，而不是产生了基本权利和自由观念。[32]

毫无疑问，既有的尊严话语对于人权话语的形成产生了若干影响。但是把前者看作后者的历史先驱就不对了。正如沙赫特所主张的那样，从很多方面来看，反过来的说法似乎更合理。我们现代的尊严话语，从 1948 年以来所形成的人权话语中所获得的，比后者从前者中所获得的更多。

---

[31] 譬如，参见杰里米·沃尔德伦：《自然权利的衰落》（"The Decline of Natural Right"），载艾伦·伍德（Allen Wood）与苏珊·卡恩（Susan Kahn）编：《剑桥十九世纪哲学史》（*The Cambridge History of Philosophy in the Nineteenth Century*，Cambridge University Press）2012 年版，第 62 页；萨缪尔·莫恩（Samuel Moyn）：《最后的乌托邦：人权史》（*The Last Utopia：Human Rights in History*，Harvard University Press）2012 年版。

[32] 奥斯卡·沙赫特（Oscar Schachter）：《人的尊严：一个规范性概念》（"Human Dignity as a Normative Concept"），第 853 页。

（二）渊源与正当性

克劳斯·迪克在最近的一篇文章中指出,《世界人权宣言》中的"人类尊严是一个使人权主张获得正当性的形式性超验规范"[33]。这一术语相当模糊,迪克似乎是在援引一个凯尔森式的理念。正如一个法律体系的"基础规范"——要求处于最高地位的宪法条文得到尊重的规范——是法律效力的渊源,同时是这个法律体系中所有法律法规获得正当性的效力来源,[34]因此,有关人的尊严的规范也可能是人权规范的最终来源。一部法律的效力源自授权特定立法机构以及规定立法基本程序的宪法规范;按照凯尔森的说法,为了回避有关宪法条文的效力源自何处这一无法回答的问题,我们设定一个最终的先验规范,以为宪法效力提供基础,而不是通过一个更加高级的实在规范(比如说一项前殖民地权力的授权性法律),使之具有效力。对基础的此种理解涉及凯尔森所说的法的"动态"体系,在我看来,迪克所持的并不是这种理解,而毋宁更接近于凯尔森所说的法的"静态"体系,即一个规范从另一规范的内容中推导而出,[35]接下来我马上就会解释这两种理解的

33　克劳斯·迪克(Klaus Dicke):《〈世界人权宣言〉中人的尊严的奠基功能》("The Founding Function of Human Dignity in the Universal Declaration of Human Rights"),载 D. 克雷茨默(D. Kretzmer)与 E. 克莱因(E. Klein)编:《人权话语中的尊严概念》(The Concept of Dignity in Human Rights Discourse),第 111 页起,在第 118 页。

34　汉斯·凯尔森(Hans Kelsen):《纯粹法理论》(Pure Theory of Law,Max Knight trans., University of California Press)1967 年版,第 198—205 页。

35　同上书,第 108 页以下。

差异。

但先让我们来思考一下此处可能意味着什么。迪克应该不会否认：伟大的人权公约是一种法律渊源，它之所以具有法律效力是因为绝大多数国家都签署和批准了。但是，我认为他可能会否认：个人之所以拥有这些公约上所提的权利，仅仅是因为如《公民权利和政治权利国际公约》作为一个多边条约已被制定出来。按照他的解释，《公民权利和政治权利国际公约》并不创造权利，而只是承认和宣告人类已有的权利。为什么援引人的尊严就是对这一观点的表达呢？或者对人的尊严的援引何以丰富了这一观点？迪克认为，援引人的尊严就是提及人类的特殊性质，即人类的内在价值，这就解释了为什么人类确实真的拥有公约所宣告的权利，这些权利先于并独立于实在法上的宣告。

奥斯卡·沙赫特似乎也得出了类似的结论，他至少以一种否定的方式表达了这一结论："权利源自个人的内在尊严这一命题，作为一个哲学上的陈述……意味着权利不是源自国家或任何其他外在的权威。"[36] 同样，沙赫特作为第一代伟大人权法学家的一员，在这里没有必要被解释成是要否定实在国际法的权威。他只是坚持认为，在法律确认这些权利的背后还有"超实证的"因素。[37] 用更加肯定的话来说，对尊严的援引表明：我们之所以认同人权的重

---

36 奥斯卡·沙赫特（Oscar Schachter）：《人的尊严：一个规范性概念》（"Human Dignity as a Normative Concept"），第 853 页。

37 关于"超实证的因素"，参见杰拉尔德·纽曼（Gerald Neuman）：《人权与宪法权利：一致与不一致》（"Human Rights and Constitutional Rights：Harmony and Dissonance"）载《斯坦福法律评论》（*Stanford Law Review*）第 55 卷（2003 年），第 1863 页起。

要性,我们之所以坚持认为人权具有普遍性、固有性和不可剥夺性,有一个超实证的理由。这不单单是我们已决定通过公约的形式创造实在法的问题,我们创造国际人权法本身就是为了积极回应我们在有关人的尊严的道德话语中所承认的有关人类特殊性的事实。

我想这是我目前所能够接受的一个基础性命题。我认为,人们可以更进一步主张:人权法的正当性源自关于人的尊严的高级法——譬如上帝的律法或某种自然法观念。对此种高级法的信仰当然解释了众多起草并签署人权公约的那些人创制实在法的行为。但是在我看来,正如我在上一段所说,更好的说法是,这些公约本身就象征着实证法对超实证理念的回应,而非意味着人权规范的正当性或效力能够追溯到非实证法。有些人会十分轻易地承认人权规范的法律效力源自非实证法;和我一样,他们可能无法理解迪克隐晦地在人的尊严价值与凯尔森式的基础规范之间的比较。然而,"正当性"是一个含义比较宽泛的术语,从法律效力,到大众的认同,再到道德吸引力,它可以指任何一个意思。如果"正当性"指的是"道德吸引力",那么我们确实可以说:人权理念的正当性从尊严理念的正当性中所获良多(反之亦然)。

汉斯·凯尔森在其纯粹法理论中,区分了法的动态体系和静态体系。[38] 在动态的意义上,效力问题所涉及的是上位法授权创制下位法或较低位阶的法律命令。宪法授权立法者创制法律,立

---

[38]　汉斯·凯尔森(Hans Kelsen):《纯粹法理论》(*Pure Theory of Law*),第195—198页。

法者创制法律授权市级机关一定的权力，市级机关制定法规授权地方官员征收这个或那个危房的权力。[39] 另一方面，静态的分析所涉及的是法律命题之间的关系，其更像是一种推导关系，而非授权或创制的关系。静态分析将说明，如果伤害他人是不对的，那么刺伤他人也是不对的：刺伤概念早已包含在更普遍的伤害概念之中，因此这两个命题的联系或多或少是通过演绎的方式建立起来的。[40] 我认为，迪克的分析方法毫无益处地模糊了静态分析方法与动态分析方法之间的界限。当然这并不意味着，将静态的分析方法运用于人的尊严与人权之间的联系是不可能的。也许，一个概念能从另一个概念中推导出来，现在就让我们来探讨这种可能性。

（三）推导的真正基础

"基础"一词给我们允诺最多的一层意思是，知道了权利的基础，就会使我们产生出或推导出人权主张。因而，我们可以将人权理论建立在一个更加牢固的基础之上，而不仅仅是建立在一部具有法律性质的宪章所规定的权利清单之上。并且，这一基础也将为我们提供一种评判人们有关人权之主张的检测试剂。人们会提出各种各样有关我们拥有何种权利或人权有哪些的主张：现在这一基础就被想象成可以用来检测这些主张，我们只要看一看特定主张之内容是否真正能够从这一基础中推导出来就可以了。

当然，想要获得这种基础效能，并不是件轻而易举的事情。所

　　39　汉斯·凯尔森（Hans Kelsen）：《纯粹法理论》（*Pure Theory of Law*），第221—228页。

　　40　同上书，第195页。

设定的基础只要稍有变化——譬如只要我们的尊严观稍有变化——就会导致通过这种方式得以产生或确认的权利之主张有重大的不同。人们为了使自己早已心有所向的权利主张能够从基础性价值中推导出来,倾向于任意操纵基础性价值观;而反对者也易于从自己的立场指责权利理论家这么做。换言之,这一基础主义的方法对于有关人权的特定主张之辩护并未起到减负作用。相反,它通过暗示权利争议的真正根源在于基础层面,而将权利论辩的负担转移到了基础层面。不过,按照我们一直所贯彻的精神,争议的这一转移并不一定是不光彩的。通过这种方式对有关人权的争议进行重新定位可能是有意义的,能够给予我们启发。也许,我们在评估(比如说)有关社会经济权利的主张时能够更好地看到争点之所在,因为我们看到了推导出这种权利所必需的特殊形式的尊严(基础)。

从形式上说,我所想到的推导方式有两种,一种是演绎性的,另一种是经验性的。就演绎的推导方式而言,我们从我们的基础性价值(比如说人的尊严)观念开始推导,我们透过分析把它解开,看看里面包含什么内容。

詹姆斯·格里芬在《论人权》一书中的论证就是一个例子。格里芬的论证始于"人的尊严",他指出,这个理念最好从规范上的行动能力在个人生活中的重要性这个角度来理解。[41] 人在规范上的行动能力是在人的自主性中揭示自己的,所谓人的自主性,就是人

---

[41] 格里芬(Griffin):《论人权》(*On Human Rights*),第 152 页。

有能力为自己决定生活的样式以及怎样过好自己的生活。[42] 人的这种能力反过来要求人在某些关键领域里享有自由——实际上就是体现自由的某些基本权利，以保证个人对于自己的生活在没有强制性干涉的情形下做出关键性的决定。格里芬认为，我们从自主性的重要意义中还能推导出：那些关键性的选择必须是自己经受过教育的前提下做出的选择，并且必须是从一大堆有意义的可供选择的选项中做出的选择。[43] 在我看来，所有这一切都建立在以下或多或少具有分析性的工作之上：尊严乃是由规范上的行动能力所构成，通过自主性来界定规范上的行动能力，并且从保护自主性所必要的条件中推导出各种形式的消极自由和积极自由。如果某人否认尊严是人权的基础，或者不认为尊严（假定其认同尊严是基础）如格里芬所主张的那样，能够与规范上的行动能力价值、自主性的重要意义以及自由权成功地联系起来，那么格里芬的推论当然会受到质疑。

格里芬的某些推导步骤部分是以经验性前提为中介的。（这些经验性前提大概是作为小前提而发挥作用的，大前提则是有关尊严的命题，或是从中演绎得出的命题，或是在构成上与之相联系的命题。）因此，它们也容易受到质疑——但是，现在所受的质疑既是分析层面的，也是经验层面的。当格里芬主张人权包含特定的福利权时，他指出，关键点可能在于，保护和促进自主性的必要条件，不可能通过先验的方式确定，而必须观察自主性在特定类型的

42　格里芬(Griffin)：《论人权》(*On Human Rights*)，第 150—151 页。

43　同上书，第 159—169 页。

政治经济生活中是如何强化或弱化的。他说,并非所有的福利权论证都是这种类型的——"既有人主张福利对于个人自主和自由来说是必不可少的经验性条件,也有人主张福利在逻辑上是必不可少的。"[44]不管怎样,权利的基础论者必须得同时奋战在这两条战线上。[45]

我已经花了不少篇幅来讨论格里芬的理论,因为其理论与其他任何理论相比,都能更好地说明这第三种可能含义,这是一种最强意义上的权利基础论。我既不打算赞同它,也不打算批判它。我只是认为,当人们说尊严乃是人权的基础之类的话时,在其众多可能含义的见解中,认识到它是其中的一种是很重要的。

(四) 解释性理解的关键

我们刚才已作讨论的方法将人权的基础想象成一个非常抽象的大前提,从中我们能推导出特定的权利,当然,这个推导过程或许还需要借助于经验性的小前提。我们从基础开始推理,并从基础中推导出权利。与之不同的另一种方法更具有归纳性,或者说

44　格里芬(Griffin):《论人权》(*On Human Rights*),第 180 页。

45　假如我理解得没错,阿瑟·查斯卡尔森(Arthur Chaskalson):《作为宪法价值的人之尊严》("Human Dignity as a Constitutional Value"),载克雷茨默(Kretzmer)与克莱因(Klein)编:《人权话语中的尊严概念》(*The Concept of Dignity in Human Rights Discourse*),第 133 页起,在第 135 页,给人的印象是,所有以尊严为基础的权利论证都是工具性的;他指出,将尊严引入论证的想法是所有剩余的权利都"可以根据其对于保护和促进人的尊严来说必不可少的理由而获得分析和辩护"。但这可能忽略了构成性或演绎性的要素。

是"自下而上的"。[46] 接下来让我们讨论这种方法。

我们的思考始于对我们所拥有的权利的理解——可能不是一种全面的或得到充分解释的理解，而是早已广为接受的像对人权清单的那种理解。然后，我们也许会努力通过思考这份权利清单背后所必然预设的价值来加深理解。我们可能首先会问，为了产生我们权利清单上的所有权利或大多数权利，我们必须预设一个怎样的基础，进而将我们所预设的价值看作一个大前提，借助于形式推理我们就能从中得出我们早已认定属于我们的权利，由此与前文第(三)部分所描述的那种方法联系起来。或许，自下而上的方法可能比这还要宽泛。我们可能认为预设的价值有助于我们理解我们权利清单上的权利，不管我们是否接着认定其具有形式上的基础性作用。关于人的尊严与人权之间的联系，迈克尔·罗森(Michael Rosen)这样说道：

> 毫无疑问，人权令人深感困惑——今天几乎每个人都承认自己信奉人权，但是很少有人会说，其已拥有一个完善的、体系性强的理论，能够解释人权是什么以及我们为什么拥有人权。关于尊严的现代理解，能够满足这一需求吗？[47]

46　此处关于自上而下的方法与自下而上的方法之区分，我是从格里芬那里获得启发的。格里芬(Griffin)：《论人权》(*On Human Rights*)，第 29—30 页。格里芬认为其理论是一个自下而上的理论，但在我看来不是这样，因为他所给出的大前提是有关人格、尊严和规范上的行动能力这些大前提。见其书第 30—48 页和第 149—158 页。

47　罗森(Rosen)：《尊严》(*Dignity*)，第 54 页。

　　假定一个完善的、体系性强的关于我们拥有哪些权利以及我们为什么拥有这些权利的理论,并不需要涉及第(三)部分所概括的线性推导模式。理解我们为什么拥有人权,仅仅涉及我们所拥有的权利之意义。但是,权利之意义也不需要按照严格的目的论来理解——在目的论意义上,我们可以正当地从目的性命题中推导出其他权利。我在此处第(四)部分的理解,可能有点偏向于特定意义上的一种人权,我们对这种人权的理解,并不需要认同下述思考方式:权利清单可以毫无边际地扩张,远远超出我们思考的起点。当然,人权如果被理解为法律权利,那么显然属于这种情况。我们并不能够总是证明某物是法律,仅仅因为其能从理解其他法律命题所必需之物中推导出来。

　　但是,权利出现在法律(宪法或人权法)中,并不是说就不需要理解我所正在讨论的那种人权了。即便是我们规定得最清晰的权利仍然可能是令人迷惑的。正如罗纳德·德沃金所指出:

　　　　针对政府的权利制度,既不是一份上帝的礼物,也不是一个传统的习俗,更不是一项全民的运动。它是一种复杂而又麻烦的实践,其使政府追求普遍利益的工作更加困难,成本也更高;因而,如果它不是服务于某种价值,那么它就是一种无用而又错误的实践。无论谁,只要宣称认真对待权利,并且赞同我们的政府尊重权利,那么他就必须对于权利制度的价值有所认识。他必须认同两个重要理念,至少,他得接受其中的一个。第一个是人的尊严理念。这个理念有些模糊但很有力量。这个理念与康德的名字联系在一起,但很多不同学派的哲学家也曾捍卫这个理念。按照这个理念，一个人应被视为人类共同体中的一个正式成员，如果以某种与此不一致的方式对待他，那么就是极端不公正的。第二个是政治平等的理念。我们对这个理念比较熟悉。按照这个理念，政治共同体中比较弱势的成员，与其他比较强势的成员靠自己所能获得的一样，有资格获得其政府同等的关注和尊重，以至于如果有些人享有决定的自由，而不管该决定对于普遍利益有何影响，那么所有人都应该享有同样的自由。在这里，我不想为这些理念做辩护，或对它们作进一步的阐释，而只是想指出，任何人，只要认为公民享有权利，就必须接受与此非常类似的理念。[48]

我们即便不接受德沃金对这两种理念的解释，也能理解其所阐述的权利重要性。我们所需要的是理解权利重要性的方式——我们有时也称之为"基础"——它将有助于我们解释特定的权利条款，帮助我们判断得以提出权利主张的精神，并处理权利冲突和权利界限问题。[49]

如果尊严被视为本节（四）意义上的基础，那么其作用可大可小，这取决于所持尊严观念的强度。在德国"航空安全法"一案中，系争法律规定武装力量有权在9·11之类的场合下击落被劫持的客机，德国宪法法院思考了与该规定有关的生命权。宪法法院坚

48　德沃金（Dworkin）：《认真对待权利》（*Taking Rights Seriously*, Harvard University Press）1977年版，第198页。

49　关于尊严为何对于我们理解法律权利具有结构性的作用，有一个很好的解释，参见巴罗佐（Barroso）：《无所不在》（"Here, There, and Everywhere"）。

持透过尊严这面棱镜来看生命权,由于其所运用的尊严观是一种很强的康德尊严观,因此其得出结论说,客机上无辜的乘客和乘务员,不能仅仅为了拯救其他(譬如已被劫机犯视为撞击目标的一幢大楼里)更多的无辜人士就可以遭受毁灭。[50] 然而按照一种不太强烈的尊严观,第(四)种方法仅仅表明,我们在解释权利时应该认真对待个人,尊重他们的自主性,而不应把他们看作促进普遍福利的试验品。除此之外,它不能告诉我们更多。

八、基础与特征

我们对所谓尊严的基础性作用界定得越宽泛,就越需要警惕走入另一个误区。我们不应错误地将一切权利所共有的特征当作起基础性作用的事物。

之所以经常对权利产生此种错误认识,是因为权利的形式结构非常复杂。权利(更不用说人权)并不是一种简单的概念。在权利话语中,特定的权利内容不仅仅是规范性的,而且表现为包含特定要求的规范性模式。该要求是绝对的,该要求不仅仅是为了保障规范得到偶然的实现。而且,该要求似乎与个人利益及个人选择有着本质性联系。最后,如果我们谈论的是人权,那么我们也在

50　德国联邦宪法法院(Bundesverfassungsgericht),2006 年 2 月 15 日,《联邦宪法法院裁判集》(BVerfGE)第 115 卷,第 118 页起,在第 122 页(写道):"由于他们是为了拯救其他人而被杀害的,因此他们就被当作了物,同时,他们的权利也遭受剥夺;由于他们的生命受到国家单方面的处置,一个人因其自身所应拥有的价值就遭到了否定,其实,客机上的无辜人士本身也是受害者,需要国家的保护。"

谈论平等——因为，我们所谈论的人权是每个人所平等享有的权利，只要某个人拥有这种权利，那么所有人都拥有这种权利。

我们可以通过分析得出人权的这些特征。这些特征很重要，并且无所不在，我们可能因此误认为它们就是基础性要素。尽管它们是一切权利所不可缺少的结构性特征，但据此推出任何基础性的命题都是错误的。

举例来说，按照某种理论，拥有一项权利意味着能够按照自己的意愿控制另一个人的义务。[51] 此处不适合详细讨论权利的"选择论"，我只是想指出，即便该理论是正确的，我们也不能因此推断说，自由选择是权利的基础或者权利的存在是为了保护和促进个人自主。我不是说，这两个命题是错误的，我想说的是，这一形式推导过程无法有效证成这两个基础性命题。特定权利的内容可能与自由没有任何关系：譬如这项权利可能是获得医疗保健的人权。按照权利的"选择论"，我们只能说，即便像这种（与自由并没有直接联系的）权利，权利主体仍然享有是否追究义务主体不履行相关义务的责任的选择权。是否提起诉讼，全然依赖于权利主体（的选择）。但是，这还不足以将获得医疗保健的权利建立在自由的基础之上。

我再举一个例子。我们经常认为，权利的一个特征就是，其必须能够保障其所承诺的利益或自由得到兑现，而不仅仅是偶然地会带来这些利益或自由。我拥有获得 φ 的法律权利，意味着我对

---

[51] 关于权利的"选择论"，参见 H. L. A. 哈特（H. L. A. Hart）：《存在自然权利吗？》（"Are There Any Natural Rights?"），收录于杰里米·沃尔德伦（Jeremy Waldron）编：《权利理论》（*Theories of Rights*，Oxford：Oxford University Press）1984 年版，第 77 页。

φ的获得不受公共政策的日常变化的影响;倘若不能向我保证这一点,我就没有这项法律权利。但是我们同样不能从中作过多的引申,至少不能推出一个基础性命题。不可否认,保障(某种利益或自由的)安全是人们主张权利时所要求的,但我们不能从中推论说,一切权利都以安全为基础。有些人会作这一推论,有时还以此为由主张:公民自由不能建立在对抗安全或国家安全活动的基础之上,因为公民自由最终依赖于安全。⁵² 如果这个观点还有一定道理的话,那么就必须按照亨利·苏所主张的那样去理解,即人们只有在安全的环境中才能真正享受权利。⁵³ 但是,如果仅仅从权利的意义就是确保其所保护的利益或自由这一事实中推出这一论断,是没有说服力的。

最后一个例子涉及平等。如果存在某种人权,那么就应该平等地保障所有人都享有这项权利。但是,我们不能因此就推论说,

52　对这一错误想法的讨论,参见利奥拉·拉扎勒斯(Liora Lazarus):《绘制安全权》("Mapping the Right to Security"),载本杰明·古尔德(Benjamin Goold)和利奥拉·拉扎勒斯(Liora Lazarus)编:《安全与人权》(*Security and Human Rights*,Hart Publishing)2007年版,第325页。另请参见杰里米·沃尔德伦(Jeremy Waldron):《安全与保障》("Safety and Security"),载《内布拉斯加州法律评论》(*Nebraska Law Review*)第85卷(2006年),第454页,后收录于沃尔德伦(Waldron):《酷刑、恐怖活动与权衡取舍:白宫哲学》(*Torture, Terror And Trade-Offs: Philosophy For The White House*,New York:Oxford University Press)2010年版,第111页。

53　亨利·苏(Henry Shue):《基本权利:生存、富足与美国外交政策》(*Basic Rights: Subsistence, Affluence, and U. S. Foreign Policy*,Princeton University Press)1980年版。有关讨论,参见杰里米·沃尔德伦(Jeremy Waldron):《9·11后作为基本权利的安全》["Security as a Basic Right (after 9/11)"],载查尔斯·贝茨(Charles Beitz)和罗伯特·古丁(Robert Goodin)编:《全球基本权利》(*Global Basic Rights*,Oxford University Press)2009年版,第207页,后收录于沃尔德伦(Waldron):《酷刑、恐怖活动与权衡取舍》(*Torture, Terror, and Trade-Offs*),第166页。

平等是所有权利的基础，尽管通过其他论证可能推出这一结论。[54]
我们也不能因此提出一个听上去更加基础主义的主张：人权的价
值就是确保所有人获得平等的对待。

尊严是人权的基础这一命题会不会建立在类似错误的基础之
上？这是有可能的。人们有时说，成为一个权利享有者，这本身就
意味着享有特定的尊严。乔尔·费因伯格（Joel Feinberg）很早就
指出：行使一项权利意味着提出一个要求。他一直认为这一分析
性结论很重要，并表示："所谓'人的尊严'可能仅仅指被认为具有
提出要求的能力。因此，尊重一个人，或认为他拥有尊严，那就是
把他看作一个潜在的权利主张者。"[55]这是一个较弱的尊严观，即
便如费因伯格所说的那样，权利蕴含着这一尊严观，我们也不能把
它看作权利的基础。因为它只是一切权利所具有的特征之一。

九、作为地位的尊严

有时，人们说尊严是一个地位概念，而不是一个价值概念。在
我看来，这一说法是正确的。[56] 如果我们深入思考地位概念，就有
可能揭露另一种对尊严的所谓基础性作用的错误认识。

54　譬如，参见德沃金（Dworkin）：《认真对待权利》（*Taking Rights Seriously*），第
272—278 页。

55　乔尔·费因伯格（Joel Feinberg）：《权利的性质与价值》（"The Nature and
Value of Rights"），载《价值研究杂志》（*Journal of Value Inquiry*）第 4 卷（1970 年），第
243 页起，在第 252 页。

56　有关这一观点的论证，参见杰里米·沃尔德伦（Jeremy Waldron）：《尊严、等级与
权利》（*Dignity，Rank and Rights*，Oxford University Press）2012 年版，第 57—61 页。

在法律上,地位或身份是一个人根据其所处环境或状况所具有的权利、权力、无权能、义务、特权、豁免和责任的特定集合。破产者、未成年人、皇室成员、外国人、囚犯,或是军人、已婚者,这些都是地位或身份概念,其中任何一个概念都包含了权利、权力等的特定集合。在英国,女王拥有特殊的权力和义务;在大多数国家,破产者会丧失特定的权能;罪犯也是如此(譬如剥夺他们的选举权);现役军人有特殊的义务和特权;未成年人只拥有成年人所拥有的部分法律权利和权力;等等。在所有这些情形中,特定的地位或身份概念很像是一个概括某人在这些情形下拥有的权利、权力等这份清单的缩略语。我们如果愿意,可以不辞辛劳地将这份清单一一列出。就拿未成年人来说,我们可以列出:(1)如果 X 不满十八周岁,那么 X 就拥有获得其父母抚养的权利;(2)如果 X 不满十八周岁,那么 X 没有订立特定合同的权力;等等。或者,拿破产者来说,我们可以列出:(1)如果 Y 被判定资不抵债或者无法清偿到期债务,那么 Y 就不得进一步举债;(2)如果 Y 被判定资不抵债或者无法清偿到期债务,那么 Y 就有资格获得免除债务的保护;等等。但是,我们不会这么做,我们只会说,在法律上,X 是个未成年人,Y 是个破产者,这就已经概括了所有这些信息;我们对于破产者、未成年人等术语的专业性法律含义的理解,本身就包含了拥有这一身份的人在法律上所具有的地位之详细信息。

我们不难看到,特定的地位或身份概念并没有带给我们任何新的信息。约翰·奥斯丁(John Austin)就曾这样想。他在《法理学讲义》中写道:"权利和义务的集合,或权能和无权能的集合,是作为地位或身份概念附着在'人法'中的,安置这些概念,完全是为了便于表述。"[57] 他说，一个地位或身份概念，就是"一个缩略语（或是一种省略的表达方式），纯粹是一个表述上的便利问题。[58] 它仅仅是一个缩写，一种"法律注释的技术"。[59]

　　如果这一切都是对的，并且如果尊严就是一种地位，那么把尊严说成是权利的基础就犯错了，犯的是一种范畴错误。但是，我们可以说尊严是一种包含一系列特定权利的地位。古老的尊严（dignitas）观念是这样的：贵族的尊严与牧师的尊严是不同的，二者具有不同的地位，二者不同之处仅仅在于跟贵族地位或神职人员地位相联系的权利内容。也许，我们有关人的尊严的观念，同样如此。当我们说一个主体拥有人之尊严的地位时，一定意味着这一主体拥有人权。[60] 但这是因为作为地位概念的人之尊严正是传递这一信息的简便方式。就像其他任何一个地位概念，人的尊严概念也是一份权利清单的缩略语。我们并不是因为拥有人的尊严才拥有人权；我们所拥有的人的尊严就是我们所拥有的人权。持

57　约翰·奥斯丁（John Austin）:《法理学讲义或实在法哲学》（*Lectures on Jurisprudence or The Philosophy of Positive Law*, 5th edition, ed. Robert Campbell, London: John Murray)1885 年版，第 2 卷，第 40 讲，第 687—688 页。

58　同上书，第 700 页。

59　对奥斯丁的观点的这一描述，参见 C. K. 艾伦（C. K. Allen）:《法理学中的法律义务及其他论文》（*Legal Duties and Other Essays in Jurisprudence*, Oxford: Clarendon Press)1931 年版，第 34 页。

60　有些法学家认为，严格说来，人的地位是一种矛盾修辞法，R. H. 格雷夫森（R. H. Graveson):《普通法上的地位》（*Status in the Common Law*, Athlone Press)1953 年版，第 2 页，他将"地位"界定为："法律所赋予的一种持续性和制度性的特殊境况，其区别于普通人在法律上的处境……无论谁占据了某个职位，该职位的创设、持续占有或放弃以及相关事件，都是社会十分关注的问题。"对此，笔者不敢苟同：其见解不符合罗马法观念，罗马法观念确实包含了普通自由人的地位概念，视之为地位概念的一种。

此想法是有可能的。

　　但也许该问题还没有终结。在奥斯丁看来,地位概念仅仅是有关权利、权力、无权能、义务、特权、豁免和责任之清单的缩略语。但也许同样值得指出的是,清单内容并不是随便列上去的;清单内容应该是与某种基本理念相关的,如此才言之成理,相应的地位也因此得以形成。同样,地位概念的含义也就蕴含了这一基本理念。[61] 在未成年人的例子中,命题(1)和(2)都不是随意想出来的法律命题。这两个命题言之成理,是因为下述基本理念:与成年人比较,儿童还不太有能力照顾自己,且更容易遭受他人的侵害或剥削。这两个命题合在一起,作为一个集合,来回应这一理念,也是言之成理的;也就是说,这两个命题不但各自言之成理,而且结合在一起也是言之成理的。正是未成年人(在该术语的日常语言含义上)需要社会的特殊照顾这一基本理念,使得(专业性法律含义上的)未成年人概念具有意义。破产者、外国人、皇室成员、囚犯,以及我所提及的所有其他地位或身份概念,也都是如此。其中任

---

　　[61]　奥斯丁并非没有意识到这一观点。他将这一观点与其导师杰里米·边沁的作品联系起来,并就此对其老师提出了少有的批评。参见奥斯丁(Austin):《法理学讲义》(*Lectures on Jurisprudence*),第 690 页。他指责道:"边沁先生……在这个问题上的所有论述,在我看来,都是前后矛盾和晦涩难懂的。"

　　不同寻常的是,边沁(这位将道德科学从此类不堪重负的垃圾中清除出去的先生)在另一名目下接受了这一神秘性质的东西。他在《立法理论》一书中探讨了地位(或身份),他是这样界定地位的:家庭或民事上的地位,仅仅是一个理想的基础,关于权利和义务以及有时候的无能力,都是围绕这个基础安排的。

　　奥斯丁(Austin):《法理学讲义》(*Lectures on Jurisprudence*),第 699 页。奥斯丁所引的这段话出自边沁的著作《立法理论》(*The Theory of Legislation*, ed. C. K. Ogden, Kegan Paul, Trench, Trubner & Co., 1931),我们现在都知道这个英文版,但在奥斯丁时代,此书只有法文版。

何一个概念，不仅仅是含有"如果……那么……"句式的法律命题清单的缩略语，它所包含的命题清单，不管是作为一个集合，还是各个命题本身，都是因为某个特定的基本理念才言之成理，这一基本理念则关乎人类条件的特殊状况或变化。

这不仅仅是(缩略成特定地位概念的清单里的)每个项目都有某种基本原理的问题，[62]而毋宁是这些项目有共同的基本原理，因此可解释各种权利、义务等等是怎么结合在一起的。换言之，这些项目作为一个集合体，其背后的基本原理是一致的。所以比如说，未成年人没有订立合同的能力，这可以和未成年人父母有代为订立合同的义务联系起来理解，而我们多数人是依靠自己的能力订立合同的。由于未成年人缺乏订立合同的能力，其他人就必须为他们订立合同。从整个集合体中抽取出特定地位的特定条件，可能没有多少意义。但是，在这个集合体中，这个特定条件与基本理念联系起来就有意义了，而这个基本理念是这个特定条件与其他所有条件所共同拥有的。

因此，如果人的尊严是一种地位，那么我们就应该说，人的尊严不仅仅包含一组人权，而且还包含一种基本理念，它既可解释每一种人权对于我们人类的重要性，又可解释这些人权作为一个集合体对于我们人类的重要性。如果是这样的话，那么我们在本节中早先曾考虑过的一个反对意见就不对了。也就是说，通过声称

62　我不仅仅指某人为了证成特定法律条款所说的特定意见。我所指的基本原理更像是一种法律上所确立的证成理由——如法律上所承认的目的或政策——它不仅仅出现在说服民众这个法律是好的和对的这个政治过程中，而毋宁是存在于具有目的意义的法律自身之中。

尊严仅仅是一组权利的缩略语而批评尊严是权利的基础这一命题,是不对的。人的尊严不仅仅是一组人权的缩略语,它还指这些人权背后的使它们统一起来的基本理念。

十、尊严的根基

我写本文的目的是为了探究"权利源自尊严"或"人的尊严是人权的基础"之类命题所可能遇到的难题。还有最后一个反对这类命题的意见需要我们认真对待。

当我们说尊严是人权的基础时,经常给人留下这样的印象:尊严是一种不可化约的价值,我们在熟悉的人权宪章所确认的权利下面,刨根问底,一旦我们挖掘到尊严,就没有必要再往下挖了。但是当尊严成为其他场合里所讨论的对象时,我们经常认为,尊严是一种有其自身基础的价值,因而值得探究尊严的根基是什么,以及人的尊严源自人类个人或人类物种的何种特征。譬如,有人说我们的尊严存在于上帝对我们的要求之中,或者我们人类是由上帝按照自己的形象创造出来的。[63] 也有人借用康德的理论说,我们的尊严建立在我们拥有道德能力的形而上学含义基础之上:我

---

[63]　关于前一种观念,参见尤尔根·莫特曼(Jürgen Moltmann):《论人的尊严:政治神学与伦理学》(*On Human Dignity: Political Theology and Ethics*, Fortress Press)1984 年版。关于后一种观念,参见杰里米·沃尔德伦(Jeremy Waldron):《上帝的形象:权利、理性与秩序》("The Image of God: Rights, Reason, and Order"),载约翰·威特(John Witte)、弗兰克·亚历山大(Frank Alexander)编:《基督教与人权:一个导论》(*Christianity and Human Rights: An Introduction*, New York: Cambridge University Press)2010 年版,第 21 页。

们拥有按照原则行事的能力，即便当每一种感性冲动或倾向、每一种情感和每一种自利动机都迫使我们走向反面。[64] 另有一些人说，尊严的根基在于，我们拥有为自己的生活负责这一非形而上学的日常能力，并且我们承认他人同样具有此种能力。[65] 还有一些人则说，尊严在一定程度上根植于人类物种的特殊性，每一个个体作为人都带有这种特殊性，即便他或她实际上并不拥有区别于其他物种的品质和成就。[66] 正如我在第五节所说，权利论者有关尊严的基础性命题，并没有提供一种清晰的尊严观念，而毋宁向我们提出了有关尊严理念的问题和争议——倘若不对这个所谓的基础本身从事更深层次的探索，就不可能解决这些问题和争议。

我们所谓的基础性理念，最后还是需要探究其本身的根基，这是一个问题吗？我不这样认为。X 是 Y 的基础，可能是一个相对的而不是绝对的命题；该命题的意思可以是，X 以一种有趣的方式阐释了 Y，或者 Y 可以从 X 推导出来；而不一定是看起来的那样：X 就是最底层的基石。我们不能排除存在更深层次的价值 W 的可能性，W 能够进一步阐释 X，或者 X 这样的观念可以从 W 中推导出来。我猜想，有人可能会将此理解成：严格说来，尊严是多余的，我们完全可以绕过路途中的尊严，径直走到最深层次的基础性理念那里。但是，这样一来，尊严在组织和说明各种权利之间的关系以及最深层次的基础性理念的某些特殊方面（而非其他方面）的

64　康德（Kant）：《道德形而上学的奠基》（*Groundwork of the Metaphysics of Morals*），第 42—46 页。

65　德沃金（Dworkin）：《刺猬正义》（*Justice for Hedgehogs*），第 202—214 页。

66　参见卡提卜（Kateb）：《人的尊严》（*Human Dignity*），第 174 页以下。

作用也就丧失殆尽。

其实,还有一个选择,我们可以运用前面第九节所讨论的框架
来传递下述思想:对尊严的援引不仅仅指向构成特殊地位或身份
的那些权利,而且也指向将那些权利统一起来的基本理念。这一
基本理念可以被认为是"尊严的根本内容""尊严的根基"或"尊严
所包含的权利的根基"。那个框架甚至传递了尊严和权利互为基
础的思想——倘若按照我在第九节所提出来的观点,尊严是一个
地位概念,那么这就不足为奇了。明智的做法就是不要对此大惊
小怪。第九节通过专业性的法律分析方法讨论了地位概念。但
是,道德哲学家和其他人在更加宽泛的意义上使用(与尊严特别有
关的)地位概念。一旦我们认识到,专业性的法律分析并没有表
明,尊严(地位)是其所包含的诸权利之基础这一说法,遭遇到了无
法超越的反对意见,那么我们就可以容忍尊严的广义概念,并在
图1至图3所显示的模式之间不做严格区分。①

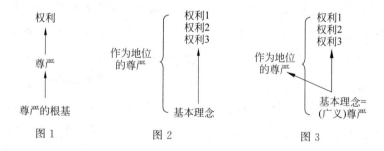

　图1　　　　　　　图2　　　　　　　　　图3

---

① 　本文收录于《人权的哲学基础》时,下面三张图被省略了,现根据发表于美国社
会科学研究网络(SSRN)上的版本(即纽约大学法学院"公法与法理研究论文系列"第
12—73号工作论文,电子文本可获自 http://ssrn.com/abstract=2196074)予以恢
复。——译者

我在本文开头就说过，我探究"人权是以人的尊严为基础"这一命题，不是为了反驳这一命题，而是为了看清这一命题可能面临哪些障碍。人们通过这一命题想要表达的含义经常是模糊的；有的时候，它纯粹是一句冠冕堂皇的修饰语。也有些时候，它似乎传递了一个相当精确的（和有争议的）观点。我并不迷信精确性；我的分析的部分重点就在于弄清楚：我们何时可以容忍这方面话语的模糊性，何时又是必须要求精确地表达尊严和权利之间关系的命题。哲学家倾向于认为精确性是很重要的；但是他们都知道，自亚里士多德以来，追求精确性并不总是明智的。[67] 对精确性的一味追求，有时会使我们得不到某些洞见，这些洞见可能就隐含在并不确切的言语中；有时也会使我们看不到探求某些问题（以及将这些问题与其他问题联系起来）的重要性，即便眼前还不能回答这些问题。

我写本文的目的也不是为了捍卫某个特定版本的有关"人的尊严是人权的基础"的命题。之所以值得探究这个命题，是因为在我看来，这样的命题可能是个真命题，并且是个有意义的命题。在很大程度上，我是想要弄清楚此类命题是否有存在的空间。我认为是有的。虽然这类命题隐含着各种各样的问题和谬误，但是人权和尊严之间在深层次上有着根本性联系，并不总是一个令人困惑的问题。

---

[67] 亚里士多德（Aristotle）：《尼各马可伦理学》（*Nichomachean Ethics*），第 1 卷，第 3 章（1094b13）。

译后记

时光匆匆,本书的缘起要回到八年前。当时,我从美国访学归来不久,"法哲学名著译丛"主编吴彦来信邀请我参加他主持的翻译项目。在我提及沃尔德伦的书后,他建议我编译一本沃尔德伦在法哲学领域的论文集。基于个人的学术兴趣,我最后决定编译沃尔德伦关于尊严的系列文章。本书所组成的六篇文章都是沃尔德伦晚近所发表的,集中反映了他关于人之尊严的法哲学思想。故本书取名为《论人的尊严》,并获得了沃尔德伦的同意。感谢吴彦在书名拟定、翻译授权等事项上的建议和帮助,感谢沃尔德伦的慷慨授权。

本书按照"基本理论及其具体应用"的逻辑编排,沃尔德伦关于尊严的基本理论集中体现在第一篇《尊严、等级与权利》中,它实际上是沃尔德伦在 2009 年"坦纳人类价值讲座"上的演讲稿,分成两讲,其中第一讲内容曾以《尊严与等级》为题发表于《欧洲社会学杂志》2007 年第 2 期,两讲内容后来连同其他专家的评论编成一书,由牛津大学出版社于 2012 年出版。另外五篇文章可以看作尊严理论的具体应用,它们最初或者是沃尔德伦所在单位纽约大学法学院的"公法与法理研究"工作论文,或者是他在其他大学所做讲座的演讲稿,最后或者发表于法学期刊上,或者收录于论文集中。《尊严、权利与责任》一文发表于《亚利桑那州法律杂志》2011

年第 4 期,该期杂志同时发表了研讨该文的系列评论文章。《公民身份与尊严》一文收录于《理解人的尊严》(牛津大学出版社 2013 年版)一书。《群体的尊严》一文最初在开普敦大学的讲座上宣讲,后发表于 2008 年《开普敦大学法学学报》上。《法律如何保护尊严》一文最初在剑桥大学的讲座上宣讲,后发表于《剑桥法律杂志》2012 年第 1 期。《尊严是人权的基础吗?》一文收录于《人权的哲学基础》(牛津大学出版社 2015 年版)一书。这五篇文章的译文有幸刊登在《人权》(2020 年)、《师大法学》(2021 年)、《苏州大学学报(法学版)》(2020 年)、《现代法治研究》(2018 年)、《法治现代化研究》(2019 年)上,感谢这些刊物的主编和编辑的厚爱。在将这些译文收入本书时,我对个别地方又做了修订完善。

　　构成本书的六篇文章由于是作者先后独立撰写和发表的,因此存在相互援引论点、一小部分内容重复的现象。不过,毫不夸张地说,每篇文章都包含作者独到的视角和观点,重复的内容往往就是作者最具创新的论点,或者最为生动的事例。此点尚请读者谅解和明鉴。本书六篇文章的研读和翻译持续了五年之久。一方面是因为主编吴彦说质量第一,速度其次,感谢他的耐心和宽容;另一方面是因为这些文章具有相对的独立性,拉长战线并不影响翻译质量,而且我将此项翻译定位成研究性翻译。我所撰写的译者导言《沃尔德伦的尊严哲学》是其中的一个研究成果,已经发表在《人权》2022 年第 6 期上,感谢翟小波、严海良和熊静波等好友对该文所提出的批评意见,以及《人权》编辑部的叶传星老师、孟涛老师和匿名评审人所提出的修改建议。此外,我还围绕"尊严、脸面与法治""我国尊严概念的意义流变"等论题做了一些初步研究。为进一步推进此项学术研究,2021年9月我以"法治文化视野下人的尊严观研究"为题申报了司法部项目,有幸获得立项,感谢匿名评委们对本课题的肯定与支持。2022年12月3日,依托华东政法大学人权研究院和本课题组成功举办了"人的尊严与法治文化"学术研讨会,感谢孙笑侠、刘作翔、胡玉鸿、陈金钊、李桂林等与会老师的大力支持。值得一提的是,最初我曾将此项翻译工作与本科教学结合起来,指导二十余位在校本科生组成"法理译读会",并申请获得了2015—2016年度华东政法大学"鸿元读书与调研基金"项目。感谢"鸿元读书与调研基金"的支持,它得以让我与这些学生一起研读和分享,度过那段美好的时光。感谢为这六篇译文的完善和这本译作的面世提供过各种帮助的学生和朋友。感谢商务印书馆政法编辑室主任王曦女士的大力支持以及编辑老师一丝不苟的辛勤工作。

回顾自己过往的学术研究之方向和路径,从2008年完成博士论文到2013年博士后出站,主要围绕着"选举权"这一中观层面的问题。人的尊严和人权的一般理论是宏观层面的抽象问题,对其研究算是一个"向上走"的过程;与之相对的是"向下走"的转向,研究民主、法律方法等制度和操作层面的具体问题。学术研究的转型、领域方向的开拓,对于我而言是一个缓慢的过程。这七八年间,无论国家还是个人,都经历了很多事情。感谢这一时期在生活、学术和工作上帮助过我的家人、师长和朋友。未来的学术道路还很长,谨记"且行且珍惜"的教诲,但愿不负期待与厚望,不负自己与将来。

2023年2月于沪上抱朴斋

作者简介

杰里米·沃尔德伦(Jeremy Waldron),当代著名法哲学家和政治哲学家,纽约大学法学院资深教授。曾在牛津大学、普林斯顿大学、哥伦比亚大学、加利福尼亚大学伯克利分校等名校任教。1998 年当选美国艺术与科学学院院士,2011 年当选英国国家学术院院士。沃尔德伦在人权与法治、民主与司法审查、立法理论、国际法等方面发表了大量论著。著有《法律与分歧》《立法的尊严》《上帝、洛克与平等》《法律:七堂法治通识课》《私人财产权》《仇恨言论中的伤害》等。

译者简介

张卓明,华东政法大学法律学院教授,华东政法大学人权研究院、涉外法治研究院研究员,研究领域为法理学、法律方法论、立法学、比较法学。

图书在版编目(CIP)数据

论人的尊严/(美)杰里米·沃尔德伦著;张卓明
译.—北京:商务印书馆,2024
(法哲学名著译丛)
ISBN 978-7-100-23162-6

Ⅰ.①论… Ⅱ.①杰… ②张… Ⅲ.①尊严—
研究 Ⅳ.①B82

中国国家版本馆 CIP 数据核字(2023)第 213861 号

法哲学名著译丛
论人的尊严
〔美〕杰里米·沃尔德伦 著
张卓明 译

商 务 印 书 馆 出 版
(北京王府井大街 36 号 邮政编码 100710)
商 务 印 书 馆 发 行
北京艺辉伊航图文有限公司印刷
ISBN 978-7-100-23162-6

2024 年 2 月第 1 版   开本 880×1230 1/32
2024 年 2 月北京第 1 次印刷   印张 9½ 插页 1
定价:55.00 元